Lutz Müller

Suche nach dem Zauberwort

Selbst-Verwirklichung schöpferisches Leben

Impressum

Dr. Lutz Müller, Jahrgang 1949, ist Psychotherapeut und Autor
Internetseite: www.opus-magnum.de

Die Deutsche Bibliothek verzeichnet diese Publikation in der Deutschen Nationalbibliografie.

Version 3.01
Aktualisierte und ergänzte Neuauflage von:
Suche nach dem Zauberwort. Stuttgart: Kreuz 1986

Layout, Grafiken und Satz: Dr. Lutz Müller.
Umschlag unter Verwendung eines Bildes von Frithjof Fuchs, Wiesbaden
Herstellung: Books on Demand GmbH, Nordstedt

ISBN 978-3-939322-88-7

Lutz Müller

Suche nach dem Zauberwort

Selbst-Verwirklichung und schöpferisches Leben

Dargestellt am Beispiel der *Unendlichen Geschichte*
von Michael Ende

opus magnum

Inhalt

Das Zwiegespräch mit der Seele 179

Gefahren auf der Suche nach dem Wasser des Lebens 225

Einführung

Heute scheinen zunehmend mehr Menschen – trotz oder gerade auch wegen einer Überfülle an Lebensmöglichkeiten – an innerer Leere, Sinnlosigkeit und Desorientierung zu leiden: „Ich kann mich gar nicht fühlen", „Ich weiß gar nicht, wer ich bin und was ich wirklich will", „Ich habe manchmal das Gefühl, als würde ich schweben, und habe große Angst davor, mich aufzulösen", „Ich habe ein schreckliches Gefühl, innerlich abgestorben zu sein, es ist vollkommen gleichgültig, ob ich da bin oder nicht", „Ich bin da, als sei ich nicht da, ich sehe und bin doch irgendwie blind, ich höre und bin doch wie taub."

Die Psychiatrie bezeichnet diese Symptome als „Depression", „Depersonalisation" und „Derealisation" und meint damit den Verlust eines Gefühls von Sinn und Bedeutung, eine Entfremdung von sich selbst und der äußeren Realität. Die eigene Person und die Umwelt werden als unlebendig, schattenhaft und unwirklich erlebt. Es ist zwar ein beobachtendes Ich vorhanden, das diese Entfremdung wahrnimmt, aber dieses Ich kann keinen rechten persönlichen Bezug zu sich, seinen Gefühlen, seinem Körper und der Welt herstellen. Zudem erscheint alles farb-, klang, freud-, trost- und sinnlos.

Die meisten von uns kennen solche Erlebnisse zumindest ansatzweise, etwa bei starkem Stress und Übermüdung, in Angst-, Schreck- und Schocksituationen sowie unter Alkohol- und Medikamenteneinfluss. Auch in Beziehungs- und Lebenskrisen, zum Beispiel in der Pubertät, in der Lebensmitte und im Klimakterium, bei Trennungen, Todesfällen und Krankheit können sie verstärkt auftreten. Man fühlt sich in solchen Phasen wie betäubt, hat den Eindruck, man stehe irgendwie neben sich und beobachte sich wie einen Fremden. Es scheint sich hierbei um eine Art psychischen Rückzugs- und Totstellreflex zu handeln, um einen instinktiven Schutzmechanismus, der dann einsetzt, wenn unser Organismus überfordert wird, wenn er nicht mehr weiß, wie er in einer Situation angemessen reagieren soll.

Nun mehren sich seit vielen Jahren die Anzeichen dafür, dass solche Überforderungen mit den damit verbundenen Entfremdungsgefühlen nicht nur von wenigen Menschen oder nur in Ausnahmesituationen erlebt werden. Vielmehr scheint es sich um eine allgemeine Zeit- und Gesellschaftsproblematik zu handeln, die einen Großteil der industrialisierten Menschheit erfasst hat.

Unabhängig davon, was im Einzelnen zu dieser Bedrohung unserer Identität geführt hat, sind die Wirkungen die gleichen: Wir empfinden uns der Welt und uns selbst gegenüber als Fremde. Wir erleben eine unheilvolle Spaltung zwischen den von uns vage geahnten Möglichkeiten eines erfüllten Daseins und unserem tatsächlich gelebten Leben, das uns grau, leer und öde erscheint. Um diese Spaltung aufzuheben oder wenigstens zu mildern, scheint es heute nur noch eine wirklich Erfolg versprechende Möglichkeit zu geben: die Hinwendung des Menschen zu seiner Seele, damit sie selbst die Mittel und Wege finde, sich zu heilen.

Nach tiefenpsychologischer wie auch nach spiritueller Auffassung liegt die entscheidende Ursache des Entfremdungserlebens des Menschen in seiner fehlenden Beziehung zu seinem schöpferischen Ursprung, dem Selbst. Aus verschiedenen Gründen, nicht zuletzt liegen sie in einer veräußerlichten erfolgs- und leistungsorientierten Lebenseinstellung einerseits und den nicht mehr wirklich tragenden religiösen Symbolen und Werten andererseits, haben wir den Kontakt zu unserem eigenen tieferen Wesen vergessen und verloren. Wir wissen auch kaum noch, dass es diese Mitte, diese lebendige Quelle in uns überhaupt gibt.

In der Sprache der *Unendlichen Geschichte: Phantásien,* die Welt unserer schöpferischen Seele, ist vom Nichts, von der Auflösung bedroht. Die Herrscherin von *Phantásien,* die *Kindliche Kaiserin* als Symbolgestalt der schöpferischen Kraft des Selbst braucht einen neuen Namen, d. h. wir müssen uns ihr wieder bewusst werden. Und diesen neuen Namen müssen wir ihr selber geben, wir müssen uns selber auf die Suche nach Innen machen und dem *Phantásien* in uns begegnen.

So lautet die Antwort der Tiefenpsychologie auf die Identitätskrise des modernen Menschen schon seit Langem, es sei an der Zeit, sich des inneren Selbst wieder zu erinnern, sich ihm zuzuwenden und sich durch die engagierte Auseinandersetzung mit ihm heilen zu lassen.

Weil wir aber kein Vertrauen in die regulierenden und sinngebenden Kräfte unserer Seele haben, scheint uns eine solche Vorstellung absurd und abergläubisch. „Was kann schon Neues und Produktives aus mir herauskommen, das ich noch nicht kenne und das mir weiterhilft? In mir war noch nie etwas Besonderes drin und wird es auch nie sein!" So verurteilen sich viele Menschen selbst zu einem monotonen, fremdbestimmten und ersatzsüchtigen Leben.

So verurteilte sich auch eine Frau, die wegen Depressionen, Beziehungsschwierigkeiten und Neigung zu Alkohol-Missbrauch zur Psychotherapie kam. Nach längerer Behandlung träumte sie folgende Szene:

> *Ich muss durch eine Luke in einer Mauer hindurchklettern um von einem Ort, an dem es grau, leer und öde ist und an dem ich mich gar nicht wohlfühle, an einen anderen zu kommen. Ein Mann gibt mir Hilfestellung und schiebt mich mit dem Kopf voran durch eine ziemlich enge Luke, die wie eine Durchreiche konstruiert ist. Auf der anderen Seite befinde ich mich mitten in einer lieblichen Landschaft, linker Hand ein Berg, Wiesen und vor mir ein See. Ich schaue staunend zu dem Berg hinauf, der auf der einen Seite ziemlich steil abfällt, und ich bin froh, dass ich ihn von unten betrachten kann und nicht hinauf muss.*

Die Mauer in diesem Traum war so hoch und so breit, dass die Träumerin Frau von der dahinterliegenden anderen schöneren Landschaft nichts hätte sehen können, wenn ihr nicht die lukenförmige Öffnung einen kleinen Ausblick gestattet hätte. Diese Mauer repräsentiert vermutlich ihre Schwierigkeit, die schönen Seiten des Lebens wahrzunehmen. Sie war wie „vermauert" gewesen in ihrem Bestreben nach Anerkennung, Leistung und Erfolg und sie hatte den Zugang zu sich selbst und zu ihrer Seele verloren.

Der Berg, den sie auf der anderen Seite der Mauer nun von unten betrachtete, froh, nicht hinauf zu müssen, ist wohl ein Bild für ihren permanenten inneren Druck, immer ganz oben, „top", überlegen und kontrolliert zu sein.

Der Traum bot der Frau zu ihrer Überraschung nicht nur ein getreues Spiegelbild ihrer inneren Problematik an, sondern auch die Möglichkeit zu deren Überwindung. Er zeigte ihr, dass sie sich in einer Art Geburts- und Transformationsvorgang, bei dem sie sich von einem inneren männlichen Geburtshelfer beistehen lassen musste, einen neuen, schöneren Lebensbereich erschließen könnte.

Solche hoffnungsvollen, richtungweisenden Impulse kann jeder aus seiner Seele empfangen, wenn er sich nur ernstlich auf sie einlässt und sich von ihr ein Stück weit führen lässt. Wie das möglich ist und welche praktischen Hilfen die moderne Psychologie uns für diesen Weg zu uns selbst anbietet, soll in diesem Buch gezeigt werden. Wir wollen uns dabei begleiten lassen von Michael Endes *Unendlicher Geschichte.*"[3]

> *Das ist nämlich die Geschichte eines Jungen, der seine Innenwelt, also seine mythische Welt, verliert in dieser einen Nacht der Krise, einer Lebenskrise, sie löst sich in Nichts auf, und er muss hineinspringen in dieses Nichts, das müssen wir Europäer nämlich auch tun. Wir haben den Punkt, den Nullpunkt erreicht. Es ist uns gelungen, alle Werte aufzulösen. Und nun müssen wir hineinspringen, und nur indem wir den Mut haben, dort hineinzuspringen in dieses Nichts, können wir die eigensten, innersten schöpferischen Kräfte wieder erwecken und ein neues Phantásien, das heißt eine neue Wertewelt aufbauen.*[34]

Die unendliche Geschichte, die vordergründig in märchenhaft-symbolischer Weise von der Suche eines Jungen nach seinem „wahren" Selbst handelt, ist von so archetypischer, allgemein-menschlicher Art, das sie nicht nur für ihn und für Jungen in seinem Alter oder mit einer ähnlichen Problematik gültig, sondern für jeden Menschen in den verschiedensten Lebensphasen und auch für unsere moderne Gesellschaft überhaupt. *Die unendliche Geschichte* hat mit vielen Märchen und ähnlichen literarischen Gestaltungen eine universale Symbolsprache gemein, die uns auf den verschiedensten Ebenen zugleich zu erreichen vermag. Hier liegt wohl auch zum guten Teil die Ursache für die weite Verbreitung und den großen Erfolg des Buches. Michael Ende ist zur richtigen Zeit ein geniales Meisterwerk gelungen, das in symbolischer Weise viele unserer kollektiven wie individuellen Probleme nicht nur spiegelt, sondern auch gute Möglichkeiten des Umgangs mit ihnen anbietet.

Allerdings muss einschränkend gesehen werden, dass der dargestellte Identitätsfindungsprozess des *Bastian*, seine Stationen und die ihnen entsprechenden Figuren eine männliche Färbung haben. Aus Gründen, die wir in ihrer Komplexität heute noch nicht recht überblicken können, hat sich die abendländische Bewusstseinsentwicklung – und nicht nur sie – unter der Dominanz des „Männlichen" vollzogen. Alles, was sich dem Streben des Mannes nach Macht über Körperlichkeit und Natur, nach Autonomie und Freiheit, nach Todesüberwindung und Dauerhaftmachung des Ich-Bewusstseins, nach Erkenntnis und Bewusstseinserweiterung in ihm selbst hemmend und hindernd entgegenstellte, wurde dabei – wie bei aller Sündenbockpsychologie – nach außen verlagert, auf das Fremde und Andere projiziert.

Dieses Fremde und Andere war aber in vielen Fällen die Frau, das „andere" Geschlecht. Aufgrund der Identifizierung des Mannes mit dem Ich-Bewusstsein, mit dem Denken und aktiven Handeln vermutete er alle die ihm eigenen unbewussten Seiten, seine eigene Trägheit und Faulheit, seine Dummheit und Intoleranz, seine Abhängigkeit von Natur und Körperlichkeit, seine Triebhaftigkeit und Sinnlichkeit, seinen Egoismus, seinen Neid und seine Gier bei den Frauen oder als von den Frauen verursacht. In der Projektion auf die Frau begegnete der Mann seinem eigenen unbekannten Wesen, und er lehnte es ab, weil es seine Größenvorstellungen von Allmacht und Allwissen, von Unabhängigkeit und ewigem Andauern seiner Existenz infrage stellte. Auf diese Weise konnte das Weibliche für ihn zum Inbegriff alles Niederen, Sündigen, Schlechten, Verführerischen und Minderwertigen werden.

Aber dies ist nur die eine Hälfte der Geschichte. Aufgrund der Unbewusstheit sich selbst gegenüber projizierte der Mann nicht nur seine dunklen Schattenseiten auf die Frau, sondern auch jene ungelebten Aspekte seines Wesens, nach denen er sich zutiefst sehnte, die er aber in seiner Bewusstseins- und Denkwelt nicht finden konnte: Einfühlung,

Verständnis, Geborgenheit, Liebe, Schönheit, Harmonie, Einheit und Transzendenz. So wurde die Frau für ihn durch unbewusste Projektion zum höchsten Ziel und zum ärgsten Feind, zum Heiligsten und Sündigsten, zum Faszinierendsten und Abstoßendsten zugleich.

Diese Widersprüchlichkeit und Paradoxie bestimmt auch heute noch in hohem Maße die Beziehung des Mannes zur Frau. Besonders offensichtlich wird das in den Träumen der Männer, in denen alle jene genannten Aspekte des „Weiblichen" in ständigem, unverbundenem Wechsel auftauchen können. Dieses innere Bild des Mannes vom „Weiblichen" hat C. G. Jung als Anima bezeichnet. Auch in der *Unendlichen Geschichte*, die ja das Unbewusste *Bastians* spiegelt, begegnen wir einer Vielzahl solcher Anima-Gestalten. Die depressive *Uralte Morla*, die schreckliche *Ygramul*, das heilkundige Gnomenweibchen *Urgl*, die unergründlichen Sphinxe, die inspirative *Uyulála*, die stolze Prinzessin *Oglamár*, die machtsüchtige Hexe *Xayíde*, die fürsorgliche Dame *Aiuóla*: Sie alle finden ihren gemeinsamen Nenner und ihre Summe in der faszinierend-verführerischen Gestalt der *Kindlichen Kaiserin*, der Herrscherin *Phantásiens*.

Vieles von dem, was an Ängsten, Sehnsüchten und Möglichkeiten in *Bastian* lebt, ihm aber unbewusst ist, kleidet sich bei ihm in weibliche Gestalt. Gerade bei etwa zehnjährigen, vorpubertären Jungen können wir einen ausgesprochenen „Weiberhass" beobachten, der offenbar einerseits Ausdruck des Kampfes gegen die Sehnsucht ist, ein von der Mutter umsorgtes Kind zu bleiben, und andererseits ein Versuch, mit der beginnenden ängstigenden Faszination vom unbekannten anderen Geschlecht fertig zu werden. Bei Mädchen hat dagegen das bedrohliche Fremde häufig ein männliches Gesicht.

Wenn *Die unendliche Geschichte* von der Grundtendenz her auch eher einen männlichen Identitätsfindungsprozess zeigt, so ist doch das in diesem Buch behandelte Thema genauso für weibliche Leser von Bedeutung. Es geht in diesem Buch auch weniger um die Darstellung des Entwicklungsprozesses eines Jungen, sondern um die allgemeinere Frage des schöpferischen Lebens und seiner Gesetzmäßigkeiten, die für beide Geschlechter in ähnlicher Weise gültig sind.

In unserer Gesellschaft haben sich im Laufe der Jahrhunderte bestimmte Vorstellungen darüber entwickelt, was jeweils „typisch männliche“ und „typisch weibliche“ Eigenschaften und Verhaltensweisen sind. Wir erkennen heute die Fragwürdigkeit solcher Zuschreibungen und der daraus erwachsenen Rollenverteilungen und wissen zunehmend weniger, was das „wahre Wesen“ von Mann und Frau ist.

Der zukünftige Mensch, und das scheint sicher zu sein, wird sich aus solchen einengenden Rollenzuweisungen befreien und sowohl „Männliches“ als auch „Weibliches“, was auch immer das sein mag, in sich vereinen. Aus diesem Grunde gilt es im Hinblick auf das schöpferische Leben für die Frau ebenso wie für den Mann, unbewusste „weibliche“ und „männliche“ Seiten zu entdecken und in einem ausgewogenen Maße zu entwickeln.

Viele solcher praktischen Hinweise finden sich in der *Unendlichen Geschichte*, wenn auch meist in symbolisch verschlüsselter Form. Man entdeckt sie erst, wenn man mit der Fragestellung der Praxis an die Erzählung herangeht. Dann zeigt sie uns, wie es möglich ist, seinen eigenen „wahren“ Willen, und das heißt einen Zugang zu seinem „wahren“ Selbst, zu finden; sie lehrt uns die Unterscheidung zwischen dem „Ich-Willen“ und dem „Selbst-Willen“ und deren Synthese; sie lehrt uns die Kunst, in Kontakt mit unserer seelischen Innenwelt zu treten und Innen- und Außenwelt miteinander schöpferisch zu verbinden; sie lehrt uns die Magie des Wünschens und die Kunst des symbolisch-magischen sowie des integralen Lebens.

Aber sie vermittelt uns nicht nur diese Lebenskünste, sondern weist auch auf deren spezifische Schwierigkeiten und Gefahren hin. So ist „*Die unendliche Geschichte*“ in vielerlei Hinsicht ein praktisches Lehrbuch der Selbst-Erfahrung und des schöpferischen Lebens.

Es soll nun kurz dargestellt werden, wie das vorliegende Buch aufgebaut ist. Zunächst wird der Geschehensablauf der *Unendlichen Geschichte* zur Einstimmung in die Thematik zusammengefasst, wobei die Zusammenfassung hier und da mit einigen tiefenpsychologischen Interpretationen verbinden wird, damit dem Leser die innere Verwandtschaft der einzelnen Bilder und Ereignisse sowie deren psychologische Stimmigkeit deutlich wird. Für eine solche Interpretation bieten sich die Vorstellungen und Begriffe der Analytischen Psychologie C. G. Jungs geradezu an, weil sie aus der unmittelbaren Begegnung mit den Symbolen und Bildern der Seele erwachsen sind, was ja auch das zentrale Thema der *Unendlichen Geschichte* ist.

Allerdings können Interpretationen immer nur einige Aspekte eines Symbols darstellen. Sich diese Einschränkung immer deutlich vor Augen zu halten, ist wichtig, damit der tiefe, und nie ganz auszulotende Sinngehalt von Symbolen nicht durch eindeutig machende Deutungen verloren geht und ihnen ihnen dadurch ihre schöpferische, bewusstseinserweiternde Funktion genommen wird.

Es sei auch noch einmal betont, dass die hier vorgeschlagenen Interpretationen keineswegs den Auffassungen Michael Endes entsprechen müssen. Deutungen sollen hier nur als Hinweise, Anregungen und Ermutigungen verstanden werden, sich selbst einmal von solchen Symbolen anmuten zu lassen, die uns spontan faszinieren und anziehen, und sie in Beziehung zur eigenen Erlebenswelt zu setzen. Vielen Menschen fällt es heute schwer, sich zu einem Symbol, sei es in ihren Träumen, in Märchen, Büchern oder Filmen, etwas einfallen zu lassen. Sie benötigen gewissermaßen einen Anstoß dazu, wie man das eigentlich macht.

Im Anschluss an die Zusammenfassung sollen dann noch einmal die Fragen der Identität und des Identitätsverlustes aufgenommen werden, wie sie sich heute in der Krise des modernen Menschen und bildhaft in der *Unendlichen Geschichte* als die Not *Phantásiens* und die Not des *Bastian* darstellt. Es soll gezeigt werden, welche allgemeinen und welche konkreten Antworten die heutige Psychologie und *Die unendliche Geschichte* darauf zu geben wissen.

Vorweggenommen sei hier, dass die zentrale allgemein-symbolische Antwort die Aufforderung zur Suche nach dem *Wasser des Lebens* ist, das heißt nach den schöpferischen und heilenden Kräften unserer Seele und unseres Selbst. Da die Dynamik des *Wassers des Lebens* auf dem Wechselspiel polarer Kräfte beruht, müssen wir uns anschließend mit den Grundprinzipien der Polarität beschäftigen. Aus der Spannung der Polaritäten geht alle Lebensenergie hervor. Das Wissen um die Wirksamkeit der Polaritäten in uns und das bewusste Umgehen mit ihnen ist ein unentbehrlicher Schlüssel zu jeder schöpferischen Lebensgestaltung.

Im Zusammenhang mit der Selbst-Verwirklichung sind vor allem die Polaritäten von Bewusstem und Unbewusstem, Innenwelt und Außenwelt, Individuellem und Kollektivem, Weiblichem und Männlichem, von Körper und Geist, von Jungem und Altem, von Gut und Böse und Leben und Tod von großer Bedeutung.

Im Hauptteil des Buches werden dann praktischen Hilfen dargestellt, die es uns ermöglichen, eine förderliche Beziehung zu unserer Innenwelt herzustellen und in einen schöpferischen Dialog zu ihr zu treten. Die Hilfen, auf die wir dabei stoßen, zeichnen sich durch Natürlichkeit und Einfachheit aus, weil sie den normalen psychischen Funktionen und Abläufen entnommen sind, wie wir sie jeden Tag bei uns wahrnehmen können.

Schon seit Urzeiten und in allen Kulturen haben die Menschen zur Lösung ihrer Lebensprobleme solche Hilfen in Anspruch genommen: das Fantasieren, das Träumen, das Imaginieren und die kontemplativ-meditative Selbstbetrachtung. Es handelt sich dabei nicht um Wundermethoden und Schnellheilungsverfahren, wie sie heute von vielen erhofft und von anderen versprochen werden. Auch ersetzen sie nicht den Dialog und Austausch mit den Mitmenschen. Gerade in schwereren Fällen gestörter Identität und Selbstentfremdung ist eine helfende, therapeutische Beziehung notwendig. Ein unbedachtes Herumexperimentieren mit derartigen, die unbewussten Bereiche unserer Persönlichkeit ansprechenden und aktivierenden Verfahren kann die Auflösungs- und Entfremdungsgefühle noch weiter erhöhen. Dann erweist sich die Suche nach dem Wasser des Lebens als ein Trinken des Todeswassers, das ja in Märchen und Mythen ebenso vorkommt wie das Lebenswasser.

Es wird sich andererseits aber auch zeigen, dass der Weg zu uns selbst auch kein sehr komplizierter und anstrengender Weg sein muss, wenn wir ihn wirklich gehen wollen und wenn wir dabei auf Macht- und Totalitätsvorstellungen verzichten können. Das Hauptproblem liegt nicht in der Schwierigkeit des Weges selbst, sondern in unserer fehlenden Bereitschaft, ihn zu gehen, und in unseren Ideal- und Größenvorstellungen, die wir uns selbst wie Knüppel zwischen die Beine werfen. Wir werden deshalb untersuchen, welche typischen Widerstände, Ängste, Probleme und auch Gefahren mit ihm verbunden sind. Wir trauen uns nicht, einfach die oder der zu sein, der wir wirklich sind und dabei auch unsere ganz durchschnittlichen, allgemein-menschlichen und schattenhaften Seiten anzuschauen.

Der schöpferische Prozess und das schöpferische Leben, um die es hier vor allem gehen soll, lassen sich, wie wir in verschiedenen Formen immer wieder sehen werden, in vier Stufen oder Phasen unterteilen: in eine Anfangs- und Einstiegsphase, eine Verwicklungs-, Auseinandersetzungs- und Krisenphase, eine Lösungsphase und eine Realisierungsphase. So wichtig die ersten drei Phasen sind, um mit der Seele in einen Dialog zu treten und um Einsicht und Erkenntnis über ein uns bewegendes Thema zu gewinnen, so entscheidend wichtig ist auch die vierte Phase der Realisierung, in der die neue Einsicht in das Leben hineingestaltet wird.

Seelisches Wachstum bedarf der schöpferischen Fantasie wie dem verwirklichten, gelebten Leben. Das ist auch eine ganz wesentliche Aussage der *Unendlichen Geschichte.* Deshalb soll auch der Frage, wie neue Einsichten im Leben realisiert werden können, im Kapitel über die Wunsch-Verwirklichung ausreichend Raum gegeben werden. Damit wird dann auch deutlich, was es heißen kann, die Innenwelt mit der Außenwelt schöpferisch zu verbinden und welche Folgen die Integration der symbolischen Perspektive in die faktisch-rationale Wirklichkeitserfassung hat. Dies wird auf das hinauslaufen, was C. G. Jung das „symbolische Leben" genannt hat, in dem sich das Symbolische mit dem Konkret-Realen zu einer erweiterten, sinnvolleren und spirituellen Lebenseinstellung vereinen oder was Michael Ende wollte, als er in Anlehung an Novalis von einer „Poetisierung" sprach, für die die Welt für den Menschen bewohnbar würde: „Damit will ich sagen, nur wenn der Mensch sich in der ihn umgebenden Welt wiedererkennt, und umgekehrt, wenn er die Bilder der Welt in seiner eigenen Seele wiederfindet, kann er sich auf der Welt heimisch fühlen." [33]

Die unendliche Geschichte

Eine Zusammenfassung mit Hinweisen
zur tiefenpsychologischen Interpretation

1. Teil der Geschichte

„*Die unendliche Geschichte*" handelt von dem etwa zehnjährigen jungen *Bastian*, der sich auf die Suche nach dem Wasser des Lebens, der erneuernden Kraft des Selbst, machen muss, weil sein inneres Leben sich aufzulösen droht. Von seiner Umwelt erhält er keine liebevolle Bestätigung und Anerkennung mehr; seine Mutter ist gestorben, sein Vater verschließt sich ihm in seiner Trauer.

In der Schule ist er ein Außenseiter, seine Klassenkameraden nehmen ihn nicht ernst, denn er ist dicklich, ungeschickt und unsportlich. Er wird herumgeschubst, ausgelacht und verspottet, weil er nicht kann, was andere jungen können: boxen, ringen, laufen, schwimmen, turnen, schreien und Fußballspielen. Statt dessen hat er lediglich eine Menge Fantasie, was ihm aber nicht die ersehnte Bewunderung, sondern nur weitere Spottnamen wie Spinner, Aufschneider und Schwindler einbringt.

Eines Tages sucht er auf der Flucht vor einigen Schulkameraden Schutz im Antiquariat des Buchhändlers *Koreander* und entdeckt dort ein Buch mit dem geheimnisvollen Titel „*Die unendliche Geschichte*". Er fühlt sich von dem Buch geheimnisvoll angezogen, denn es verheißt ihm etwas, was er sich schon immer gewünscht hat: eine Geschichte, die niemals zu Ende geht. Da er kein Geld hat, aber spürt, dass dieses Buch „sein" Buch ist, dass es auf irgendeine Weise zutiefst etwas mit seinem Leben und Leiden zu tun hat, nimmt er es in einem unbewachten Augenblick heimlich aus dem Antiquariat mit und verkriecht sich auf dem Dachboden seiner Schule. Dort beginnt er in der *Unendlichen Geschichte* wie fiebrig zu lesen und wird allmählich immer mehr in das Geschehen mit einbezogen.

Wir erleben also, dass *Bastian* in einer Krise ist und mit seinem äußeren Leben nicht mehr fertig wird. So bleibt ihm schließlich nur noch der resignative, aber auch leidenschaftliche, fast süchtige Rückzug in seine Bücher-, Traum- und Fantasiewelt. Damit findet er eine Möglichkeit, sein Selbstwertgefühl zu erhalten, Hoffnung zu spüren und psychisch zu überleben. Für *Bastian* bedeutet diese „Flucht nach Innen" aber nicht nur ein gefährliches Zurückgehen auf eine frühkindliche Ebene magisch-allmächtigen Wunschdenkens, das ihn immer weiter von der Realität des äußeren Lebens und dessen Bewältigung wegzieht, sondern zugleich auch eine Chance zur Heilung. Sein intuitives Hingezogensein zu der *Unendlichen Geschichte*, das übermächtige Bedürfnis, sie zu lesen, zeigt uns bereits etwas von der selbstheilenden Tendenz seiner Seele. Indem er „sein" Buch liest, sich also teils widerwillig, teils fasziniert durch einen imaginativen Prozess in die dynamische Bilder- und Symbolwelt der Psyche hineinverwickeln lässt, begegnet er nicht nur den negativ-regressiven Kräften seiner Seele, sondern auch ihren schöpferischen, lebenserneuernden Aspekten. Bis dahin ist es aber noch ein weiter Weg.

Bastian liest als Erstes, dass das Land *Phantásien* in Not geraten ist. Aus allen Gegenden kommen Boten zum *Elfenbeinturm* der Herrscherin von *Phantásien*, der *Kindlichen Kaiserin*, um ihr von dem unbeschreiblichen und furchtbaren Nichts zu berichten, das sich unaufhaltsam ausbreitet und ganz *Phantásien* aufzulösen droht. Teile, Landstriche und Wesen *Phantásiens* verschwinden, und übrig bleibt einfach nichts, ein Nichts, das sich weder beschreiben noch richtig benennen lässt, das dem Beobachter das unerträgliche Gefühl gibt, blind geworden zu sein. Aber die Boten finden bei der *Kindlichen Kaiserin* nicht die erhoffte Hilfe, denn sie, Repräsentantin und geheimer Mittelpunkt *Phantásiens*, leidet ebenfalls an einer unbekannten, geheimnisvollen Krankheit. Wie sich herausstellt, ist ihre Krankheit zugleich die Krankheit *Phantásiens*.

Die Not und die unheimliche Auflösung *Phantásiens*, von der *Bastian* in der *Unendlichen Geschichte* erfährt, spiegeln – wie in einem Traum – auch seine eigene Not, seine Depression und seine eigene innere Auflösung wider. Er ist aufgrund seiner Einsamkeit, der fehlenden elterlichen Fürsorge und seiner sozialen Isolierung in Gefahr, einem Realitätsverlust zu verfallen, durch die sich Innen- und Außenwelt ineinander vermischen und nicht mehr deutlich voneinander unterschieden werden können. Die *Kindliche Kaiserin* als eine Personifikation seiner Seele und seiner schöpferischen Fantasie droht zu sterben.

Aber es gibt noch eine letzte Hoffnung. Die *Kindliche Kaiserin* beauftragt den alten Zentauren Caíron, einen berühmten und sagenumwobenen Meister der Heilkunst, dem Helden *Atréju* das Amulett *Auryn* als Zeichen ihrer Herrschaft und Macht zu überbringen. *Atréju*, ein Junge im Alter *Bastians* aus dem Stamm der Grünhäute, sei der Einzige, der sie und *Phantásien* retten könne. Dieser macht sich auf die Suche nach der Ursache der Erkrankung der *Kindlichen Kaiserin*. Da er nicht weiß, wo er suchen soll, überlässt er sich ganz der Führung seines Pferdes Artax und des Amulettes *Auryn*.

Kaum hat sich *Bastian* ein wenig auf sich selbst und seine Problematik eingelassen, indem er sich mit ihr auf imaginativem Weg konfrontiert, konstellieren sich bei ihm schon hilfreiche Kräfte. Caíron ist ein Symbolbild des Archetyps des inneren Heilers. Er geht auf den Zentauren Cheiron, den Lehrmeister des griechischen Gottes der Heilkunst, Asklepios, zurück. Seine Doppelgestalt, halb Pferd, halb Mensch, weist auf die seelisch-körperliche, also die psychosomatische Einheit des Menschen hin, die bei aller Heilung berücksichtigt werden muss.

Atréju verkörpert die unbewusste, heldenhafte Seite *Bastians*. Er ist das, was die Analytische Psychologie als einen positiven Schattenaspekt bezeichnet. Die Begegnung und Auseinandersetzung mit *Atréju* und die teilweise Integration des von ihm dar-

> gestellten ungelebten Lebens sind für *Bastian* die wichtigsten Schritte seines Entwicklungsprozesses. Das ermöglicht ihm später, in eine neue Beziehung zu sich selbst zu treten, das Wasser des Lebens zu finden und einiges von seiner neuen Einstellung in der Außenwelt zu realisieren. Aber zunächst vermag er *Atréju* nur passiv beobachtend zu folgen. Noch sind die sich ihm aufdrängenden unbewussten Inhalte zu bedrohlich und gefährlich, als dass *Bastian* imstande wäre, sich auf seine Reise nach Innen wirklich ganz einzulassen. *Atréju* übernimmt vorbildhaft für *Bastian* eine gefährliche, aber notwendige Auseinandersetzung mit jenen Bereichen der Seele, die sich ihm in verschiedenen Angst machenden Bildern darstellen und in denen hemmende und verschlingende Kräfte wirksam sind.

Atréju gerät zunächst in die Sümpfe der Traurigkeit, deren Sogwirkung alle Vitalität und Antriebskraft lähmt, sodass sein Pferd Artax in ihnen versinkt. *Atréju* selbst gelangt nur dank des Schutzes von *Auryn* bis zur Uralten Morla, einer Riesenschildkröte. Von ihr als dem ältesten Wesen *Phantásiens* erhofft er sich eine Antwort auf das Rätsel der Krankheit der *Kindlichen Kaiserin*.

> Die *Uralte Morla* repräsentiert unter anderem die erdenschwere Trägheit, Resignation, Depression und Gleichgültigkeit *Bastians*.

Sie hat so lange gelebt, dass ihr nichts mehr wichtig und wesentlich ist, alles ist für sie ein ewiger, sinnloser und leerer Kreislauf des Werdens und Vergehens, ein Schein, ein Spiel im Nichts. Nur mit äußerster Mühe kann *Atréju* sie dazu bewegen, ihm weiterzuhelfen. Sie sagt ihm, dass die Existenz der *Kindlichen Kaiserin* davon abhänge, dass sie einen neuen Namen bekomme. Dieser neue Name aber könne ihr von keinem Wesen *Phantásiens* gegeben werden, sodass das ganze Unternehmen aussichtslos erscheine. Die *Uralte Morla* teilt ihm aber dann doch noch mit, dass er Näheres von der Uyulala im Südlichen Orakel erfahren könne, dass der Weg dorthin aber viel zu weit sei, als dass er sie zu seinen Lebzeiten erreichen könne. Dann will sie von ihm nur noch in Ruhe gelassen werden.

Atréju irrt tagelang umher und kommt schließlich in eine noch unheimlichere Gegend, in das Land der Toten Berge. Quer durch diese Berge klafft die Erde in einem breiten und endlos tiefen Riss, der der Tiefe Abgrund genannt wird. Dort haust *Ygramul*, die Viele, der entsetzlichste aller Schrecken. Die grausige *Ygramul* setzt sich aus unzähligen kleinen, stahlblauen Insekten zusammen, die wie zornige Hornissen summen und sich zu immer neuen, furchterregenden Gestalten formieren.

Als *Atréju* ankommt, erlebt er den verzweifelten Todeskampf des Glücksdrachens *Fuchur* mit, der sich in *Ygramuls* Spinnennetz verfangen hat. In vielerlei Formen – als Spinne, als zerquetschende Hand, als Riesenskorpion – ist sie gerade dabei, *Fuchur* zu töten. *Atréju* erfährt von ihr, dass ihr tödliches Gift ein Geheimnis birgt. Es tötet zwar innerhalb einer Stunde, aber es verleiht dem, der es in sich trägt, die Macht, sich an jeden gewünschten Ort *Phantásiens* zu versetzen. *Atréju* lässt sich von ihr stechen, um auf diese Weise zur *Uyulála*, dem *Südlichen Orakel*, zu gelangen.

Der Glücksdrache *Fuchur* hat das Geheimnis der *Ygramul* mitbekommen und wünscht sich ebenfalls dorthin. Dort werden er und *Atréju* zunächst von dem Gnomenweibchen *Urgl* gesund gepflegt.

> Der *Tiefe Abgrund* im *Lande der Toten Berge* und *Ygramul*, der entsetzlichste aller Schrecken, sind Bilder der kalten Todeszone in der Seele *Bastians*, in der aller Lebenswille gelähmt wird und erstarrt. Sie sind Symbole des verschlingenden, tötenden Urschoßes des negativen Pols des Archetyps des „Großen Weiblichen“, der blutrünstigen, zerfleischenden und vergiftenden Wirkungen der Todesmutter, für die die griechische Mythologie das Bild der fürchterlichen Medusa und die indische Mythologie die Gestalt der schwarzen Kali hervorgebracht hat. In den Träumen moderner Menschen können sie als Ausdruck suizidaler Neigungen, Sucht und mörderischer, selbstzerstörerischer Wut auftreten.

Im griechischen Mythos entsteigt dem von Perseus enthaupteten Rumpf der Medusa das geflügelte weiße Pferd Pegasus, als würde durch die Überwindung der inneren Todeszone und der Selbstdestruktionskraft eine neue geistige, vitale Lebensdynamik entstehen. Ähnlich ist es in der *Unendlichen Geschichte*. Dadurch, dass *Atréju* für *Bastian* den Schritt in die tiefsten Tiefen der Seele und selbst den Tod gewagt hat, befreit er nicht nur *Bastian* und sich selbst aus dem Todesbereich, sondern auch *Fuchur*, den weißen Glücksdrachen. Dieser, ein Geschöpf der Luft, der Wärme und der unbändigen Freude, der in den Lüften des Himmels wie ein Fisch im Wasser schwimmt, scheint eine höhere, neu und wiedergeborene Verkörperung des Schimmels Artax zu sein, den *Atréju* in den Sümpfen der Traurigkeit verloren hat. Man kann ihn als das Symbol einer natürlichen, instinktiven und intuitiven Kraft auffassen, als einen Führer und Beschützer in Tiergestalt, wie er so häufig auch in Märchen zu finden ist.

Nachdem die Todeszone durchlitten wurde, tauchen in der Seele *Bastians* positivere Aspekte des „Großen Weiblichen" auf. Das Gnomenweibchen *Urgl* verkörpert seine naturhaft-heilenden, pflegenden, nährenden und regenerierenden Funktionen, denen wir später noch einmal in der Gestalt der Dame *Aiuóla* begegnen werden.

Der Gnomenmann *Engywuck*, dessen Lebenswerk die wissenschaftliche Beobachtung und Erforschung des *Südlichen Orakels* ist, erklärt es *Atréju* durch ein Fernrohr. Er hat sich allerdings wegen der angeblich erforderlichen Objektivität und Distanz des Wissenschaftlers nie selbst hineingewagt. Immerhin aber kann er durch seine langen Forschungen und Beobachtungen *Atréju* wichtige Hinweise geben, wie man sich diesem gefährlichen Bereich näheren kann.

Engywuck scheint *Bastians* Neugier, Forscherdrang und Wissbegier zu verkörpern, die aber aus Angst vor dem Risiko, persönlich ergriffen und verwickelt zu werden, bisher nur aus der Ferne und aus schützender Distanz gelebt werden können.

Bevor *Atréju* zum Südlichen Orakel, der *Uyulála*, gelangt, die auch die Stimme der Stille genannt wird, muss er die drei *Magischen Tore* passieren.

> Wenn wir die *Uyulála* als die geheimnisvolle naturhafte Stimme des inneren Selbst auffassen wollen, dann können wir die drei *Magischen Tore* als bestimmte Zugangsweisen zu dieser inneren Stimme verstehen, als bestimmte Einstellungen, die erforderlich sind, um sie vernehmen zu können. Allerdings ließe sich zu diesen drei Toren noch wesentlich mehr assoziieren und spekulieren, als wir es hier tun.

Das erste Tor, das *Große Rätsel Tor*, wird von zwei gewaltigen marmornen Sphinxen bewacht, die sich gegenseitig immerfort anschauen. Man gelangt an ihnen nur vorbei, wenn sie ihre Augen schließen. Wer in den Bannstrahl ihrer geöffneten Augen gerät, die alle Rätsel dieser Welt ausstrahlen, erstarrt auf der Stelle und kann sich nicht wieder rühren, ehe er nicht alle diese Rätsel gelöst hat. Als *Atréju* sich ihnen nähert, wird er von einer gewaltigen Furcht erfüllt, die ihm das Gehen immer schwerer macht. Es ist eine Furcht vor dem Unbegreiflichen, vor dem über alle Maßen Großartigen, vor der Wirklichkeit des Übermächtigen. Weil er aber keine Zeit mehr zu verlieren hat, um seinen Auftrag zu erfüllen, geht er langsam immer weiter und wird glücklich durchgelassen. Alle Furcht fällt jetzt von ihm ab.

> Die Sphinxe symbolisieren wohl die Gefahr, auf der Suche nach sich selbst von den unergründlichen Geheimnissen unserer Natur und von den archetypischen, numinosen Bildern unserer Seele fasziniert und gebannt zu werden. Manche Menschen, die wie *Bastian* auf der Großen Suche sind, haben sich insgeheim kein geringeres Ziel gesteckt, als vollkommen erleuchtet

zu sein, worunter sie ein Wissen von dem letzten Sinn und der letzten Wahrheit unseres Seins verstehen. Sie suchen nach großartigen Visionen, nach heiligen Eingebungen und übermenschlicher Weisheit. Hinter diesen Vorstellungen liegt oft auch, wie wir später noch bei *Bastian* sehen werden, die geheime Sehnsucht nach allumfassender Macht, Kontrolle und ewiger Dauer. Diese Sehnsucht ist es aber nun gerade, die ein Gewahrwerden der Stimme des Selbst verhindert. Die Stimme des Selbst ist ein schöpferisches Mysterium, das nicht besessen, kontrolliert oder beherrscht werden kann. *Atréju* hingegen hat, indem er einem höheren Auftrag folgt und durch den Tod hindurchgegangen ist, seine Größenfantasien soweit relativiert, sodass er sich nicht mehr mit dem Anspruch aufhält, die letzten Rätsel lösen und meistern zu sollen. Durch diese Relativierung seiner eigenen Wichtigkeit und Besonderheit fällt von ihm auch alle Furcht vor dem Numinosen seiner Seele ab. Er kann dem Numinosen demütig begegnen.

Einem ähnlichen Problem steht *Atréju* im *Zauber-Spiegel-Tor* gegenüber. *Engywuck* hatte ihm erklärt, dass man darin sein wahres Wesen erblickt, in das man dann hineingehen müsse. Diese innere Wirklichkeit habe aber manche untadelige Besucher in solche panikartige Schrecken versetzt, dass sie erst wochenlang kuriert werden mussten, ehe sie wieder heimreisen konnten. Als *Atréju* nun vor dem *Zauber-Spiegel-Tor* steht, sieht er in ihm etwas, was er gar nicht begreifen kann. Er sieht einen dicken jungen mit blassem Gesicht, der in einem Buch liest.

Atréju begegnet also seinem Schattenbruder, dem gar nicht heldenhaften *Bastian*. Beide sind ein und dieselbe Person. Die Begegnung und Integration unseres Schattens, unseres Alt-Egos, unserer ungeliebten und wenig idealen anderen Seiten, ist wiederum ein entscheidender Schritt in der Relativierung unserer Vorstellung von uns selbst. Sie führt dazu, dass man sich als den durchschnittlichen, gar nicht besonderen und großartigen Menschen annimmt, der man ist, sodass man seine erhabenen Vorstellungen und Ziele fallen zu lassen vermag und der Verwirklichung des Selbst nicht mehr so sehr durch seine realitätsfernen Größenfantasien im Wege steht.

Atréju geht mit einem kleinen, erstaunten Lächeln auf den Lippen durch sein Spiegelbild hindurch und verliert nun jede Erinnerung an sich selbst, an sein bisheriges Leben, an seine Ziele und Pläne. Er weiß nicht mehr seinen Namen, er ist wie ein neugeborenes Kind. Er steht vor dem *Ohne Schlüssel Tor*. Dieses Tor, so hat es *Engywuck* erklärt, reagiert negativ auf den menschlichen Willen. Je mehr einer hinein will, desto fester schließt sich die Tür. Man kann nur hinein, wenn man gar nichts mehr will und jede Absicht vergessen hat.

Dieses Tor bezieht sich wohl auf die Erfahrung schöpferischer Menschen, dass die Offenbarungen des Selbst nicht erzwungen werden können, sondern sich dann spontan und unerwartet einstellen, wenn man innerlich losgelassen hat. „Wenn man absichtlich die Absichtslosigkeit erlangt, dann hat man es erfasst", meint ein alter chinesischer Meditationstext. Damit wird vom Ich-Bewusstsein wiederum eine weitgehende Relativierung verlangt. Wir müssen alle unsere zielgerichteten Vorhaben und Willensanstrengungen aufgeben und in einer empfangsbereiten Haltung verbleiben, in der es zufällig erscheinenden Ereignissen und Einfällen gegenüber offen ist.

Durch diese Haltung gelangt *Atréju* schließlich in den *Tiefen Geheimnis Palast*, in dem die *Uyulála*, die Stimme der Stille, wohnt. Indem er mit ihr in Versform spricht – was wohl eine Anspielung darauf ist, dass sich die Beziehung zum Selbst nicht vor allem über die rational-logische Begrifflichkeit herstellen lässt, sondern nur auf dem Wege einer symbolisch-poetisch-künstlerischen Kommunikationsform – erfährt er, dass allein ein Menschenkind der *Kindlichen Kaiserin* einen neuen Namen geben kann.

Also macht sich *Atréju* zusammen mit *Fuchur*, der ihm als Reit- und Flugtier dient, auf die Suche nach den Grenzen *Phantásiens*, hinter denen er ein Menschenkind zu finden hofft. Nachdem sie tagelang unterwegs sind, schlägt *Fuchur* vor, die aussichtslose Suche zu beenden und zur *Kindlichen Kaiserin* zurückzukehren. Vielleicht wisse sie, wie ihr ein Menschenkind einen neuen Namen geben könne. *Atréju* möchte aber noch eine Stunde weiterfliegen. Dadurch geraten sie in den Kampf der vier Windriesen, die aus den vier Himmelsrichtungen stammen. Diese unterbrechen kurzfristig ihren stürmischen Wettstreit, um *Atréju* klarzumachen, dass sie die Grenzen *Phantásiens* auch nicht kennen, ja dass *Phantásien* überhaupt grenzenlos ist. Dann setzen sie ihr Kampfspiel fort.

> Dieses Kampfspiel erinnert ein wenig an den Kampf der vier Elemente Feuer (Blitze), Wasser (Regen), Luft (Wind) und Erde (Schnee, Hagel, Eis), der in- alten Initiationsriten eine wichtige Rolle spielt und auch die Alchemisten intensiv beschäftigt hat. Sie repräsentieren die machtvollen Ur-Energien und naturhaften Elemente in uns.

In diesen gefährlichen Turbulenzen kann sich *Atréju* auf *Fuchur* nicht mehr halten und stürzt ins Meer, wobei er zu allem Unglück auch noch sein Amulett *Auryn* im Wasser verliert. Er kommt an einem Strand wieder zu Bewusstsein.

> Hier klingt das alte griechische Motiv von Ikarus an, der bei der Flucht über das Meer mit seinen künstlichen Flügeln der Sonne zu nahe kommt, abstürzt und ertrinkt. Dieses Mythologem wird häufig als eine anmaßliche Selbstüberschätzung, auf die ein Versinken ins Unbewusste folgt. Auch *Atréju* hat die Mahnung *Fuchur*s zur Umkehr nicht befolgt und muss für seinen Eigenwillen nun hart bezahlen.

In *Spukstadt*, der Hauptstadt des *Gelichterlandes*, trifft *Atréju* auf den angeketteten, fast verhungerten Werwolf *Gmork*. Dieser ist ein Zwischenwesen, das in der Menschenwelt als Mensch und in *Phantásien* als Wolf erscheint. *Gmork* erzählt *Atréju*, dass aus den Wesen *Phantásiens*, wenn sie vom Nichts aufgelöst werden, in der Menschenwelt gute oder böse Wahnideen, Lügen und Täuschungen werden, die die Menschen verblenden, weil sie für Wahrheiten gehalten werden.

> *Atréjus* Begegnung mit *Gmork* ist eine Schlüsselszene der Unendlichen Geschichte. Sie weist einerseits auf die enge Wechselbeziehung zwischen seelischer Innen- und Außenwelt hin – wenn die eine Welt krank ist, ist auch die andere Weit krank – und andererseits auf die Notwendigkeit einer deutlichen Unterscheidung beider Welten. Nur dann, wenn die seelischen Innenvorgänge ausreichend gut von den Außenvorgängen unterschieden werden können und sich nicht unbewusst verwischen, ist realitätsbewusstes und schöpferisches Leben möglich. Gleichzeitig ist es auch immer erforderlich, dass die Seele ihre Gestaltungs- und Verwirklichungsmöglichkeiten in der Außenwelt findet.

Fuchur hat inzwischen unter Lebensgefahr das Amulett *Auryn* von einem Korallenast unter dem Meer heraufgeholt und wird von ihm zu *Atréju* geleitet. Beide fliegen zurück zum *Elfenbeinturm*. Dort berichtet *Atréju* der *Kindlichen Kaiserin* von seiner Suche und ihrem Ergebnis. Es stellt sich heraus, dass die *Kindliche Kaiserin*, schon bevor sie *Atréju* auf die Große Suche geschickt hatte, wusste, dass sie zu ihrer Gesundung einen neuen Namen braucht, den ihr nur ein Menschenkind geben kann. Das ganze gefährliche Abenteuer, in das sich *Atréju* eingelassen hatte, diente allein dem Zweck, den zukünftigen Retter *Phantásiens*, *Bastian*, herbeizuholen, ihn in die *Unendliche Geschichte* hineinzuverwickeln und ihn dazu zu bringen, der *Kindlichen Kaiserin* einen neuen Namen zu geben.

Bastian sieht auf seinem Speicher für den Bruchteil einer Sekunde das Gesicht der *Kindlichen Kaiserin* vor sich; er wird von ihrem zauberhaften Blick getroffen und findet sogleich auch ihren neuen Namen: *Mondenkind*. Aber viele Ängste vor dem, was ihm alles in *Phantásien* passieren könnte, halten ihn zurück, die *Kindliche Kaiserin* bei ihrem neuen Namen zu rufen.

> Das allmähliche Hinein-verwickelt-Werden *Bastians* – das Sich-Hineinverwickeln-Lassen ist übrigens, wie wir noch sehen werden, eine wichtige Vorbedingung für den schöpferischen Prozess – wird von Michael Ende sehr schön dargestellt. Es beginnt mit der magischen Faszination, die das Buch mit der *Unendlichen Geschichte* auf *Bastian* ausübt; er ahnt schon, dass es sich dabei um seine ureigenste Geschichte handelt. Dann können wir durch den ständigen Wechsel zwischen der psychischen Realität *Phantásiens* und der konkreten Realität *Bastians* auf seinem Speicher beobachten, wie ihn der Ablauf der Handlung immer mehr zu fesseln beginnt, wie sie ihn zu Assoziationen und Erinnerungen aus seinem eigenen Leben anregt und er ähnliche Bedürfnisse und Gefühle wie die phantásischen Figuren verspürt. Die Grenzen zwischen seiner Welt und der Welt *Phantásiens* verschwimmen dann endgültig, als sein Schreckensschrei bei *Atréjus* Begegnung mit dem Ungeheuer *Ygramul* von beiden gehört wird, als *Atréju* ihm im *Zauber-Spiegel-Tor* begegnet und als er schließlich blitzartig das Gesicht der *Kindlichen Kaiserin* vor sich sieht. Die *Kindliche Kaiserin* hat ihr Ziel erreicht, sie hat *Bastian* in ihren Bann gezogen.

Weil *Bastian* den Sprung nach *Phantásien* aber immer noch nicht wagt, muss die *Kindliche Kaiserin* zu einem letzten Mittel greifen. Sie verlässt ihren *Elfenbeinturm*, der sich schon fast völlig ins Nichts aufgelöst hat, um den *Alten vom Wandernden Berge* aufzusuchen und sich mit ihm, ihrem Gegenpol, zu verbinden. Der *Alte vom Wandernden Berge*, der das Geschehen in *Phantásien* ständig in einem Buche aufschreibt, wird von ihr gezwungen, die *Unendliche Geschichte* immer wieder von vorne zu schreiben. Einzig *Bastian* vermag diesen unheilvollen Kreislauf zu durchbrechen, indem er die *Kindliche Kaiserin* bei ihrem neuen Namen ruft, dadurch selbst in die *Unendliche Geschichte* eintritt und

Phantásien mit seinen eigenen Fantasien wieder neu aufbaut. Nach längerem Zögern kann *Bastian* nicht anders, als sich mit dem verzweifelten Schrei: „*Mondenkind*, ich komme" in ein neues, unbekanntes Abenteuer zu stürzen.

Während die *Kindliche Kaiserin* – u. a. auch ein Symbol der „Göttlichen Kindes" – das Prinzip des Anfangs, des Neuen und der Fülle des Lebens repräsentiert, wenn man will also die uneingeschränkte und damit auch chaotische, unpersönliche Lebensenergie, stellt der *Alte vom Wandernden Berge* das dauerhaft machende Gedächtnis, das Prinzip der Begrenzung, der Strukturierung und der Ordnung dar, das die ungezügelte Wachstumsdynamik hemmt und beendet.

Schöpferisches Leben bedarf immer des ausbalancierten Zusammenspiels dieser beiden Prinzipien. Ein anderes fundamentales psychologisches Lebensgesetz besagt, dass das Zulassen des Sterbens und des Todes immer auch die Chance der Neugeburt des Lebens in sich birgt. Das wird in der *Unendlichen Geschichte* beim *Alten vom Wandernden Berge* darin angedeutet, dass er paradoxerweise in einem eiförmigen Haus wohnt. Das Ei ist seit Urzeiten ein Symbol des keimenden neuen Lebens. Indem sich die *Kindliche Kaiserin* zum Ort des *Alten vom Wandernden Berge* begibt, unterstellt sie das von ihr repräsentierte Wachstumsprinzip der Macht des Strukturprinzips, sodass es zwischen beiden keine schöpferische Spannung mehr gibt und alles Geschehen nur noch in ewiger, gleichförmiger Wiederholung verläuft. Das kennen wir aus solchen Lebensphasen, in denen unser Sicherheits- und Ordnungsbedürfnis spontane Lebensimpulse so unterdrückt hat, dass unser Leben nur noch in monotoner Routine und in ewig gleichen Verhaltensmustern verläuft.

Bevor wir uns dem zweiten Teil der *Unendlichen Geschichte* zuwenden, sei noch einmal kurz zusammengefasst, worum es psychologisch gesehen bisher ging. *Bastian* ist in einer existenziellen Krise. Er hat den Kontakt zu sich und seinen Mitmenschen verloren. In einem imaginativen Prozess, wie er durch das Lesen der *Unendlichen Geschichte* dargestellt wird, wird er aufgefordert, die Beziehung zu seiner inneren schöpferischen Seite in Gestalt der *Kindlichen Kaiserin* (die man zum einen als einen umfassenden Selbst-Aspekt als auch als auch als einen weiblichen Anteil, in der Sprache der Analytischen Psychologie als seine *Anima,* ansehen kann) wiederherzustellen. Er soll ihr einen neuen Namen geben, was heißt, dass er sie erkennen, sich bewusst und ihr schöpferisches Potenzial nutzbar machen soll. Die *Kindliche Kaiserin* ist auf ihn ebenso angewiesen wie er auf sie. Sie wird ihm die Macht verleihen, seine Wünsche zu realisieren und damit zu sich selbst und seinem „wahren" Willen zu finden. Aber der Umgang mit dem eigenen schöpferischen Potenzial erfordert ein gewisses Maß an Autonomie, Mut und Selbstvertrauen, das *Bastian* noch nicht besitzt. Durch eine teilweise Identifizierung mit seinem heldenhaften Schattenbruder *Atréju*, der sich vorbildlich für ihn mit den negativ-regressiven Kräften der Depression, der Sinnlosigkeit, der Lebensangst und der Todessehnsucht auseinandersetzt, gewinnt er gerade genug Stärke und Verantwortungsbewusstsein, um in der Lage zu sein, ganz in den imaginativen Prozess einzusteigen und ihn heil zu überstehen.

2. Teil der Geschichte

Im zweiten Teil der *Unendlichen Geschichte* findet sich *Bastian* nach seinem Sprung ins Unbekannte zunächst in der völligen Dunkelheit des Anfangs wieder. *Phantásien* hat sich bis auf ein Sandkorn aufgelöst, das ihm von *Mondenkind* überreicht wird. Er wird von ihr aufgefordert, durch seine Wünsche und durch das Benennen der von ihm gewünschten Dinge *Phantásien* wieder aufzubauen. Sie überlässt ihm das Amulett *Auryn*, mit dessen Hilfe sich seine Wünsche verwirklichen werden. *Auryn*, so entdeckt *Bastian*, zeigt auf der einen Seite zwei ineinander verschlungene Schlangen, die sich in den Schwanz beißen (das unendliche, ewige Kreisen der Schöpfung und der kosmischen Energien) und trägt auf der anderen Seite die Inschrift *Tu, was du willst.*

Diese Inschrift und auch die entsprechende Aufforderung *Mondenkinds* veranlassen *Bastian* verständlicher und auch notwendigerweise, sich erst einmal all das zu wünschen, was seine tiefen Minderwertigkeitsgefühle und Defizite auszugleichen vermag.

Was ihm aber von *Mondenkind* nicht gesagt wird, und darin zeigt sich ihre unpersönliche, gefährliche Doppelnatur, ist, dass er mit jedem Wunsch, den er sich in diesem imaginären Reich *Phantásien* erfüllt, ein Stück Erinnerung an seine andere Existenz als Menschenkind verliert. Dieser Erinnerungsverlust wird ihm dann später fast zum Verhängnis.

Der Aufbau seines Selbstwertgefühls beginnt damit, dass er sich in den Augen *Mondenkinds* als wunderschöner Prinz erkennt und sich in einen solchen verwandelt. Aus dem Sandkorn, das ihm *Mondenkind* überreicht hat, entsteht in seinen Händen und durch seine assoziative Fantasie eine unendliche Vielfalt vegetativen Lebens: der Nachtwald *Perelín*.

> *Perelín* ist ein Symbol der treibenden, chaotischen Fülle und wildwuchernden Lebensenergie der Schöpfung, der Natur wie auch des Unbewussten unserer Seele.

Weiter wünscht sich *Bastian* Stärke, Zähigkeit, Härte, Kühnheit und Mut. Er fühlt sich als Herrscher des Dschungels.

Dann will *Bastian* dem gefährlichsten Geschöpf *Phantásiens* gegenübertreten. Er begegnet ihm in der Gestalt des Löwen *Graógraman*, dem *Bunten Tod*, dem Feuer- und Flammenwesen, in dessen vernichtender Aura sich kein lebendes Wesen aufhalten kann. *Graógramán* ist der Herrscher der *Wüste Goab*, der Wüste der Farben.

> Er ist zunächst einmal das Gegenbild zum Nachtwald *Perelín* und steht mit der Sonne, der Tageshelle des Bewusstseins, dem Licht, der Wärme, aber auch mit der destruktiven Wirkung übermäßiger Hitze und alles verzehrenden Feuers in einem symbolischen Zusammenhang. Unter anderem Blickwinkel kann man den Löwen als ein Symbol der archaischen Wut *Bastians* verstehen, die sich in ihm aufgrund der vielen Kränkungen und Demütigungen angestaut hat.

Bastian lernt auf *Graógramán* zu reiten, das heißt seine eigene Destruktionskraft zu zähmen, und erhält von ihm schließlich das Wunderschwert *Sikánda*. Dieses macht seinen Besitzer praktisch unbesiegbar, wenn es nicht aus eigenem Willen aus der Scheide gezogen wird, sondern ihm von selbst in die Hand springt.

> *Sikánda* symbolisiert die Fähigkeit zur gut kontrollierten, konstruktiven Aggressivität und selbstsicheren Wehrhaftigkeit.

Graógramán versteinert jeden Abend mit Sonnenuntergang. Die sonnenhelle Wüste, über die er herrscht, wird nachts von *Perelín* überwuchert. *Graógramán*s allmorgendliche Wiederauferstehung begrenzt das ungezügelte, alles verschlingende Wachstum des Nachtwaldes und lässt ihn in Staub zerfallen.

> Damit wird noch einmal auf die Polarität der aufbauenden und zerstörerischen Kräte, von Sterben und Neuwerden hingewiesen, die uns schon in der Beziehung der *Kindlichen Kaiserin* zum Alten von Wandernden Berge begegnet ist.

Bastian stellen sich nun Fragen, die für ein Verständnis des Schöpferischen sehr wichtig sind. Er überlegt, wie es denn sein könne, dass sich alles, was er sich wünscht, in viel vollständigerer und vielfältigerer Weise verwirklicht, als er es sich selber vorgestellt hat, und wieso es ihm so vorkommt, als habe alles Gewünschte bereits vor ihm bestanden. Er fragt sich also, ob alles erst neu entsteht, wenn er es sich wünscht, oder ob es schon vorher da war und von ihm nur irgendwie erraten wird. *Graógramán* antwortet ihm, dass beides zutreffe.

> Damit wird der doppelte Ursprung des Schöpferischen thematisiert. Zum einen gibt es in unserer Seele einen Bereich – C. G. Jung hat ihn das kollektive Unbewusste genannt – der eine Fülle archetypischer, in uns allen keimhaft angelegter Entfaltungsmöglichkeiten enthält; zum anderen bedürfen diese aber des wahrnehmenden, benennenden und gestaltenden Bewusstseins, um erkannt und konkretisiert zu werden. Dieses polare Wechselspiel des schöpferischen Prozesses wird uns später immer wieder beschäftigen.

Dann macht sich *Bastian* Gedanken über die Inschrift „Tu, was du willst", die sich auf dem Amulett *Auryn* befindet, dem er ja letztlich seine ganze Wunschrealisierungskraft verdankt. Er fragt sich, ob die Inschrift bedeute, dass er alles tun dürfe, wozu er Lust habe. Er wird von *Graógramán* belehrt, dass dies nicht zutreffe, vielmehr sei sie eine Aufforderung, den *Wahren Willen* zu tun. Der *Wahre Wille* sei sein tiefstes, unbekanntes Geheimnis, das er nur herausfinden könne, wenn er den Weg der Wünsche gehe. Dieser Weg aber erfordere höchste Wahrhaftigkeit und Aufmerksamkeit, weil es auf keinem anderen Wege leichter sei, sich zu verirren.

> Auch auf diese entscheidende Thematik des Selbst-Verwirklichungsprozesses werden wir später ausführlich zu sprechen kommen. Hier sei nur so viel angedeutet, dass es dabei auf eine bestimmte Einstellung ankommt, bei der zwar alle Wün-

sche, Fantasien und Bedürfnisse unserer Seele wahrgenommen und bejaht, teilweise auch realisiert werden, dass dieser Prozess aber nicht hauptsächlich einer infantil-unverantwortlichen Befriedigung der Tendenzen des Lustprinzips dient, sondern einer „höheren“ Aufgabe unterstellt ist, nämlich der Verwirklichung unseres „wahren“ Wesens oder des Selbst.

Bevor *Bastian* aber das tiefste Bedürfnis seines Wesens, nämlich geliebt zu werden und zu lieben, fühlen kann, verfällt er dem Wunsch nach Grandiosität und Macht. Er berauscht sich immer mehr an seinen neuen Fähigkeiten. Er fantasiert sich vom Superhelden zum Kulturstifter, vom Leiderlöser zum Weisesten aller Weisen und schließlich zum in jeglicher Hinsicht uneingeschränkten Herrscher *Phantásiens*. Wir können im Prozess dieser gewaltigen Selbsterhöhung auch beobachten, wie seine anfangs freundliche und wohlwollende Gesinnung immer kälter, ernster und härter wird. Er möchte nicht mehr nur bewundert werden, sondern auch gefährlich und gefürchtet sein.

Zunächst aber muss er *Graógramán* und seine grenzenlose Wüste verlassen. Das geht nur über den *Tausend Türen Tempel*, der überall hinführt und von überall erreichbar ist. Wenn man einen entsprechenden Wunsch hat, kann jede gewöhnliche Tür in *Phantásien* in einem bestimmten Augenblick zum Eingang in diesen Tempel werden. Als *Bastian* eine solche Türe gefunden hat, kommt er in eine Art Irrgarten mit vielen fantastisch ausgestalteten, sechseckigen Zimmern. Er wandert lange Zeit ziellos von einem Raum in den anderen, bis er sich bewusst wird, dass er eigentlich gar keinen ausreichend starken Wunsch hat, der ihn auch wieder aus dem Tempel hinauszubringen vermag. Als ihm dann klar wird, dass er sich die Freundschaft und Gesellschaft *Atréjus* wünscht, dauert es nicht mehr lange, bis er den Ausgang aus dem *Tausend Türen Tempel* findet.

Der *Tausend Türen Tempel* bezieht sich offenbar auf die Tatsache, dass die assoziative, kreative Tätigkeit immer auf ein inneres Bedürfnis oder eine zentrale Idee bezogen sein muss, soll sie nicht zu einer sinnlosen Gedankenflucht oder in eine unfruchtbare Herumspintisiererei ausarten. Es gibt durchaus ideenreiche Menschen, die niemals zu einem befriedigenden schöpferischen Resultat kommen, weil es ihnen einfach nicht gelingt, ein längerfristiges Ziel zu finden, das sie in den Brennpunkt ihres emotionalen Interesses stellen können. Sie fallen von einer großartigen Idee in die andere, ohne sie in die Tat umzusetzen. So irren sie ständig im *Tausend Türen Tempel* herum, ohne einen Ausgang zu finden.

Bastian gelangt auf eine Wiese und gesellt sich unerkannt zu vier Helden, die auf dem Wege zur Silberstadt *Amargánth* sind. *Amargánth* ist eine Gondelstadt auf dem Tränensee *Murhu*, der so salzig und bitter ist, dass er alles zersetzt, was nicht aus Silber ist. In *Amargánth* sollen in einem Wettkampf die tüchtigsten Helden *Phantásiens* ermittelt werden, um zusammen mit *Atréju* den irgendwo herumirrenden Retter *Phantásiens* (*Bastian*) zu finden und ihn auf seinem Rückweg in die Menschenwelt zu begleiten und zu beschützen.

Als der beste der vier Helden, *Hynreck*, sich über den Retter *Phantásiens* abfällig äußert, indem er meint, dass die Errettung *Phantásiens* wohl keine so besondere Heldentat gewesen sei, ist *Bastian* gekränkt und beschließt, es ihm bei passender Gelegenheit heimzuzahlen.

Für selbstunsichere Menschen bedeutet das Bezweifeln ihrer insgeheim fantasierten Großartigkeit meist eine tiefe Kränkung, die häufig mit Depression, Wut und einer Intensivierung der Größenfantasien beantwortet wird. Bei *Bastian* wird dadurch die Entwicklung seines Größenwahns beschleunigt; wir können dies bei seiner Begegnung mit *Atréju* später noch deutlicher sehen.

Beim Wettkampf in *Amargánth* besiegt *Bastian* mit Hilfe von *Auryn* und seinem Zauberschwert *Sikánda* den großen Helden *Hynreck* dann so vernichtend, dass dieser nur noch in der Unterwäsche und mit dem Griff seines zerstückelten Schwertes dasteht – sicherlich das denkbar lächerlichste Bild für einen Helden. Dementsprechend verfällt *Hynreck* in große Verzweiflung, zumal seine geliebte Prinzessin *Oglamár* bald nach seiner Niederlage abreist. *Bastian* gibt sich *Atréju* und dem Volk *Amargánth*s als der gesuchte Retter *Phantásiens* zu erkennen, und der Jubel kennt keine Grenzen.

Über die Freundschaft zwischen *Bastian* und *Atréju* fällt bald ein Schatten. *Bastian* befürchtet, *Atréju* würdige seine bisherigen heldenhaften Leistungen nicht wirklich, weil er ja im Besitz von *Auryn* sei. Um *Atréjus* uneingeschränkte Hochachtung zu gewinnen, will er etwas tun, was allein er tun kann, auch ohne die Hilfe *Auryn*s: Geschichten erfinden. So erzählt er den *Amargánthern* die Geschichte ihres Ursprungs und hinterlässt ihnen eine große Bibliothek mit seinen gesammelten Werken. Schließlich erfindet er für den Helden *Hynreck* einen Drachen, der dessen angebetete Prinzessin *Oglamár* raubt und zu ihm bringt, sodass dessen Leben wieder einen heldenhaften Sinn erhält.

Dann machen sich *Atréju* und die drei anderen Helden mit *Bastian* auf den Weg. Sie wollen ihm helfen, wieder zurück zur Menschenwelt zu finden. Unterwegs versucht *Atréju*, *Bastian* durch Fragen und Zuhören an sein früheres Leben zu erinnern.

> Er verhält sich dabei wie ein Psychotherapeut, der versucht, die aktuellen Probleme des Patienten und seine Symptomatik mit seiner Vergangenheit zu verbinden, sodass er der Kontinuität seines Lebens und des unbewussten Sinns seiner Problematik gewahr zu werden vermag.

Dennoch aber vergisst *Bastian* immer mehr von seiner menschlichen Vergangenheit, je weiter er mit seinen Wünschen ins phantásische Reich vordringt. Er reagiert zunehmend unwilliger und gereizter auf *Atréjus* Rückerinnerungsversuche, und später stellt sich heraus, dass er überhaupt nicht mehr zurück will.

Bastian macht sich Gedanken darüber, ob es gut war, den Drachen für *Hynreck* zu erfinden. Eigentlich will er nicht als der Schöpfer von

Ungeheuern und Scheusalen in die Geschichte *Phantásiens* eingehen, sondern vielmehr durch Güte und Selbstlosigkeit und als der große Wohltäter berühmt werden. Dieser Wunsch führt dazu, dass sie auf die *Acharai* stoßen, die hässlichsten und unglücklichsten Geschöpfe *Phantásiens*. Sie weinen immerfort über ihr unglückseliges Dasein. Der Strom ihrer Tränen speist den *Amargánth*er Tränensee *Murhu* und wäscht das unzerstörbare Silber aus dem Urgestein, mit dem dann die fein ziselierten Bauwerke der Stadt errichtet werden. Durch diese Arbeit versuchen sie, ihre Hässlichkeit an der Welt wiedergutzumachen. *Bastian* verwandelt sie in die *Schlamuffen*, die Immer-Lachenden, die sich aber dann so destruktiv, manisch und irrsinnig verhalten, dass ihm wieder Zweifel kommen, ob er mit der „wohltätigen" Verwandlung der *Acharai* in die *Schlamuffen* wirklich etwas Gutes getan hat.

> Das ist wieder eine der typischen Paradoxien des seelischen Lebens: Aus dem Hässlichen kann das Schöne entstehen. Im Hinblick auf *Bastians* seelische Problematik – denn er erfindet diese Gestalten ja nicht zufällig – stellen die *Acharai* seine tiefen Minderwertigkeitsgefühle und Schuldgefühle dar, wie sie viele Kinder erleben, die von ihren Eltern nicht gewollt und geliebt werden, wie sie aber auch in geringerem oder größerem Ausmaß zur Erfahrung jedes Menschen gehören. (Urminderwertigkeit und damit zusammenhängende Ur-Schuld, vgl. den christlichen Mythos vom Sündenfall und das Dogma der Erbsünde.)
>
> Wenn aber die Gefühle von Minderwertigkeit und Schuld allgemein-menschliche Grundtatsachen seelischen Lebens sind und mit zu den geheimen Motivatoren unseres Verhaltens gehören, die manche große Entwicklung und Leistung in Gesellschaft und Kultur hervorgebracht haben, dann dürfen sie nicht verleugnet oder künstlich verändert werden, sondern müssen in einem gewissen Maße angenommen und ertragen werden. Als er die Immer-Weinenden in die Immer-Lachenden verwandelt, muss *Bastian* erfahren, wie aus echtem Leid, das sich bei den *Acharai* in Kunst und Schönheit transformiert, unechte Heiterkeit, Ober-

> flächlichkeit und Destruktivität werden. Aus den *Acharai* werden clownhaft-hysterische, albtraumhafte *Schlamuffen*. Durch ihre assoziative Gedankenflüchtigkeit, ihre hartnäckige Penetranz und ihren manischen Irrwitz machen sie jedes sinnvolle schöpferische Tun unmöglich.

Da *Bastian* immer mehr von seiner Herkunft vergisst, bitten ihn *Atréju* und *Fuchur*, sich nichts Weiteres mehr zu wünschen. Das führt aber dazu, dass sie ständig im Kreis herumlaufen. *Bastian* muss also wohl oder übel einen neuen Wunsch finden. Er beschließt, zum *Elfenbeinturm* zu ziehen, um *Mondenkind* wiederzusehen. *Atréju* und *Fuchur* warnen ihn erfolglos. Auf ihrer Reise gesellen sich immer mehr phantásische Wesen zu ihnen, um *Bastian* zu huldigen, ihn um eine eigene Geschichte zu bitten und ihn zu begleiten.

Der Zug kommt in den *Orchideenwald*, in dem die mächtige Zauberin *Xayíde* herrscht. Sie stellt wohl einen weiteren, diesmal hexenhaften Aspekt von *Bastians* Anima dar. Um ihn für ihre eigenen Machtpläne einzuspannen, inszeniert sie einen Überfall, unterwirft sich *Bastian* und bietet sich ihm als seine Sklavin an. Nach und nach gewinnt sie immer mehr Einfluss auf ihn und fördert systematisch seinen Macht- und Größenwahn. Jetzt möchte *Bastian* der weiseste Weise von ganz *Phantásien* sein, so weise, dass er erhaben ist über Freude und Leid, über Angst und Mitleid, über Ehrgeiz und Kränkung. Er möchte gleichmütig über allen Dingen stehen, unerreichbar sein, nichts soll ihm mehr etwas anhaben können. Damit glaubt er, den letzten Wunsch gefunden zu haben, der ihn zu seinem *Wahren Willen* führt.

Er wird als der Große Wissende aufgefordert, den drei *Tief Sinnenden* des Sternenklosters *Gigam* Erleuchtung über das Rätsel ihrer Welt zu bringen. Bei den drei *Tief Sinnenden* handelt es sich um die eulengesichtige Uschtu, die Mutter der Ahnung und des Nachtbewusstseins, den adlerköpfigen Schirkrie, den Vater der Schau und des Tagesbewusstseins, und den fuchsköpfigen Jisipu, den Sohn der Klugheit, des vermittelnden Bewusstseins. *Bastian* offenbart ihnen das Geheimnis *Phantásiens*, dass *Phantásien* in einem Buch enthalten ist, das sich auf dem

Speicher eines Schulhauses befindet. Mithilfe des magischen Lichtsteines *Al'Tsahier*, den *Bastian* aus *Amargánth* hat, lässt er die drei *Tief Sinnenden* einen Blick auf diesen Speicher tun. Jeder entdeckt dort eine Gestalt, die der eigenen entspricht und die er als die letzte Wahrheit ansieht. Daraus entsteht eine grundsätzliche Meinungsverschiedenheit zwischen den drei *Tief Sinnenden*. Sie gründen später jeder ein eigenes Kloster.

> Dass Michael Ende diese Episode vom Streben nach letzter Vergeistigung in einen Zusammenhang mit den hybriden Vorstellungen *Bastians* stellt, ist eine harte Kritik an den Welt- und Lebensfluchttendenzen mancher öst-westlicher Philosophie- und Religionssysteme. Bezeichnenderweise fehlt in der Weisheitstrinität der drei *Tief Sinnenden* ein Repräsentant des Gefühls. Sie sind wohl der Auffassung, dass subjektive Gefühle die „objektive" Erkenntnis der letzten Wahrheit stören könnten. Durch die Verdrängung des Gefühls verfallen sie nun gerade – wie das bei Verdrängungen immer passiert – der Subjektivität, was wir daran sehen, dass am Ende jeder der drei glaubt, die einzig gültige Wahrheit gefunden zu haben.

Die Beziehung zwischen *Bastian* und *Atréju* wird unter dem Einfluss *Xayíde*s immer gespannter. *Atréju* macht *Bastian* den Vorschlag, ihm das Amulett *Auryn* zu geben, weil es bei ihm nicht jene verhängnisvolle Wirkung des Vergessens habe und er ihm auf diese Weise sicherer helfen könne, wieder aus *Phantásien* herauszufinden. *Bastian* weist diesen Vorschlag entschieden zurück. *Atréju* versucht daraufhin, *Auryn* zu stehlen, was aber misslingt. *Bastian* kündigt *Atréju* und *Fuchur* die Freundschaft auf und verbannt beide.

Als sie erfahren, dass *Mondenkind* schon seit Urzeiten nicht mehr im *Elfenbeinturm* wellt, überredet *Xayíde Bastian*, sich zum *Kindlichen Kaiser Phantásiens* krönen zu lassen. Das sei ganz im Sinne *Mondenkinds*, denn sie habe ihm *Auryn* als das Zeichen ihrer Vollmacht gegeben und ihm ihr Reich überlassen. *Xayíde* malt ihm das Bild eines neuen *Phantásien* aus, in dem er der unumschränkte Herrscher ist und wo alle Gestalten seinem Willen entspringen und er alle Geschicke in ewigem Spiel lenkt. Erst dann sei er wahrhaftig frei, frei von allem, was ihn beenge, und frei, zu tun, was er wolle. Das sei dann wirklich sein *Wahrer Wille*.

Am Tage der pompösen Krönungsfeierlichkeiten taucht *Atréju* mit Verbündeten auf, um *Bastian* zu seinem eigenen Besten an diesem Vorhaben zu hindern und ihm *Auryn* wegzunehmen. Es kommt zu einer tagelangen Schlacht, in deren Verlauf der *Elfenbeinturm* in Flammen aufgeht und *Bastian Atréju* mit seinem Schwert *Sikánda*, das er aus eigenem Willen und mit Gewalt zieht, schwer verwundet. *Atréju* stürzt vom Turm, wird aber von *Fuchur* aufgefangen und weggeflogen.

Weil er seine Selbstkrönung verhindert hat, will *Bastian Atréju* bis ans Ende der Welt verfolgen. Bei seiner Verfolgungsjagd kommt er in die *Alte Kaiser Stadt*, die von dem Äffchen *Argax* beaufsichtigt wird. Es ist eine Stadt von Irren und Verrückten. *Argax* erklärt ihm, dass alle Bewohner der Stadt Menschen sind, die *Phantásien* einmal aufsuchten, aber nicht mehr in ihre Welt zurückfanden. Sie hatten sich zu viel gewünscht – manche wollten *Kindliche Kaiser* werden – und dadurch die Erinnerung an ihr Menschsein vollständig verloren. Die Macht der *Kindlichen Kaiserin*, die in *Auryn* verkörpert sei, könne eben nicht dazu verwendet werden, ihr genau diese Macht wegzunehmen.

Wäre *Bastian* also zum *Kindlichen Kaiser* gekrönt worden, wäre er unweigerlich auch in der *Alten Kaiser Stadt* gelandet. Insofern hat ihn *Atréju* mit seinem Eingreifen vor dem Wahnsinn gerettet. Hätte *Atréju Auryn* an sich genommen, dann wäre *Bastian* aber genauso verloren gewesen, weil er zum Finden des Rückwegs auf das Amulett angewiesen ist. Das Äffchen *Argax* vermutet, dass *Bastian* etwa noch drei bis vier Wünsche bleiben, ehe er seine Erinnerung vollständig verloren hat, und bezweifelt, dass er mit so wenig Wünschen in seine Menschenwelt zurückzufinden vermag. Es sagt ihm immerhin, dass er über das Nebelmeer müsse und vielleicht auch *Yor*, den alten Bergmann im *Bergwerk der Bilder*, treffen könne, der für ihn die letzte Rettung sei.

Damit hat also der grandiose Höhenflug *Bastians* ein jähes, unrühmliches Ende gefunden. Michael Ende hat in diesen Episoden nicht nur ein plastisches Bild von jenen Möglichkeiten, Problemen und Gefahren gemalt, die bei identitätsgestörten Menschen vorliegen, sondern ebenso dargestellt, mit welchen Schwierigkeiten jede tiefere Begegnung mit den unbewussten Dimensionen der Psyche verbunden ist. Der Kontakt mit den archetypischen Bildern und Kräften der Seele kann bei unerfahrenen *Phantásienreisenden* wie *Bastian* zu einer Identifizierung mit ihnen führen, verbunden mit einer Inflation, einer Aufblähung, einem Größenwahn, oder umgekehrt zu einer Depression, einer übermäßigen Reduzierung und Verkleinerung der Persönlichkeit.

Der beste Schutz gegen eine solche „Besessenheit" von archetypischen Kräften ist, soviel sei hier schon vorweggenommen, das Ein- und Zugeständnis der eigenen Endlichkeit, Begrenztheit und Durchschnittlichkeit und das Führen eines entsprechenden Lebens, das einen immer wieder in die Realität des Alltags zurückzubinden vermag.

Nach seinem Sturz aus den Höhen des Größenwahns wandert *Bastian* tagelang einsam umher, bis sich in ihm ein neuer Wunsch bildet. Er möchte zu einer Gemeinschaft gehören und sich dort aufgehoben fühlen, nicht als ein Besonderer oder Wichtiger, sondern nur als einer unter anderen.

Damit setzt bei ihm erneut eine – diesmal positive – regressive Tendenz ein. In der Anfangsphase der *Unendlichen Geschichte* musste *Atréju* für ihn die Regression in sehr bedrohliche psychische Bereiche übernehmen, damit *Bastian* sich auf seine Seele überhaupt erst wirklich einlassen konnte. Jetzt, nachdem er durch die Verwirklichung seiner Größenfantasien, so gefährlich diese auch gewesen sind, noch etwas mehr an Ich-Stärke und Mut gewonnen hat, ist er auch in der Lage, sich seine passiven Bedürfnisse nach Hingabe und Liebe zuzugestehen und die da-

> mit verbundene Angst vor Abhängigkeit, Hilflosigkeit und Auflösung auszuhalten. Solche positiven Regressionen werden meist erst möglich, wenn etwas mehr Ich-Stärke aufgebaut worden ist. Je „stärker" man geworden ist, desto mehr „Schwäche" kann man sich zugestehen. Das seelische Gleichgewicht wird dann immer weniger davon abhängig, wie besonders und großartig man ist.

So kommt *Bastian* zu den *Nebelschiffern*, wo er die völlige Aufgehobenheit und das selbstverständliche Enthaltensein im Kollektiv erfährt. Alles, was die *Nebelschiffer* tun, tun sie gemeinsam. Sie unterscheiden sich nicht voneinander, haben keine Individualität, kennen kein „Ich", sind daher aber auch beliebig austauschbar. Ihre Schiffe bewegen sie durch das Nebelmeer, indem sie ihre Vorstellungskraft zu einer werden lassen. Harmonie und Selbstvergessenheit im Tanz erfährt *Bastian* bei ihnen, aber er spürt, dass diese Harmonie und diese Verbundenheit nichts mit bewusster Liebe zu tun haben. Die aber gerade vermisst er: Er möchte nicht irgendeiner sein, der beliebig ersetzbar ist, sondern jemand, der dafür geliebt wird, dass er so ist, wie er ist, mit all seinen Vorzügen und Schwächen.

Deshalb verlässt er die *Nebelschiffer*. Er kommt in ein Land voll duftender Rosen und findet einen Weg, der ihn zum *Änderhaus* führt. Das ist ein Haus, das sich in stetiger, langsamer Veränderung befindet. In diesem Haus wohnt die Dame *Aiuóla*, die auf *Bastian* seit Langem gewartet hat, um ihn mit ihrer mütterlichen Fürsorge zu verwöhnen. Er kann bei ihr die wunderbarsten und köstlichsten Früchte essen, die direkt aus ihrem Körper wachsen, kann schlafen und spielen, soviel und solange er Lust hat. Die ganze Existenz der Dame *Aiuóla* ist darauf ausgerichtet, ein Kind zärtlich zu lieben und zu verwöhnen.

> Sie ist das Urbild der „Großen Mutter" in ihrer positiven, vegetativ-ernährenden und liebenden Gestalt.

Erst entrüstet sich *Bastian* ein wenig, weil er von ihr wieder zu einem Kleinkind, ja fast zu einem Säugling gemacht wird, dann aber nimmt er es dankbar an. Er erlebt eine lange Zeit unbeschwerter und glücklicher Kindheit, bis die Fürsorge der Dame *Aiuóla* und der Einfluss des *Änderhauses* ihre allmähliche Wirkung tun, so leise und langsam wie das Wachstum einer Pflanze. Das *Änderhaus* heißt übrigens nicht nur so, weil es sich selbst ständig verändert, sondern weil es auch den ändert, der in ihm wohnt. Und das sei, so bemerkt die Dame *Aiuóla*, besonders für *Bastian* wichtig, der zwar immer ein anderer sein, aber für seine Veränderung nichts tun wollte.

Eines Tages, als *Bastian* sich von den Früchten und der Fürsorge *Aiuóla*s gesättigt fühlt, erwacht in ihm die Sehnsucht, selbst lieben zu können. Er spürt mit Verwunderung und Trauer, dass er dazu nicht in der Lage ist, und fragt die Dame *Aiuóla* danach. Sie sagt ihm, er habe jetzt seinen *Wahren Willen* gefunden, er könne aber erst dann selber lieben, wenn er vom Wasser des Lebens getrunken habe. Dorthin könne ihn nur sein letzter Wunsch führen. Als er das *Änderhaus* und die jetzt verblühte Dame *Aiuóla* verlässt, ist es Winter geworden.

Er findet zu *Yor*, dem *Blinden Bergmann*, der im Tageslicht blind ist, aber in seinem dunklen Bergwerk, dem *Bergwerk der Bilder*, schauen kann. In diesem Bergwerk liegen die vergessenen Träume der Menschenwelt verborgen. Ganz *Phantásien* steht auf Grundfesten aus vergessenen Träumen.

Bastian hat inzwischen alles aus seiner Vergangenheit vergessen bis auf seinen Namen. Um aber zum Wasser des Lebens zu finden und lieben zu lernen, muss er sich an jemanden aus der Menschenwelt erinnern, den er zu lieben vermag. *Yor* führt *Bastian* an einer langen Reihe von in jahrelanger Arbeit bereits gehobenen Traumbildern vorbei; *Bastian* findet aber keinen eigenen Traum darunter. So bleibt ihm nichts anderes übrig, als mit dem Bergmann tief unter die Erde zu fahren und eigenhändig nach einem vergessenen Traum zu graben.

Tief unten, in völliger Dunkelheit, eingerollt wie ein ungeborenes Kind im Leib seiner Mutter, sucht er lange, lange Zeit, bis er eines Abends ein Bild mit heraufbringt, das ihn aufwühlt und eine tiefe Sehnsucht in ihm weckt. Es ist das Bild eines Mannes in weißem Kittel, der bekümmert dasteht und von allen Seiten in einen Eisblock eingefroren ist. Dieses Traumbild drückt offenbar aus, wie *Bastian* seinen Vater nach dem Tod seiner Mutter erlebte: unnahbar, gefühlskalt und erstarrt. *Bastian* erkennt seinen Vater nicht, er spürt nur eine namenlose Sehnsucht nach diesem Mann, den er lieben und aus der Vereisung befreien möchte. Dabei vergisst er das Letzte, das er noch hat: seinen eigenen Namen.

> Das Bergwerk der Bild, in dem die vergessenen Bilder der Menschenwelt enthalten ist, ist wieder ein Symbol des individuellen wie kollektiven Unbewussten und seiner archetypischen Strukturelemente, die weit in die Anfänge der persönlichen Entwicklungsgeschichte des Einzelnen wie auch der Evolution hineinreichen. In der Psychotherapie stellen Träume für manche Menschen häufig die letzte Hoffnung dar, einen Zugang zu ihrer verschütteten Lebensgeschichte und ihrer verlorenen Identität zu finden. Wie *Bastian* müssen sie in ihre eigene dunkle Tiefe hinabsteigen und dort geduldig Träume und Erinnerungsreste aufspüren und sichten, bis sie etwas gefunden haben, das ihnen eine erste neue Orientierung zu schenken vermag.

Von seinem hauchfeinen Traumgebilde geführt, wandert *Bastian* in die weite Schneelandschaft hinein. Nichts soll ihn mehr daran hindern, der Traumkraft zu folgen. Doch plötzlich hört er einen verwirrenden Lärm hoch über sich. Es sind die *Schlamuffen*, die Clown-Motten. Sie beklagen sich bei ihm, dass ihr Leben mit ständiger Albernheit und Regellosigkeit langweilig sei und ihnen zum Hals heraushänge. Sie wollen *Bastian* nun dazu bringen, ihr Ober-Schlamuffe zu werden. Er soll sie zu irgendetwas zwingen oder ihnen irgendetwas verbieten, damit ihr Dasein wieder einen Sinn hat. Oder er soll sie in *Acharai* zurückverwandeln. Unter ihrem Gezeter und Lärm zerfällt *Bastians* Traumbild in Staub, wie alle Träume, die so empfindlich gegen Unruhe und Lärm sind. Als *Bastian* schon alles verloren glaubt, erscheinen *Atréju* und *Fuchur*. Die beiden Jungen schauen sich schweigend an, und *Bastian* legt sein Amulett *Auryn* sorgsam vor *Atréju* in den Schnee.

Darauf erstrahlt *Auryn* in blendendem Glanz, und die drei stehen in einer gewaltigen Kuppelhalle. In der Mitte liegen kreisförmig zwei riesige Schlangen, die sich gegenseitig in den Schwanz beißen; nachtschwarz die eine, silberweiß die andere. Sie umschließen einen mächtigen Springquell, der ein einziges Brausen, jubeln, Singen, jauchzen, Lachen und Rufen mit tausend Stimmen der Freude ist. Es sind die *Wasser des Lebens*. Sie heißen die drei willkommen. Bevor aber *Bastian* in ihnen baden darf, um sich zu erneuern, fragen sie nach seiner Erinnerung. Da er keine mehr besitzt, spricht und bürgt *Atréju* als Freund für ihn. Er habe all das in seinem Gedächtnis aufbewahrt, was ihm *Bastian* über seine Herkunft erzählt habe. Die *Wasser des Lebens* lassen dies gelten. *Bastian* verliert alle seine phantásischen Gaben und Fähigkeiten und steht schließlich nackt, dick und schüchtern da.

> Das ist noch einmal ein nachdrücklicher Hinweis darauf, wie notwendig es ist, die Innenwelt der Fantasie nicht mit der Außenwelt zu verwechseln. Dinge, die in den Bereich der Fantasie gehören, dürfen nicht einfach unbesehen in unsere äußere Realität hineingetragen werden. Sie würden zu unheilvollen Verwirrungen und Verirrungen führen und unsere Selbstentfremdung verstärken. Die schöpferische Integration phantásischer Elemente in unser Leben ist dagegen ein allmählicher, teilweise mühsamer Vorgang, der immer auch eine weitgehende Unterscheidung und Trennung der beiden Realitätsebenen erfordert, was durchaus oft nicht angenehm ist.

Bastian springt in das kristallklare Wasser hinein und lässt sich von der Lebendigkeit und Freude des Wassers erfüllen. Er weiß jetzt wieder, wer er war und wohin er gehört, und möchte niemand anderer mehr sein als der, der er ist. Er weiß jetzt, dass alle Formen der Freude auf eine einzige zurückgehen: auf die Freude, lieben zu können. Bevor *Bastian* die Wasser des Lebens verlassen kann, um zu seiner Welt zurückzukehren, wird er von ihnen aufgefordert, alle Geschichten, die er in *Phantásien* begonnen hat, auch zu Ende zu führen. Dazu sieht er sich nicht in der Lage. *Atréju* und *Fuchur* erklären sich bereit, es für ihn zu versuchen. Damit sind die Wasser des Lebens einverstanden, und *Bastian* findet sich wieder auf seinem Schulspeicher.

> Das Wasser des Lebens, so, wie es hier von Michael Ende dargestellt wird, ist ein wunderschönes Selbst- und Mandala-Symbol. Ähnlich dem alten chinesischen Yin-Yang-Symbol zeigt es uns, dass der Lebensprozess auf dem ausgewogenen Zusammenspiel polarer Kräfte – der weißen und der schwarzen Schlange, die sich gegenseitig in den Schwanz beißen – beruht und dass sich erst dann, wenn sich diese Polaritäten im Sinne eines schöpferischen Fließgleichgewichts verbinden, das Leben in uns manifestieren kann. Das Wasser des Lebens symbolisiert die schöpferische Kraft der Seele, sich selbst zu heilen und Lebenswerte zu finden, die unserem Dasein Orientierung und Bedeutung verleihen. Es weist uns darauf hin, dass der Sinn unseres Daseins darin liegt, liebend da zu sein und der Fülle des Lebens in uns, so gut es eben geht, Ausdruck zu verleihen.
>
> Ein solches schöpferisches Leben wird durch eine Veränderung der Einstellung möglich, wie sie *Bastian* nach seinem tiefen Fall aus den Höhen des Größenwahns erfahren hat. Wenn das Ich-Bewusstsein in jene mittlere Position der Persönlichkeit gerückt wird, die ihm zukommt, wenn es ein verständnisvoller Vermittler wird zwischen den polaren Lebenstendenzen des Selbst, den Bedürfnissen der Mitmenschen und den Einflüssen der Umwelt, dann können sich Freude und Liebe zum Leben entfalten.

Bastian hat jegliches Zeitempfinden verloren, es ist aber erst der nächste Morgen, als er aus *Phantásien* zurückkehrt. Er läuft zu seinem Vater, der sich schon große Sorgen um ihn gemacht hat, und erzählt ihm die *Unendliche Geschichte*. Der Vater hört ihm verständnisvoll und geduldig zu, und als *Bastian* geendet hat, sieht er Tränen in den Augen seines Vaters. Er begreift, dass er ihm etwas von dem Wasser des Lebens hat mitbringen können.

Am nächsten Tag wollen sie die wunderbaren Ereignisse feiern. *Bastian* aber will zuvor zum Antiquar *Koreander* gehen, um ihm zu sagen, dass er die *Unendliche Geschichte* bei ihm gestohlen und dann verloren habe. Herr *Koreander* ist erstaunt, weil er dieses Buch nicht vermisst hat, ja gar nicht kennt. Er vermutet, dieses Buch habe selbst schon aus *Phantásien* gestammt, und es stellt sich heraus, dass Herr *Koreander* ein erfahrener *Phantásien*reisender ist; auch er kennt die *Kindliche Kaiserin*, allerdings unter anderem Namen. Er erklärt *Bastian*, dass es viele Wege nach *Phantásien* gebe, nicht nur Bücher, und dass man der *Kindlichen Kaiserin* immer wieder begegnen könne, wenn man ihr einen neuen Namen gebe. Beide verabreden sich, ihre Erfahrungen, die sie noch machen werden, miteinander auszutauschen, denn es gibt nicht so viele Leute, mit denen man über solche Dinge sprechen kann.

Die Not Phantásiens und die Krise des modernen Menschen

1. Das Rätsel der Identität

Im einleitenden Kapitel beschäftigten wir uns mit der Schwierigkeit des modernen Menschen, seine Identität zu finden. Unter Identität verstehen wir im Allgemeinen, das Gefühl und die Gewissheit zu haben, mit sich selbst übereinzustimmen und in den ständigen inneren und äußeren Veränderungsprozessen sowie den vielfältigen Situationen des Lebens derselbe zu bleiben. Mit sich identisch zu sein heißt weiter, dass unser Bild von uns und die Einstellung, die wir zu uns haben, wie auch unsere Verhaltensweisen weitgehend mit eigenen Bedürfnissen, Eigenschaften und Persönlichkeitsmerkmalen übereinstimmen.

Manchmal lesen wir bei psychologischen Autoren, die mit sich selbst identische Persönlichkeit sei die „echte", die „wahre" Persönlichkeit. Es lässt sich verstehen, was damit gemeint ist, aber durch solche Formulierungen können auch illusionäre Idealvorstellungen geweckt werden, die so gar nicht wirklich realisiert werden können.

Nach heutigen Vorstellungen lässt sich bezweifeln, ob es so etwas wie eine letzte „wahre" Persönlichkeit wirklich gibt, gewissermaßen einen festen, stabilen Kern, der, wenn wir ihn einmal gefunden haben, mehr oder weniger unsere dauerhafte Basis ist und unsere Suche damit ein Ende gefunden hat. Sicherlich gibt es schon bestimmte Eigenarten und Wesenszüge von uns, die relativ überdauernd sind, aber andererseits ist das, was wir als unsere Persönlichkeit und unser Selbst bezeichnen, doch auch ein höchst komplexer, fortwährend sich verändernder und wandelnder Prozess, den wir uns in seiner Gesamtheit weder völlig bewusst machen können noch in seinen Potenzialen vollständig verwirklichen könnten.

Hinzukommt, dass das, was wir als unsere Identität erleben, also unsere Vorstellungen und Bilder von uns selbst, oft gar nicht ursächlich aus unserem „wahren“ Wesen stammen, sondern das Resultat unzähliger Erlebnisse, Eindrücke und Reaktionen, die uns seit unserem vorgeburtlichen Zustand im Mutterleib bis heute geprägt haben. Was wir in der Wechselwirkung einerseits mit unserem Organismus und unserer Innenwelt und andererseits mit unserer Umwelt, unseren wichtigen Beziehungspersonen und unserer Kultur erfahren, macht in hohem Maße die Eigenart unseres Identitätserlebens aus. Unter anderen vorgeburtlichen Zuständen, bei anderen Beziehungspersonen, bei anderer Umwelt und anderer Kultur würden wir eine andere Identität, eine andere Wahrnehmung unserer eigenen Person entwickeln. Unsere Identität erfahren wir hauptsächlich durch die Spiegelung unserer Umwelt. Wie sie auf uns und unsere angeborenen Lebensäußerungen reagiert, sagt uns, wer wir sind. Sie bildet unseren wichtigsten Bezugs- und Vergleichspunkt.

Unsere augenblickliche Identität ist demnach nur ein Ausschnitt aus einer Vielzahl von potenziellen Identitätsmöglichkeiten. Ähnliches gilt übrigens auch für das, was wir als äußere Wirklichkeit, als „die Welt draußen“ erleben. Auch diese Wirklichkeitserfahrung ist in hohem Maße das Produkt einer psychischen Konstruktion, einer sozialen Übereinkunft und unserer persönlichen Lerngeschichte.

Streng genommen lebt also jeder von uns in einer sehr eigenen Welt, wir selbst und die Welt sind nur Bilder und Vorstellungen – Subjekt- und Objektrepräsentanzen, wie die Tiefenpsychologie diese nennt – in einer von unserer Psyche – oder unserem Gehirn – geschaffenen Welt.

Inwieweit diese etwas mit den „wirklichen“ und „tatsächlichen“ Verhältnissen innen und außen zu tun haben, ist schwer zu sagen. Jedenfalls passen und stimmen diese Bilder oft doch ausreichend gut zu den „wirklichen“, aber unbekannten Gegebenheiten „da drinnen“ und „da draußen“, dass wir damit ganz gut durchs Leben kommen. Zudem gibt es – glücklicherweise – eine Vielzahl ähnlicher Erfahrungen, die wir alle mit der unbekannten Wirklichkeit „da drinnen“ und „da draußen“ machen, und diese ähnlichen Erfahrungen ermöglichen uns eine einigermaßen zufriedenstellende Kommunikation miteinander. Da wir einen weitgehend ähnlichen Körper haben, eine weitgehend ähnliche genetische Ausstattung besitzen, ähnliche Grundbedürfnisse verspüren, unsere Sinnesempfindungen und Gefühle ähnlich erleben und auch in einer ähnlichen Umwelt leben, können wir bei aller Verschiedenartigkeit doch auch recht gut verstehen, was in anderen Menschen so vor sich geht. Es bleibt aber ein großer Rest von Unbekanntem in uns selbst und im anderen Menschen, das uns niemals zugänglich oder bewusst werden kann.

2. Gesunde und gestörte Identität

Wenn wir also auf der Suche nach unserer „wahren" Identität und unserem „wahren" Selbst sind, dann kann es dabei also nicht um das Finden des letzten und absoluten Wesens in uns gehen, sondern um das Finden einer relativen Identität und einer Lebensform, in der wir die in uns angelegten Lebensmöglichkeiten in der uns gemäßen Eigenart in dem jeweiligen sozialen Kontext so gut wie möglich verwirklichen können.

Eine solche relative Identität erleben wir dann z. B. als Gefühl der Zufriedenheit und Stimmigkeit mit uns selbst, dass wir in Ordnung sind, so wie wir sind, dass wir uns und andere Menschen mögen, dass uns das Leben interessant erscheint, Freude macht und dass es Lust bereitet, immer mehr zu lernen und immer Neues zu entwickeln. Weiter gehört dazu, dass wir uns in unserer Gemeinschaft und Gesellschaft gut aufgehoben fühlen und dort genügend Anerkennung und Wertschätzung erfahren.

Eine gelungene (relative) Identität wäre dann die Folge einer doppelten Integration: der personalen – das wäre die durchschnittlich gute Verwirklichung uns grundlegend erscheinender persönlicher Bedürfnisse und Entwicklungspotenziale – und der sozialen, durch die wir uns in unserer Gesellschaft und Kultur geschätzt, aufgehoben und sinnvoll erleben.

Entsprechend dieses Doppelaspekts lassen sich ganz allgemein zwei Ansätze unterscheiden, um die Identitätsstörungen des modernen Menschen zu verstehen. Der tiefenpsychologisch-analytische Ansatz fragt nach den individuellen Störungsquellen in der persönlichen Entwicklungsgeschichte des Einzelnen, während der gesellschaftskritische Ansatz krankmachende systemische Einflüsse untersucht.

2.1 Die Missachtung unserer Eigenart und der Teufelkreis von Fassadenhaftigkeit und Entlarvungsangst

Die Tiefenpsychologie sieht die Ursachen schwerer Selbstwert- und Identitätsstörungen vor allem in der in der frühen Kindheit, in der dem Kind nicht jenes Maß an Liebe, Wärme und Einfühlung gegeben wird, das es zu einer gesunden Entwicklung benötigt. Eines unserer grundlegenden Bedürfnisse ist die vertrauensvolle Bindung und liebevolle, zärtliche und einfühlende Zuwendung der uns wichtigen Bezugspersonen, die uns dadurch das Gefühl vermitteln, dass wir sicher und geborgen sind und dass wir so, wie wir sind, gut sind. Die Art und Weise, wie die ersten Bezugspersonen mit uns umgehen, liefert uns das Modell dafür, wie wir uns selbst, die Mitmenschen und die Welt erleben werden.

Werden wir abgelehnt, nicht in unserer Eigenart bejaht, bestätigt und gefördert, werden wir uns auch selbst ablehnen, werden wir uns schuldig fühlen, überhaupt da zu sein. Werden unsere natürlichen Bedürfnisse und Fähigkeiten wie Neugierde, Sinnlichkeit und Fantasie von unseren Bezugspersonen rücksichtslos und gewalttätig unterdrückt, werden wir glauben, dass sie schlecht sind, und wir werden sie abtöten. Ist unsere erste Umwelt versagend, ängstigend, voller Verbote und Tabus, werden wir auch die Welt später so erleben und uns ihr untertänig-ängstlich anpassen. Als letzten Rest unserer ureigensten Bedürfnisse verspüren wir dann vielleicht nur noch jenes unklare Gefühl, bei allem, was wir tun, niemals das uns wirklich Wesentliche und Erfüllende zu tun. Sosehr wir auch versuchen, unsere Zeit mit Aktivitäten und Abwechslungen zu füllen, so unzufrieden bleiben wir doch und so ungestillt ist unser Durst nach dem Wasser des wesentlichen, eigenschöpferischen Lebens.

Die Folge solcher negativen Früherfahrungen ist, dass unser Identitätsgefühl und unser inneres seelisches Gleichgewicht so labil sind, dass wir bei Konflikten, Kränkungen und Enttäuschungen sehr schnell von starken Selbstzweifeln und von intensiven Versagens- und Verlustängsten überflutet werden. Um dann in dieser Welt, die so bedrohlich und abweisend erscheint, überhaupt psychisch überleben zu können, müssen wir verschiedene Schutzvorkehrungen treffen. Wir müssen unsere Eigenart verstecken, unsere Bedürfnisse, Gefühle und Gedanken tarnen, uns den Anforderungen anderer Menschen freundlich anpassen, wir müssen so tun, als seien wir gar nicht empfindlich und kränkbar, als fühlten wir uns gar nicht schwach, liebe- und anerkennungsbedürftig, sondern als seien wir stark, souverän und großartig.

Das setzt nun einen verheerenden Teufelskreis in Gang, der unser inneres Leben immer mehr abtötet. Da unsere angebliche Stärke keine wirkliche Stärke ist, sondern nur eine verzweifelte Tarnung, hat sie etwas leicht Irritierbares und Empfindliches, etwas Hartes, Verkrampftes und Gewaltsames an sich. Das aber löst bei anderen Menschen gerade nicht die erhoffte Bewunderung und Bestätigung aus, sondern Distanz, Kritik oder sogar Aggression. Dies führt bei uns einerseits zu weiteren Kränkungsgefühlen, Verlustängsten und Depressionen, und andererseits treibt es uns zu einer Verstärkung unserer Fassade der Autonomie und Überlegenheit.

Je mehr aber innere Wirklichkeit und äußere Scheinpersönlichkeit auseinanderklaffen, desto stärker werden Angst und Überforderung. Wir müssen ständig fürchten, dass die Fassade nicht mehr aufrechtzuerhalten ist, dass sie eines Tages zusammenbricht und dann jenen kleinen, hilflosen Menschen offenbart, der von sich glaubt, nicht liebenswert zu sein, und den alle ablehnen. So bleibt uns häufig nicht viel mehr übrig, als innerlich stillzuhalten, uns möglichst nicht mehr zu bewegen, damit nichts Schreckliches passiert. Wir ziehen unsere Kontaktfühler von unserer inneren wie äußeren Wirklichkeit zurück und verbleiben in einer teilnahmslosen Beobachterhaltung. Alkohol, betäubende Medikamente, Drogen, sexuelle Ausschweifungen und Selbstmord mögen dann letzte verzweifelte Versuche sein, dem unerträglich gewordenen Leben zu entkommen.

Auch *Bastian*, der Held der *Unendlichen Geschichte*, befindet sich ja in einer vergleichbaren Situation. Die Beschreibung der Auflösung *Phantásiens*, die ein Bild für die innere Not und seelische Gefährdung *Bastians* ist, ähnelt den anfangs geschilderten Symptomen der Selbstentfremdung, in denen das Leben grau und farblos, unreal und gefühlsleer wird und es keine Orientierung mehr für den weiteren Lebensweg gibt. Die Bewohner *Phantásiens* beschreiben sie als ein Abnehmen der lebendigen grünen Farbe bis hin zur Farblosigkeit, als eine Unwirklichkeit und ein Nichts, das ihnen das Gefühl gibt, blind geworden zu sein.

> *Die Kronen der anderen Bäume, die noch ganz in der Nähe standen waren grün, doch das Laub der Bäume die dahinter lagen, schien jede Farbe verloren zu haben, es war grau. Und noch ein wenig weiter entfernt schien es auf eine seltsame Weise durchsichtig nebelhaft oder besser gesagt einfach immer unwirklicher zu werden. Und dahinter lag nichts mehr, absolut nichts. Es war keine kahle Stelle, keine Dunkelheit, es war auch keine Helle, es war etwas, das den Augen unerträglich war und einem das Gefühl gab, blind geworden zu sein. Denn kein Auge kann es aushalten, ins völlige Nichts zu blicken.*[4]

2.2 Entfremdete Welt

Der sozialkritische Ansatz sieht die Ursache für den Identitätsverlust des heutigen Menschen im Versagen der Gesellschaft und Kultur, dem Einzelnen Orientierungshilfen für ein sinnerfülltes Leben zu vermitteln und eine den Bedürfnissen des Menschen angemessene Umwelt zu gestalten. Die Entfremdung am Arbeitsplatz durch die Ideologie der Profitmaximierung und permanenten Leistungserhöhung und die damit verbundene Ausbeutung, Rationalisierung, Entmenschlichung und Mechanisierung, die Zerstörung unserer natürlichen Umwelt und ihr Ersatz durch sterile, künstliche Architektur, die Überbevölkerung, der Zerfall unserer mitmenschlichen Beziehungen und der Kommunikation durch die Vielzahl der Unterhaltungs- und Ablenkungsmedien, der Verlust religiöser oder sinngebender Werte, die Flucht in die Scheinrealitäten des Erfolgsstrebens, des Narzissmus und der Süchte: Das alles sind aktuelle Realitäten, mit denen wir uns heute auseinandersetzen müssen. Es werden die verschiedensten Faktoren für diese gesellschaftliche Entwicklung verantwortlich gemacht: die kapitalistische oder die kommunistische Ideologie, das Patriarchat, die Politiker, die Wissenschaftler, die Techniker, die Theologen, die Elektronik, die Computer, das Internet, die Medien. Man beschwört die goldenen Zeitalter der letzten Jahrhunderte und Jahrtausende, die scheinbar paradiesische Idylle einiger noch existierender Naturvölker oder zukünftiger Idealgesellschaften.

Nur wenige aber fragen danach, ob die Situation der gesellschaftlichen Außenwelt nicht auch ein getreues Spiegelbild der seelischen Innenwelt des Menschen ist. Wie kann eine Gesellschaft anders sein als der Mensch, der sie organisiert? Offensichtlich stehen Innenwelt und Außenwelt in einer untrennbaren Wechselwirkung, sie sind voneinander abhängige Teilsysteme eines sie übergreifenden Systems. Eine Lösung unserer gegenwärtigen Krise kann es nur geben, wenn dieses Wechselspiel berücksichtigt und nicht nur eine einseitige Veränderung des einen oder des anderen Teilsystems angestrebt wird. Das Beste, was der Einzelne dazu beitragen kann, ist, sich selbst und seine wirklichen Bedürfnisse so gut wie möglich zu verstehen, in Ordnung zu bringen und aus dieser Haltung heraus gesellschaftlich wirksam zu werden.

2.3 Sinnlosigkeit als existenzielle Grunderfahrung

Aber im Hinblick auf die Krise des heutigen Menschen stellt sich noch eine weitere unangenehme und schwerwiegende Frage. Es fragt sich nämlich, ob das von uns so sehr angestrebte dauerhaft glückliche, paradiesische ewige Leben nicht nur eine Utopie, eine tiefe, aber niemals ganz erfüllbare Sehnsucht des Menschen ist und ob das Erleben der Sinnlosigkeit nicht auch eine existenzielle Grunderfahrung und Grundsituation des Menschen darstellt, wie es existenzialistische Denker sehen. Unsere abendländische Kultur und Gesellschaft ist vielleicht nicht nur deshalb in einer Krise, weil ihre Entwicklung prinzipiell verkehrt gelaufen ist, sondern weil sie auf eine Seinswahrheit gestoßen ist, die sie noch nicht recht verkraften kann und für die sie noch keine gute Antwort gefunden hat.

Es ist zu bezweifeln, dass es jemals eine Zeit gab, in der der Mensch sinnerfüllter, weniger selbst entfremdet und ganzheitlicher gelebt hat als heute. Mag sein, dass früheren Menschen Ritual und religiöser Glaube eine stabilere Wert- und Sinnorientierung vermittelt haben, wie oft gesagt wird; daneben aber war zu ihrer Zeit die existenzielle Bedrohung durch Unterdrückung, Versklavung, Glaubensdogmatismus, durch zahllose Krankheiten, geringere Lebenserwartung, Abhängigkeit von der Natur und abergläubische Vorstellungen ungleich höher. Die wenigsten heutigen Menschen wären trotz aller Unzufriedenheit mit den gegenwärtigen gesellschaftlichen Verhältnissen bereit, mit einem durchschnittlichen Menschen früherer Zeiten oder noch bestehender Naturvölker zu tauschen.

Die Krise unserer Zeit ist möglicherweise nicht nur eine krankhafte Krise, sondern zugleich auch eine der zunehmenden Bewusstseinsentwicklung. Sie könnte daraus entstanden sein, dass der Mensch so viel Freiheit und Autonomie erreicht hat, dass seine Grundbedürfnisse ausreichend befriedigt sind und er zusätzlich noch über ausreichend Zeit und Bewussthseit verfügt, um sich fragen zu können: „Und was jetzt?" Erst nachdem er weitgehende Freiheit des Denkens und Handelns erreicht hat, kann er sich der Frage des Sinns in objektiverer Weise zuwenden. Er entdeckt dann, dass viele seiner früheren Auffassungen und Ansichten über den Sinn des Lebens nur trügerische Hoffnungen und Wunschgedanken waren, dass es keine letzte Gewissheit und keine letzte Antwort gibt und dass ihm nichts bleibt, als neben seine Hoffnung auf Sinn die Möglichkeit der Sinnlosigkeit zu stellen. Es kann ihm dann nicht mehr darum gehen, die Sinnlosigkeit zu überwinden oder ihr zu entkommen, sondern sie anzunehmen und mit ihr zu leben.

So gesehen läge die Krise unserer Zeit nicht in der Sinnlosigkeit selbst, sondern in unserer Schwierigkeit, mit ihr umzugehen und sie als eine mögliche und wahrscheinliche Realität in unser Leben mit einzubeziehen.

Wir fürchten uns instinktiv vor der Sinnlosigkeit und können uns gar nicht vorstellen, dass aus ihrem Annehmen etwas Konstruktives entstehen könnte. Wir fürchten die Leere, das unergründliche Nichts. Wir haben umgekehrt aber auch erfahren, dass die dogmatische Behauptung eines letzten Sinnes und einer letzten Wahrheit durch Religionssysteme, wissenschaftliche Theorien oder gesellschaftliche Ideologien unendlich viele Leiden, Unmenschlichkeiten und Gewalttätigkeiten erzeugt hat. Wenn wir aber erleben, dass in dem anscheinend Guten der Sinnhaftigkeit das Böse der Intoleranz verborgen ist, dann können wir wenigstens darauf hoffen, dass in dem anscheinend Unerträglichen und Absurden der Sinnlosigkeit das Gute der Liebe oder eines anderen, uns noch unbewussten Wertes enthalten ist.

Wenn man will, kann man die kollektive Situation des modernen Menschen entsprechend dem christlichen Mythos vom Sündenfall auch als Folge eines frühzeitlichen „Traumas" – der Vertreibung aus dem Paradies – ansehen. Manche Tiefenpsychologen sind der Auffassung, das Essen vom verbotenen Baum der Erkenntnis bezeichne den unvermeidlichen Beginn der Ich- und Bewusstseinsentwicklung des Menschen, und diese Entwicklung führe schließlich angesichts der unermesslichen Leere und Weite des Mikro- und Makrokosmos zur Einsicht in die Relativität, Endlichkeit und Bedeutungslosigkeit des eigenen Daseins. Die Austreibung aus dem Paradies unbewusster, göttlicher Geborgenheit belastet den Menschen mit der ihm unlösbaren Problematik des Todes und des Sinns.

Wie ein Kind, wenn es durch Ablehnung und Verstoßung aus der Sicherheit und Geborgenheit verleihenden Urbeziehung hinausgeworfen wird, verzweifelt versucht, diese Sicherheit in sich selbst zu erreichen, indem es sein Ich hart und unverletzlich macht und sich gerade dadurch immer mehr den Kontakt zu seinen schöpferischen Kräften verbaut, so machen es heute auch viele Menschen angesichts der un- oder halb bewusst empfundenen kollektiven Sinnlosigkeit. Sie ziehen sich auf solche Werte wie Macht, Größe, Stärke, Leistung und Erfolg zurück oder fliehen erfindungsreich in ablenkende äußere Aktivitäten und andere betäubende Zustände.

2.4 *Eine paradoxe Lösung: Mit der Sinnlosigkeit sinnerfüllt leben*

Es fragt sich, ob es nicht noch andere, kreativere Reaktionen auf die Erfahrung der existenziellen Sinnlosigkeit gibt als Ablenkung, Betäubung, Verleugnung, Ersatzbefriedigung und pessimistischer Nihilismus.

Die unendliche Geschichte bietet eine Alternative an. Michael Endes Roman lässt sich, wie alle symbolischen Gestaltungen, auf unterschiedlichen Ebenen verstehen. Der Prozess der Auflösung *Phantásiens* und dessen Wiederaufbau durch die schöpferische Imagination *Bastians* spiegelt nicht nur die Not und Heilung eines einzelnen Menschen wider, sondern kann auch als vorbildlich für den Umgang mit unserem kollektiven Zeitproblem angesehen werden.

Und dieser alternative Umgang lautet: Laufe nicht vor den dich ängstigenden Zuständen der Sinn- und Orientierungslosigkeit davon, sondern lasse dich auf sie ein und vertraue darauf, dass deine schöpferische Seele eine ihr gemäße Antwort findet, wenn du dich mit ihr ernstlich auseinandersetzt. Folge den Gedanken, Gefühlen, Fantasien, Sehnsüchten und Wünschen deiner Seele, damit sie dich zu den erneuernden Wassern des Lebens zu führen vermag. Die Hinwendung zur schöpferischen Kraft der Seele wird uns wohl keine endgültige Wahrheit und keine endgültige Lösung vermitteln, aber sie wird uns helfen, unserem Leben einen bestmöglichen Sinn zu verleihen.

Diese Antwort wird manchen Zeit- und Gesellschaftskritikern zu naiv, illusionär, märchenhaft und wenig praktikabel vorkommen. Sie trauen dem Weg zu den Quellen und Ursprüngen seelischen Seins nicht. Die Hinwendung zur Seele sei nichts als eine Flucht- und Angstreaktion, eine Regression in ein infantiles Wunderland der Fantasie, ein Kopf-in-den-Sand-Stecken. So berechtigt diese Argumentation in manchen Fällen ist, ihr muss doch entgegengehalten werden, dass die ständige Warnung vor der Seele und ihre Abwertung auch Ausdruck einer Angst vor deren umfassender Wirklichkeit sein kann. Wie es eine

Realitätsflucht gibt, so gibt es auch eine Flucht vor der Seele. Woher sonst soll den überhaupt eine Rettung kommen?

Ein ehrlicher, selbstkritischer Blick auf unser eigenes Erleben und Verhalten, ein Blick auf die Menschheitsgeschichte, ein Blick auf den Wahnsinn unserer Gegenwart könnte uns nämlich leicht davon überzeugen, dass die Seele des Menschen der schicksals- und zukunftsbestimmende Faktor schlechthin ist und dass es für uns eigentlich nur seelische Realitäten gibt.

Es ist schon sehr merkwürdig, wie hartnäckig wir uns weigern, diese einfache Tatsache zu akzeptieren. Der umfassenden Wirklichkeit der Seele ins Auge zu schauen und dabei zu erkennen, dass Größtes und Kleinstes, Himmel und Hölle, Göttliches und Teuflisches, Schöpferisches und Träges in ihr sind, scheint uns einem Blick aufs Medusenhaupt gleichzukommen, bei dem wir vor panischer Angst erstarren. Umweltzerstörung und fortwährende Kriege kommen nicht von dem bösen, fremden Anderen, sondern sind Spiegel und Ausdruck der Spaltung unserer Seele. Die Abwertung der Seele, wie sie bei den kritischen und „aufgeklärten“ Zeitgenossen zu finden ist, ist so gesehen eine verzweifelte Verleugnung der Macht der Psyche und ihrer Dimensionen, die unser Verstehen- und Kontrollierenkönnen weit übersteigen.

Die Kernaussage der *Unendlichen Geschichte* ist nicht die Aufforderung zu einem unbezogenen Herumfantasieren oder einer ungesteuerten, äußerlichen Kreativität – davon gibt es wahrhaft genug – sondern die Wiederentdeckung der Seele und die Auseinandersetzung mit ihren unbewussten Inhalten. Der Weg, den *Bastian* teils widerwillig, teils fasziniert beschreitet, spiegelt den Prozess der Konfrontation mit den Bildern, Symbolen und Wirkfeldern der Psyche. Er stellt einen durchaus nicht ungefährlichen Introversionsvorgang dar, dessen Ziel die Erfahrung der erneuernden Kraft des Wassers des Lebens ist.

Was dies nun konkret heißt, ist nicht mit wenigen Worten zu sagen. Das vorliegende Buch versucht in den weiteren Kapiteln eine Antwort darauf zu formulieren. Soviel sei aber hier vorweggenommen: Die Rückbesinnung und Hinwendung des Menschen zu seinem schöpferischen Potenzial führt zu keiner End- und Dauerlösung der Sinnfrage.

Auf die großen Fragen des Lebens gibt es keine allgemein verbindlichen Antworten, dazu ist das Leben zu komplex und zu widersprüchlich und wandelt sich fortwährend. Wir werden wohl mit der Wahrscheinlichkeit der existenziellen Sinnlosigkeit leben müssen, aber wir können dennoch versuchen, das Beste aus unserer absurden Situation zu machen. Wir können „einfach so tun", als habe unser persönliches Leben einen tieferen Sinn, und können die seltene Chance, die uns das Leben hier auf dieser Erde schenkt, nutzen, so gut und so erfüllt es geht. Wir beantworten die Absurdität des menschlichen Daseins mit der absurden, aber mutigen und heroischen Haltung des „Tuns als ob".

Das ist nichts Neues. Das haben die Menschen seit Urzeiten bis heute immer schon gemacht. Sie haben Ideologien und religiöse und philosophische Glaubenssysteme entwickelt, die ihnen das Dasein geordnet und sinnvoll erscheinen ließen. Häufig allerdings wussten sie nichts von der Relativität ihres Glaubens, oder wollten nichts davon wissen. Der moderne Mensch aber kann diese Einsicht nicht mehr so gut verdrängen. Was ihm bleibt, ist zu wissen, dass alles möglicherweise sinnlos ist, und trotzdem so zu tun, als sei alles sinnvoll. Das ist allerdings ein trickreicher Kunstgriff, der nur dann zu befriedigenden Resultaten führt, wenn er mit viel Humor, Gelassenheit und einem gehörigen Schuss Freude am schöpferischen Spiel praktiziert wird. Hermann Hesse schreibt dazu:

> *Kung-Fu Tse, der große Gegenspieler des Lao Tse, der Systematiker und Moralist, wird gelegentlich so charakterisiert. „Ist das nicht der, der weiß, dass es nicht geht, und es doch tut?" Das ist von einer Gelassenheit, einem Humor und einer Schlichtheit, für die ich in keiner Literatur ein ähnliches Beispiel weiß. Oft gedenke ich dieses Spruches und manch anderer, auch beim Betrachten der Weltereignisse und bei den Aussprachen derer welche die Welt in den nächsten Jahren und Jahrzehnten zu regieren und perfekt zu machen im Sinne haben. Sie tun wie Kung Tse, der Große, aber hinter ihrem Tun steht nicht sein Wissen darum, „dass es nicht geht."* [37]

Die Einsicht in die beschriebene Relativität unserer Ich-Identität und unseres Wirklichkeitserlebens sowie in die mögliche Sinnlosigkeit und Endlichkeit unseres Daseins ist der sehr bittere Nachgeschmack der Frucht vom paradiesischen Baume der Erkenntnis. Aber wir haben einen kleinen Trost: Nicht nur die göttliche Verfluchung hat sich damit erfüllt, sondern auch die luziferische Verheißung: „Ihr werdet sein wie Gott." Wir sind zu sterblichen Göttern geworden. Wenn es so ist, dass es auf nichts wirklich ankommt, dann haben wir innerhalb gewisser Grenzen auch die Freiheit, Schöpfer unseres Lebens zu sein und zu tun, „was wir wollen". Aus einem provisorischen Leben, das ängstlich auf ein ungewisses Jenseits hinorientiert und von dem ständigen Fluch des Ungenügens und des Sündhaften belastet ist, kann so ein freies, intensives und freudvolles Leben werden.

Glücklicherweise sind wir bei der Suche nach unserer persönlichen Form des schöpferischen Lebens nicht nur auf unser bewusstes Denken und Wollen angewiesen. Die großen Glaubens- und Denksysteme der Menschheit sind auch nicht bewusst gemacht worden, sondern waren schöpferische Produkte der Seele, die sich dem Menschen vor aller bewussten Absicht offenbarten. Sie waren Ausdruck der selbstregulierenden, sinngebenden Kraft der Psyche, die zu allen Zeiten Antworten fand, die es dem Menschen ermöglichten, erfüllt zu leben. Derjenige, der in den überlieferten Glaubenssystemen keinen Halt und Trost mehr zu finden vermag, darf sich deshalb darauf verlassen, dass seine Seele auch ihm antworten wird, wenn er sich auf sie wirklich einlässt. Sie wird ihn zu den Wassern des Lebens führen.

Aber wir fürchten uns vor diesem Wasser, der Dynamik unserer inneren, psychischen Realität. Viele Impulse, die uns in einen lebendigen Kontakt zu ihr bringen könnten, lösen in uns so starke Konflikte, Trennungs- und Liebesentzugsängste aus, dass sie uns fremd, bedrohlich und feindlich erscheinen. So entsteht die Paradoxie, dass wir nichts so sehr wünschen, wie ganz im Einklang mit unserem Wesen zu leben, aber gleichzeitig auch nichts so sehr vermeiden. Der Zugang zu einem selbstverantwortlichen, autonomen Dasein, zum Annehmen und Bejahen der eigenen Wahrheit ist verbaut durch unsere existenzielle Angst vor dem Verlust der mitmenschlichen Geborgenheit und Sicherheit. Die überwältigende Macht und Größe dieser Angst, die aus frühesten Kindheitstagen stammt und dort auch ganz realistisch war, muss aber von unserem Erwachsenen-Ich relativiert werden. Wir müssen lernen, dass wir nicht von einem strengen Gott aus einem künftigen Paradies ferngehalten oder aus der Gemeinschaft der Menschen herausfallen und ausgestoßen werden, wenn wir es wagen, uns selbst treu zu sein

3. Der durchschnittlich gut mit sich selbst identische Mensch

Die Psychologie hat in den letzten Jahrzehnten ein neues Bild des einigermaßen gut mit sich selbst identischen, selbst verwirklichten Menschen gezeichnet. Dieses Menschenbild weicht von den meisten Vollkommenheitsidealen früherer Zeiten ab, denn es fordert von uns nicht, immer anders und besser zu sein, sondern ermutigt uns, der zu sein, der wir sind. Zugegeben, auch in den Vorstellungen moderner Psychologen kommen häufig neue Idealvorstellungen vor. Es gibt Menschen, die, nachdem sie glücklich ihr gesellschaftsbedingtes Über-Ich ein wenig relativiert haben, sogleich wieder ein psychologisches Super-Ich aufbauen, das ihnen sagt, wie sie idealerweise als „reife", „individuierte" und „wahre" Persönlichkeiten zu sein hätten. Überall, wo wir von absoluten, umfassenden Begriffen wie total, maximal, radikal oder vollständig in Bezug auf den Menschen hören oder lesen, sollten wir aber sehr vorsichtig und wachsam sein, denn hier droht wieder die Gefahr, dass wir uns in ein neues Prokrustesbett unerreichbarer Ideale hineinspannen lassen.

3.1 Soziale und personale Identität

Sprechen wir von Identität, dann ist es sinnvoll, zwei Formen zu unterscheiden. Die erste könnte man als soziale Identität bezeichnen und die zweite als personale Identität. Die soziale Identität ist die Identität, die wir bei durchschnittlich gut verlaufender Entwicklung von der frühen

Kindheit bis zum mittleren Erwachsenenalter, etwa dem 40. Lebensjahr, erwerben. Sie entsteht als Folge der Prägungen und Reaktionen durch unsere Umwelt und ist im Wesentlichen ein Geschenk der Kultur und Gesellschaft an uns. Sie ermöglicht uns innerhalb der gesellschaftlichen Struktur ein einigermaßen sinnvolles und gesundes Leben.

Die soziale Identität ist aber in großem Maße eine unbewusste Identität. Wir haben uns mit den uns vermittelten Bildern über die Welt und von uns selbst unbewusst identifiziert und dabei viele gesellschaftliche Normen und Werte einfach übernommen. Wir halten die Welt und uns wie selbstverständlich für das, zu dem sie und wir gemacht worden sind. Bei der Suche nach der personalen Identität, die oft, wenn überhaupt, erst jenseits der Lebensmitte ernsthaft begonnen wird, setzt nun eine bewusste Auseinandersetzung mit unseren Vorstellungen von uns selbst ein. Wir fragen, ob wir derjenige, von dem uns gesagt wurde, dass wir es seien, auch wirklich sind und ob die Lebenswerte, die uns bisher geleitet haben, wirklich unseren Bedürfnissen entsprechen.

3.2 Selbsterkenntnis und Neubewertung

In diesem Auseinandersetzungsprozess ist es hilfreich, unseren bisherigen Identitätsbildungsprozess ein Stück weit rückwärts zu verfolgen, um zu verstehen, wie es zu unserer Auffassung von uns selbst im Laufe der Kindheit und Jugend gekommen ist. Indem wir uns an die Ängste, Enttäuschungen und Verletzungen unserer Kindheit erinnern und wahrnehmen, in welcher Weise sie uns beeinflusst haben, wird uns die Relativität unserer bisherigen Identität bewusst. Uns wird deutlich, dass wir auch anders sein könnten, wenn wir durch andere Erfahrungen gegangen wären. Diese Einsicht ermutigt uns dann, Einstellungen und Verhaltensweisen zu verändern, die uns krank machen, und solche zu erwerben, durch die wir uns mehr im Einklang mit uns selbst fühlen.

Wenn wir eine innere Bestandsaufnahme durchführen, stoßen wir auf bisher ungelebte Gefühle, Bedürfnisse und Begabungen. Dieser Selbsterkenntnis als erster Phase der personalen Identitätsfindung folgt als zweite die Phase der Neubewertung. Wir versuchen zu fühlen und herauszufinden, welche der bisherigen eher unbewusst und unreflektiert gelebten Persönlichkeitsaspekte uns wirklich entsprechen und welche nicht. Wir bewerten unsere alten Einstellungen und Normen jetzt neu auf der Grundlage unserer jetzigen eigenen Anschauungen und Gefühle.

3.3 Eigene Verantwortung übernehmen

In der dritten Phase übernehmen wir die Verantwortung für unsere neu zu bildende personale Identität. Wir erlauben es uns nicht mehr, andere Menschen, unsere Eltern, unsere Erzieher oder die Gesellschaft zu beschuldigen, für unsere Mängel und Schwierigkeiten verantwortlich zu sein. Wir übernehmen jetzt die Verantwortung für unsere Persönlichkeit selbst, denn innerhalb gewisser Grenzen ist es uns durchaus möglich, umzulernen und uns umzuformen. Bei der vorangegangenen Neubewertung unserer Eigenschaften ist es sehr wahrscheinlich, dass wir einen Großteil von ihnen im Grunde gut finden und beibehalten wollen, denn vieles, was uns unsere Gesellschaft vermittelt hat, ist ja durchaus sinnvoll und hilfreich. Der Selbsterkenntnis- und Neubewertungsprozess führt uns dann dazu, dass wir den Eltern und der Gesellschaft gegenüber Dankbarkeit empfinden und uns für diese Werte jetzt auch bewusster sozial engagieren als vorher. Dies meinen Goethes Worte: „Was du ererbt von deinen Vätern hast, erwirb es, um es zu besitzen.“ [6] Die Entwicklung der Eigenverantwortung schließt dementsprechend auch eine höhere gesellschaftliche Verantwortlichkeit ein.

In der Übernahme der eigenen Verantwortung gerade auch sich selbst und den eigenen inneren Werten gegenüber liegt der wichtigste Schritt zur personalen Identität. Es ist ein Erwachen der inneren Freiheit und Autonomie. Leider mögen viele Menschen diesen Schritt nicht ernstlich tun. Selbst langjährige Psychotherapie vermag es nur in den seltensten Fällen, den Menschen dahin zu führen. Die Sehnsucht des Aufgehobenseins in einem kollektiven Glaubens- und Lebenssystem, das uns sagt, was wir tun und lassen sollen, ist sicherlich ebenso stark, wenn nicht noch stärker als die Sehnsucht nach persönlicher Freiheit.

3.4 *Die Erfahrung des Durchschnittlichen und des Allgemein-Menschlichen*

Manche Kritiker befürchten, dass das heutige Bemühen vieler Menschen um Identitäts- und Selbstfindung hauptsächlich der Verstärkung ihres narzisstischen Egoismus, einem „Ego-Trip, diene und dadurch zwischenmenschliche Beziehungen noch mehr zerstört würden. In gewisser Hinsicht trifft das zu, in anderer Hinsicht aber ist das Gegenteil der Fall. Die Individualisierung des Menschen führt natürlich zu einer zunehmenden Auflösung der Projektionen auf unsere Bezugspersonen. Partnerschaftliche Beziehungen und Gruppenzugehörigkeit können von daher nicht mehr so selbstverständlich als tragend und Geborgenheit verleihend erlebt werden. Aber solange eine Beziehung hauptsächlich auf unbewussten Annahmen und Projektionen basiert, wird der Partner gar nicht in seiner Eigenart wahrgenommen, es wird im Grunde keine wirkliche, sondern nur eine illusionäre Beziehung zu ihm hergestellt. Man kommuniziert nicht wirklich mit ihm, sondern mit einem dazwischenstehenden unbewussten Bild.

Die Entwicklung einer personalen Identität dagegen führt zwar zu einer deutlicheren Unterscheidung vom Mitmenschen und damit zum Erleben einer größeren Einsamkeit, ermöglicht aber auch gerade deswegen eine unmittelbarere, persönlichere und liebevollere Beziehung zum anderen.

Hinzu kommt, dass wir uns in unseren wesentlichen Bedürfnissen, Hoffnungen und Sehnsüchten ja auch nicht so grundlegend von unseren Mitmenschen unterscheiden. Nur auf der Oberfläche mag es so aussehen. Die Besonderheit unserer Persönlichkeit beruht nur auf der einmaligen Art und Weise, wie allgemein-menschliche Eigenschaften in uns kombiniert sind. Deshalb kommen wir, wenn wir uns auf uns selbst einlassen, auch immer mehr in Berührung mit den universalen Grundbedürfnissen des Menschseins „an sich".

In einer tiefer gehenden Identitätsfindung realisieren wir nicht hauptsächlich, wie wir vielleicht insgeheim hoffen, unsere Einzigartigkeit oder Besonderheit, sondern vielmehr unsere Allgemein-Menschlichkeit und Durchschnittlichkeit. Wir unterscheiden uns dann von den anderen Menschen nicht im Hinblick auf besonders vorzügliche und großartige Eigenschaften, sondern im besten Falle darin, dass wir uns unserer Allgemein-Menschlichkeit bewusster sind und diese Kenntnis zu einem gelassenerem, befriedigenderen, schöpferischeren Leben nutzen können.

Das Annehmen der eigenen Durchschnittlichkeit und Menschlichkeit hat für alle, denen dies gelingt, eine entspannende, befreiende Wirkung. Es entlastet von dem manchmal überwältigenden Druck der Fremd- und Idealforderungen. Es ermöglicht, in sozialen Beziehungen weitgehend angstfrei, gelassen und friedfertig zu leben. Wenn die damit verbundene Reduzierung der Größenvorstellungen einmal verarbeitet worden ist, dann können sich warme Menschlichkeit, Güte, Toleranz, Liebe und Humor entfalten.

3.5 Die Erfahrung des So-Seins

Eine noch tiefer greifende Veränderung wird durch das Annehmen des eigenen So-Seins bewirkt. Es ist allerdings nicht ganz leicht, zu sagen, was damit gemeint ist. Es bedeutet jedenfalls nicht, dass man sich gerade so sein lässt, wie man ist, und nicht mehr an einer Veränderung und Differenzierung seiner Persönlichkeit interessiert wäre. Viele Menschen nehmen sich unreflektiert und selbstverständlich einfach so, wie sie sind. Sie hinterfragen sich selbst und das Leben nicht, obwohl es zu ihrem Nutzen und dem der Gesellschaft dringend nötig wäre. Das ist noch kein Zulassen des So-Seins, denn die eigene Persönlichkeit ist noch gar nicht in das Blickfeld der kritischen Selbsterkenntnis gerückt.

Das Annehmen des So-Seins steht nicht am Anfang der personalen Identitätsbildung, sondern eher an deren Ende. Es ist ein liebevolles, entschiedenes, grundsätzliches, absolutes Bejahen der eigenen Existenz, der Evolution, des eigenen So-Geworden-Seins und ganz besonders unter Einbezug der merkwürdigen Eigenheiten, Minderwertigkeiten, Begrenzungen und der eigenen Unterdurchschnittlichkeiten, obwohl man sich gleichzeitig auch um bessere Einsichten und konstruktiveres Verhalten bemüht. Es handelt sich um die keineswegs leichte, aber so ungemein erlösende Kunst des Loslassens eigener Wichtigkeit und Bedeutsamkeit und der vollen Bejahrung des Lebendigen.

Um ein kleines Beispiel zu geben, das in der psychotherapeutischen Praxis sehr häufig bearbeitet wird: Wir befinden uns im Kreise fremder, uns statusmäßig, intelligenzmäßig oder sonstwie überlegener Menschen. Aufgrund dieser tatsächlichen oder vermeintlichen Überlegenheit der anderen stehen wir unter dem inneren Druck, ihnen gleichwertig erscheinen zu wollen. Wir möchten einen guten Eindruck machen. Wir bemühen uns, uns so zu verhalten, wie wir glauben, dass es dem Niveau der anderen angemessen ist. Dadurch geraten wir aber in einen starken Stress, der uns verkrampft und ängstigt, sodass ein Teufelskreis von Unsicherheit und Fassadenhaftigkeit entsteht. Je größer unsere Fassadenhaftigkeit ist, desto größer wird die Angst, dass unsere dahinterstehende Unsicherheit entlarvt wird, und je mehr wir die Entlarvung befürchten, desto stärker wird die Fassadenhaftigkeit.

Das ist der typische Teufelskreis der Selbstentfremdung. Die „einfache" Befreiung aus dieser schwierigen Lage ist das Bekenntnis zum eigenen So-Sein. Nach einem tiefen Atemzug sagen wir uns: „Ich bin, der ich bin. Ich will niemand anders sein. Ich versuche nicht klüger, reicher, geistvoller, attraktiver oder selbstsicherer zu sein, als ich jetzt bin. Ich muss nicht von allen geliebt und bewundert werden. Ich kann es auch aushalten, dumm, lächerlich und fehlerhaft zu erscheinen. Die Welt wird dadurch nicht untergehen. Ich bin bereit, die Überlegenheit und Mittelpunktstellung des anderen anzunehmen, und kann mich selbst mit solchen Ansprüchen in Ruhe lassen."

Die Kunst des Loslassens der eigenen Bedeutsamkeit und der Bejahung des eigenen So-Seins ist der wichtigste Schlüssel zum Geheimnis angstfreieren Lebens. Sie lässt sich in vielen Lebensbereichen üben und hilft am meisten dort, wo wir uns mit den Fragen der möglichen Sinnlosigkeit und der Endlichkeit unserer Existenz auseinandersetzen müssen. Auf diese Fragen lassen sich nur dann einigermaßen befriedigende Antworten finden, wenn es uns gelingt, die eigene Wichtigkeit loszulassen und uns einem übergeordneten schöpferischen Lebensprozess anzuvertrauen.

In der *Unendlichen Geschichte* wird dies so dargestellt, dass *Bastian* am Ende alle seine phantásischen Gaben und Fähigkeiten aufgeben muss und schließlich nur noch, nackt, dick und schüchtern dasteht, so, wie er eigentlich ist. Dann erst kann er in die Wasser des Lebens eintauchen und lieben lernen.

> *Aber dann sprang er einfach in das kristallklare Wasser hinein, wälzte sich, prustete, spritzte und ließ sich die funkelnden Tropfenregen in den Mund laufen. Er trank und trank, bis sein Durst gestillt war. Und Freude erfüllte ihn von Kopf bis Fuß, Freude zu leben und Freude, er selbst zu sein. Denn er wusste jetzt wieder, wer er war und wohin er gehörte. Er war neu geboren. Und das schönste war, dass er jetzt genau der sein wollte, der er war. Wenn er sich unter allen Möglichkeiten eine hatte aussuchen dürfen, er hätte keine andere gewählt. Denn jetzt wusste er: Es gab in der Welt tausend und tausend Formen der Freude, aber im Grunde waren sie alle eine einzige, die Freude, lieben zu können.*[5]

Das schöpferische Leben

1. Das Wasser des Lebens als Ziel der Großen Suche

1.1 Vertrauen zum eigenen Wesen

Das Wasser des Lebens in uns zu suchen ist die Antwort der *Unendlichen Geschichte* auf die im vorangegangenen Kapitel angeschnittenen Probleme der Selbstentfremdung und der Sinnlosigkeit. Dieses Wasser des Lebens symbolisiert die schöpferische Fähigkeit unserer Seele, sich selbst zu heilen und Lebenswerte zu finden, die unserem Dasein Orientierung und Bedeutung verleihen. Aber das Wasser des Lebens scheint nicht leicht zugänglich zu sein. Die Suche danach erfordert von uns, mancherlei Dunkelheit, Verwirrung und Angst zu ertragen, mancherlei Risiken und Gefahren einzugehen und dennoch das Vertrauen in die schöpferische Kraft des eigenen Wesens nicht zu verlieren.

Woher sollen wir überhaupt das Vertrauen nehmen, uns auf uns selbst zu verlassen, wenn wir uns bisher immer an anderen Autoritäten wie Eltern, Lehrern, Theologen, Philosophen und Psychologen orientiert und uns selbst verleugnet haben?

Vertrauen zu sich und dem eigenen inneren seelischen Potenzial zu gewinnen ist für die meisten von uns nur in einem äußerst vorsichtigen und allmählichen Prozess möglich, in dem wir mithilfe einer wohlwollenden Achtsamkeit unseren Bedürfnissen, Wünschen und Fantasien Raum geben, sie hier und da zu realisieren versuchen, und dann vielleicht erfahren, dass unser Leben dadurch intensiver, befriedigender und sinnvoller wird.

Indem wir spüren, wie das, was aus unserem Wesen kommt, unser Leben zu erweitern vermag, gewinnen wir Zutrauen zu uns selbst und der schöpferischen Weisheit unseres Organismus. Dann wird das Schöpferische in uns immer mehr zu der uns wesentlichen Autorität. Das heißt nun nicht, dass wir dann nicht mehr bereit wären, von anderen Menschen zu lernen, im Gegenteil. Wer sich selbst vertraut, kann für andere offener und empfänglicher sein, weil er weiß, dass er seinen eigenen Standpunkt nicht verliert und er sich deshalb auch nicht vor einem vermeintlichen Angriff ängstlich schützen muss. Diese Ermutigung zum Vertrauen in das eigene Wesen spricht auch Gautama Buddha aus:

> *Glaubt nicht an irgendwelche Überlieferungen, nur weil sie für lange Zeit in vielen Ländern Gültigkeit besessen haben.*
> *Glaubt nicht an etwas, nur weil es viele dauernd wiederholen.*
> *Akzeptiert nichts, nur weil es ein anderer gesagt hat, weil es auf der Autorität eines Weisen beruht oder weil es in einer heiligen Schrift geschrieben steht.*
> *Glaubt nichts, nur weil es wahrscheinlich ist.*
> *Glaubt nicht an Einbildungen und Visionen, die ihr für gottgegeben haltet.*
> *Glaubt nichts, nur weit die Autorität eines Lehrers oder Priesters dahinter steht.*
> *Glaubt an das, was ihr durch lange eigene Prüfung als richtig erkannt habt, was sich mit eurem Wohlergehen und dem anderer vereinbaren lässt.*[2]

Wer mit dem Wasser des Lebens, dem Schöpferischen in sich, einmal Kontakt aufgenommen hat, der möchte nicht mehr aus zweiter Hand leben, der möchte nicht mehr vorgesagt bekommen, was er zu tun hat. Er möchte die Antwort darauf selber herausfinden und sie in der ihm wesensgemäßen Form verwirklichen. Aber das ist oft mit beträchtlichen Ängsten verbunden.

1.2 Die Angst vor dem Wasser des Lebens

Der nachfolgende Traum einer Frau in der Lebensmitte zeigt, wie schwer es uns oft fällt, ganz in das Lebenswasser einzutauchen. Sie litt an den Symptomen der Desorientiertheit, der Leere und Sinnlosigkeit, die wir anfangs besprochen haben. Sie hatte die Beziehung zu sich selbst und damit auch zu anderen Menschen verloren. Ihre Lebensbilanz war bitter: „In mir ist nichts mehr drin. Mein bisheriges Leben war nur ein Krampf. Ich habe meine Chancen versäumt, und jetzt ist alles vorbei. Ich denke oft, dass es das Beste wäre, wenn ich mich umbrächte.“ Eines Nachts träumte sie:

> *Ich gehe spazieren. Plötzlich ist es ganz dunkel, obwohl es doch noch Tag ist. Ich kann kaum noch etwas erkennen. Ich muss einen Brunnen überwinden, über den nur ein schmaler Steg führt. Da ziehe ich es vor, durch das Wasser, das mir bis zu den Schultern reicht zu gehen, und werde ganz nass dabei. Das ist mir vor allem deshalb unangenehm, weil ich anschließend wieder ins Geschäft muss.*

Dieser Frau blieb, wie so vielen Menschen, die letzte Hoffnung, dass in ihrer eigenen Seele jenes Wasser zu finden sei, das sie erneuere; jenes Wasser, das ihren erschöpften, depressiv gewordenen Geist, wieder erfrische, ihn klar, ursprünglich und lebendig mache; jenes Wasser, das sie kräftige, mit neuem Lebensmut erfülle, ihrem Leben wieder einen Sinn und ein Ziel gebe.

Aber diese Hoffnung war nur schwach. Dass in ihr etwas Eigenschöpferisches sein könnte, das aus sich selbst heraus seinen Weg und sein Ziel zu finden in der Lage sei, das konnte sie nicht glauben. Bisher hatte sie sich an Büchern, Fremdmeinungen und Fremdautoritäten orientiert. „Ich bin zu dumm, in mir ist nichts drin.“ Jetzt aber half keine äußere Autorität mehr weiter. Sie hatte nur noch die Chance, ihre Seele endlich ernst zu nehmen und sich Ihr anzuvertrauen.

Es war für sie eine bemerkenswerte Tat, dass sie im Traum nicht den schmalen Steg über den Brunnen nahm, sondern durch das Wasser ging. In ihrem bisherigen Leben war sie es gewohnt gewesen, über Dinge, die von ihr ein ganzheitliches, gefühlsmäßiges Einlassen auf sich selbst gefordert hatten, geschickt hinwegzubalancieren. Aber wenn man immer wieder die Wirklichkeit des eigenen Wesens missachtet, dann versiegt der Lebensbrunnen und dann fließt keine Lebensenergie mehr. So musste sie sich in den Brunnen hineinlassen und bis auf die Haut nass werden. Sie musste in Kauf nehmen, dass ihre Kleidung, ihre äußere Erscheinung, die für sie immer so wichtig war, in Mitleidenschaft gezogen wurde und sich darunter etwas von ihrer anderen, bisher sorgsam verborgenen Persönlichkeit offenbaren würde. Sie musste riskieren, dass sie von bisher gemiedenen Gefühlen durchnässt und verunsichert wurde.

Hier erfahren wir etwas darüber, warum der Kontakt mit dem Wasser des Lebens für uns häufig eher bedrohlich ist: Er bringt es mit sich, dass wir selbst und andere uns immer mehr so sehen, wie wir auch noch sind. Schöpferisches Leben in dem von uns hier besprochenen Sinne meint nämlich, mit der ganzen Persönlichkeit in den Lebensprozess einzutreten und damit auch jene Seiten mitleben zu lassen, die vorher nur ein kümmerliches Schattendasein fristeten. Das Wasser des Lebens weicht unsere Fassade, unsere Maske auf, und wir können uns nicht mehr so gut verbergen. „Was denken und halten die anderen von mir, wenn ich mich so zeige, wie ich bin?“ So lautet unsere bange Frage, bevor wir endlich wagen, in das Wasser der Selbstfindung hineinzutauchen und unserer eigenen Wahrheit ins Auge zu schauen.

In vielen ursprünglichen Taufritualen musste der Täufling nackt sein. Er musste sich dem Erneuerungsprozess ohne Vorbehalte, ohne Täuschungen und Tarnungen ausliefern. Und indem er ganz unter das Wasser getaucht und längere Zeit unten gehalten wurde, sollte er einen symbolischen Tod sterben. Seine alte Persönlichkeit mit ihren Werten, Einstellungen und Verhaltensweisen sollte sich auflösen, und beim Wiederauftauchen sollte er ein neuer Mensch sein, mit einem neuen Namen, und ein neues, wesentlicheres Leben beginnen. Auch als Wieder- und Neugeborener war er nackt; nackt wie ein Säugling, der noch wenig weiß von Tarnungen und täuschenden Anpassungen, der aus unmittelbaren Antrieben heraus lebt und nicht weiß, wessen er sich schämen sollte.

Das sind natürlich idealistische symbolische Vorstellungen. Kein Mensch kann total neu und anders werden. Im besten Falle werden unsere alten Persönlichkeitsstrukturen durch den schöpferischen Auseinandersetzungsprozess etwas gelockert, relativiert und durch andere Werte ergänzt und erweitert. „Totale" Veränderungen geben berechtigten Grund zur Sorge, dass wir erneut starken Verdrängungen anheimgefallen sind.

Ein anderer Grund für unsere Angst vor dem Wasser des Lebens ist: Wir fürchten die Auflösung unserer alten Persönlichkeitshaltung und die damit verbundene Unsicherheit. Die Ich- und Persönlichkeitsstruktur, die ein Mensch zu einer bestimmten Zeit erreicht hat, stellt, auch wenn sie noch so einseitig und gehemmt erscheint, eine bewundernswerte schöpferische Leistung unseres psychophysischen Organismus dar, und wir haben allen Anlass, ihr Niveau zu halten und zu schützen. Trotzdem bedarf das Leben auch einer beständig fließenden Wandlung, und das bedeutet, dass immer wieder kleinere oder größere Tode gestorben werden müssen, wenn Raum für das Neue sein soll.

Die Träumerin in obigem Traum stirbt nur einen kleinen Tod. Sie taucht nicht vollständig unter das Wasser, sondern behält ihren Kopf oben. So erfährt sie später durch den Kontakt mit ihrer schöpferischen Quelle zwar eine deutliche Belebung ihrer Interessen und Beziehungen, übt aber weiterhin eine übermäßige rationale Kontrolle und Distanz gegenüber den Bildern und Symbolen ihrer Seele; sie kann sich nicht wirklich ganz auf sie einlassen.

1.3 Das Wasser des Lebens und das Wasser des Todes

An dieser Stelle sei noch ein weiterer Grund für die Angst vor dem Wasser des Lebens erwähnt. Dieser liegt in seiner keineswegs ungefährlichen Doppeldeutigkeit. Die unbewussten Dynamiken unseres Wesens sowie unser schöpferisches Potenzial sind zum größten Teil unpersönlicher Natur, sie stehen jenseits moralischer Bewertung und beinhalten von daher in gleichem Maße Positives und Negatives, Helles und Dunkles, Aufbauendes und Abbauendes.

Häufig wird das Wasser einseitig positiv dargestellt als Symbol des Lebens, der Fruchtbarkeit und Schöpferkraft. Ihm werden reinigende, heilende und heilige Kräfte zugeschrieben. Im Christentum ist es ein Bild der göttlichen Gnade und des göttlichen Lebens, etwa in dem Wort Jesu:

> *… wer aber von dem Wasser trinkt, das ich ihm geben werde, wird niemals mehr Durst haben; vielmehr wird das Wasser, das ich ihm gebe, in ihm zur sprudelnden Quelle werden, deren Wasser ewiges Leben schenkt (Johannes 4,14).*

Im Gilgameschepos, einer der ältesten Heldengeschichten der Menschheit, lesen wir aber schon, dass Gilgamesch auf der Suche nach einem lebenserneuernden Kraut, das in der Tiefe des Meeres zu finden ist, zuerst den Todesfluss durchqueren muss. In dem bekannten grimmschen Märchen „Das Wasser des Lebens" wird dieser Doppelaspekt dadurch angedeutet, dass der kranke König durch einen hinterlistigen Vertauschungsakt statt des Lebenswassers zunächst nur salziges Meerwasser erhält, das ihn nur noch kränker macht.

Die Alchemisten des Mittelalters haben die gefährliche Doppelwirkung des Wassers auch erkannt, erlebt und beschrieben. Das Ziel ihrer Bemühungen war es natürlich, jenes verjüngende, alles heilende Lebens- und Wunderwasser herzustellen, aber sie bekamen es dabei oft mit dem Todeswasser zu tun. Es wurde ihm eine auflösende, zersetzende, krankmachende Wirkung zugeschrieben, es schwemme und blähe den Körper auf, rufe unerklärliche Leiden, Melancholie, Tobsucht, hysterische Anfälle, Halluzinationen und Wahnsinn hervor und verursache schließlich auch den Tod.

Alle diese Motive meinen, dass der Umgang mit den seelischen Energien, die sich in Form von Gefühlen, Ideen, Wünschen und Fantasien zeigen, auch einen gefährlichen Aspekt hat, nämlich immer dann, wenn die Persönlichkeit nicht gefestigt genug ist, um sie konstruktiv in ihr Leben einzubauen, sich von ihnen nicht ausreichend distanzieren kann, ihnen damit verfällt, von ihnen gewissermaßen besessen und zu ihrem Spielball gemacht wird.

1.4 Das Lebenswasser und die Dynamik der Polaritäten

In der *Unendlichen Geschichte* wird der Brunnen von den beiden Schlangen umfasst und gehütet, die sich gegenseitig in den Schwanz beißen und die damit den doppelten Charakter des Wassers symbolisieren:

> *Die reglosen Riesenleiber der Schlangen glänzten wie unbekanntes Metall, nachtschwarz die eine, silberweiß die andere. Und das Verderben, das sie hervorrufen konnten, war nur gebannt, weil sie sich gegenseitig gefangenhielten. Wenn sie sich je losließen, dann würde die Welt untergehen. Das war gewiss.*[6]

Wenn die beiden Schlangen sich jemals loslassen, dann geht die Welt unter: Das ist bittere Wirklichkeit, denn die physikalische Welt wie auch der gesunde menschliche Organismus sind abhängig davon, dass die Polaritäten, auf denen sie basieren, in einem ständigen Austausch und Kontakt zueinanderstehen, sich wechselseitig ergänzen und ausgleichen. Die polaren Kräfte sind der Motor und die Dynamik des Lebens, ohne sie gibt es keine Bewegung, kein Wachstum, kein Lebendigsein. Die meisten, wenn nicht alle körperlichen wie seelischen Störungen lassen sich darauf zurückführen, dass die Dynamik der Polaritäten im Menschen gestört ist, weil bestimmte Funktionen gehemmt oder nicht entwickelt sind und weil bestimmte wesentliche Eigenschaften der Persönlichkeit nicht zugelassen und gelebt werden.

Im körperlichen Bereich zeigt sich das zum Beispiel in den Regelsystemen Einatmen-Ausatmen oder Schlafen-Wachen. Wird ein Pol in seiner vollen Entfaltung gehindert, wird auch der andere Pol gestört, und das ganze System kommt aus dem fein ausbalancierten Gleichgewicht. Das Gleiche gilt für das seelische System. Auch die seelischen Grundbedürfnisse sind polar angeordnet: Aktivität – Passivität, Liebe – Aggression, Symbiose – Autonomie oder Nähe – Distanz. Immer wenn das Wechselspiel dieser Polaritäten unterbrochen wird, weil ein Pol verdrängt oder unterdrückt wird, kommt es zu psychischen Störungen.

Bei der schizophrenen Psychose zeigt sich dies besonders dramatisch und tragisch in der Auflösung des einheitlichen Körpererlebens – Teile des Körpers und seiner Funktion werden ichfremd und räumlich entfernt wahrgenommen – in der Auflösung der Persönlichkeitsstruktur und in entsprechenden Weltuntergangs- und Katastrophenfantasien.

Die unbewussten Inhalte der Psyche und deren Dynamik wirken sich also immer dann als ein erneuerndes, schöpferisches Lebenswasser aus, wenn sie auf eine psychische Struktur treffen, das ausreichend flexibel und stabil ist, um neue Inhalte aufnehmen und integrieren zu können. Sie werden zum Todeswasser, wenn sie das Bewusstsein überschwemmen und auflösen und das psychische System seine Orientierungs- und Anpassungsfunktion nicht mehr aufrechterhalten kann.

Menschen mit einer relativ stabilen Persönlichkeitsstruktur können kaum ermessen, wieviel namenlose Angst, wieviel abgrundtiefe Dunkelheit und Verlassenheit, wieviel qualvolle Zerrissenheit, wieviel Leid, wieviel rasende Wut und peinigende Perversion und wie viel Selbstdestruktion derjenige erlebt, der zu viel vom Todeswasser trinken musste, das heißt, dessen Persönlichkeit und Polaritätsgefüge so brüchig sind, dass er an der Grenze des Wahnsinns steht und ständig befürchten muss, von abgespaltenen psychischen Inhalten überflutet zu werden.

Beiläufig sei erwähnt, dass ein anderer Aspekt des Todeswassers in der *Unendlichen Geschichte* in dem Tränensee *Murhu* dargestellt wird. Dieser ist so salzig und bitter, dass nichts auf Dauer seiner auflösenden Wirkung widerstehen kann, außer dem Silber. Deshalb besteht die Stadt *Amargánth*, die sich auf dem Tränensee befindet und die schönste Stadt *Phantásiens* ist, aus reinstem ziselierten Silber. Interessanterweise bezeichneten die alten Alchemisten das Todeswasser auch als bitter, salzig und zersetzend.

Wir sehen also, dass das Lebenswasser als ein Symbol seelischer Energetik aus der Spannung polarer psychischer Faktoren hervorfließt, wobei es ganz von der Art der Beziehung zwischen dem Ich-Bewusstsein und der unbewussten Psyche abhängt, ob die Spannung schöpferisch, lebenserweiternd wirkt oder destruktiv und lebensfeindlich. Stehen die Pole aufgrund eines gesunden, vertrauensvollen Verhältnisses zwischen dem Ich und den unbewussten Persönlichkeitsanteilen in einem Ergänzungsgleichgewicht, so wirken sie aufbauend, stehen sie in einem Ausschließlichkeitsverhältnis zueinander, wirken sie zerstörerisch.

Um aber den Zugang zu jenem schöpferischen Fließgleichgewicht polarer Kräfte zu finden, ist es häufig unumgänglich, auch einen mehr oder weniger großen Schluck vom zersetzenden Todeswasser zu sich zu nehmen, durch dessen Hilfe festgefahrene, erstarrte Einstellungen und Werte der Persönlichkeit aufgelockert werden. Gelegentlich muss man es wagen, hemmende Ich-Grenzen aufzugeben, um sich von noch unbekannten Inhalten kurzfristig überfluten zu lassen, was aber immer ein gewisses Risiko darstellt. Hinter vielen Süchten wie zum Beispiel der Drogenabhängigkeit oder dem Alkoholismus lässt sich diese Sehnsucht nach Durchbrechung zu enger Lebensgrenzen und nach Erweiterung des Lebens vermuten, aber nur in den wenigsten Fällen sind das die rechten Mittel, denn das Todeswasser darf nur in vorsichtigen Dosen genossen werden und nicht zu Abhängigkeit und Sucht führen.

Schöpferisches Leben bedeutet daher immer Risiko und Wagnis, Ertragenkönnen von Chaos und Unsicherheit und damit ein bisschen Verrücktsein, denn das neue Leben, das werden möchte, erscheint selten in geordneter Form, sondern meist in einer archaischen, chaotischen und diffusen Gestalt.

Das Wasser des Lebens, wie es sich uns am Ende der *Unendlichen Geschichte* als Symbol strömender Liebe, Lebensfülle und Lebensfreude darstellt, besitzt diese Eigenschaften vor allem deshalb, weil *Bastian* auf seinem langen Weg einen gefährlichen Reifungsprozess gegangen ist, der ihn mit den großen Polaritäten des Daseins in Berührung gebracht hat. Der Verlauf der *Unendlichen Geschichte* und das Verhalten *Bastians* folgt in vielerlei Hinsicht dem Fluss und den Wandlungsgesetzen der Polaritätsdynamik. Auf seiner Reise durch *Phantásien* lernt *Bastian* die verschiedenen Wirkungen und Manifestationen des Lebenswassers als dem schöpferischen Aspekt seines Wesens kennen.

Indem *Bastian* dem Fluss seiner Wünsche und Fantasien folgt, folgt er auch, ohne es zu wissen, dem Wasser des Lebens. Die *Kindliche Kaiserin* und der Alte vom Wandernden Berge, *Perelín* und *Graógramán*, die Helden und die Weisen symbolisieren polare Erscheinungsformen des Lebens. In der Begegnung und Auseinandersetzung mit ihnen lernt und reift *Bastian*. Seine Wünsche, hinter denen sein schöpferisches Potenzial steht, führen ihn in schwindelnde Höhen und tiefe Abgründe, offenbaren ihm die lebensbestimmenden Polaritäten von Depression und Manie, Leid und Freude, Wahnsinn und Weisheit, Hass und Liebe, Macht und Demut, Leben und Tod. Erst nachdem er alle diese Zustände erlebt, erlitten und überlebt hat, zeigt sich ihm das Schöpferische in seiner reinsten und umfassendsten Form als Ekstase, Freude und Liebe.

2. Das Geheimnis der Polaritäten

2.1 Polarität als Motor alles Lebendigen

Im Symbol des Wassers des Lebens, das von den beiden Schlangen eingefasst wird, begegneten wir dem Polaritätsprinzip, welches von fundamentaler Bedeutung für ein Verstehen aller lebendigen Abläufe und der seelischen Prozesse im Menschen ist. Die Erkenntnis ist uralt, dass alle Systeme und Prozesse, die sich verändern, wachsen oder entwickeln – seien dies biologische, psychologische oder gesellschaftliche Organismen und Organisationsformen – auf dem Wechselspiel polarer Faktoren beruhen. Sie wurde von Denkern, Philosophen und Wissenschaftlern von der Frühzeit bis heute immer wieder in den verschiedensten Formen ausgedrückt. Man könnte deshalb annehmen, dass sie längst zum Grundbestand unseres Allgemeinwissens geworden ist. Aber das ist nicht der Fall. Noch immer wird eine Unmenge von Problemen in vielen Lebensbereichen dadurch hervorgerufen, dass das Prinzip der Polaritäten außer Acht gelassen und immer wieder nur ein Pol des Lebens betont und verabsolutiert, der andere unterdrückt und verleugnet wird.

Nun ist unsere Identitäts- und Persönlichkeitsentwicklung in der Kindheit und Jugend notwendigerweise auf die Unterdrückung und Verdrängung bestimmter Pole und die Verabsolutierung anderer Pole angewiesen. Das macht das Leben eindeutig, überschaubar und vermittelt eine moralische und ethische Verhaltensorientierung. In dem Maße aber, in dem wir nach innerer Freiheit und nach einem eigenverantwortlichen, schöpferischen Leben suchen, stehen wir vor der Aufgabe, jene Polaritäten in unser Leben hereinzunehmen, die wir bisher aus unserem Bewusstsein ausgeschlossen haben. Wir können aus nichts anderem wirklich befriedigend leben als aus unserer Wirklichkeit und unserer Eigenart heraus. Alles andere ist unwirklich, uneigentlich, fremdbestimmt. Ein volles, ganzheitliches Dasein bei einseitigen Einstellungen und Standpunkten ist schlecht vorstellbar.

2.2 Das Yin-Yang-Kreismodell

Eine der ältesten Polaritätsdarstellungen, auf das auch Michael Ende bei den beiden Schlangen und dem Wasser des Lebens deutlich Bezug nimmt, ist das chinesische Yin-Yang-Kreismodell. Während der Kreis selbst die alles umschließende Einheitswirklichkeit, den ungestalteten, ungeteilten Anfangszustand der Schöpfung darstellt, in der alle Daseinsmöglichkeiten latent vorhanden, aber nicht realisiert sind, stehen die beiden fischförmigen Kreissegmente (weiß = Yang, schwarz = Yin) für das allem Leben und bewusstem Dasein zugrunde liegende Polaritätsprinzip. Es kann sich dabei um jedes der klassischen elementaren Polaritätspaare handeln, wie Oben – Unten, Hell – Dunkel, Ein – Aus, Aktiv – Passiv, Geist – Körper, Liebe – Hass, Gut – Böse oder auch Weiblich – Männlich.

Wir können – zusammengefasst – vier für unser Lebensverständnis ganz wesentliche Erkenntnisse aus diesem Modell gewinnen:

1. Unser Dasein beruht auf Polaritäten, die untrennbar zusammengehören, sich wechselseitig bedingen und hervorrufen. Aufgrund dessen, dass unsere Bewusstseinsentwicklung auf der Unterscheidung und Trennung einzelner Wahrnehmungsinhalte beruht, gibt es keinen abgegrenzten Standpunkt und keine formulierte Position, zu der nicht auch das Gegenteil aufzufinden wäre. Vor zweieinhalb Jahrtausenden hat Laotse dies in seinem Tao Te King so formuliert:

Wenn auf Erden alle das Schöne als schön erkennen,
so ist dadurch schon das Hässliche gesetzt.
Wenn auf Erden alle das Gute als gut erkennen,
so ist dadurch schon das Nichtgute gesetzt.
Denn Sein und Nichtsein erzeugen einander.
Schwer und Leicht vollenden einander.
Lang und Kurzgestalten einander.
Hoch und Tief verkehren einander.
Stimme und Ton sich vermählen einander.
Vorher und Nachher folgen einander.[50]

2. In jedem Pol ist latent und keimhaft der entgegengesetzte Pol enthalten. Dies ist so aufgrund ihrer inneren Verwandtschaft. Je stärker ein Pol bewusst betont und verabsolutiert wird, desto stärker wird der unbewusste Anspruch, die energetische Aufladung und die nach Ausgleich strebende Spannung des gegenteiligen Pols.

3. In jedem lebenden und sich verändernden Organismus oder System kehrt sich ein Pol, wenn er seine höchste Ausfaltung erreicht hat, allmählich in seinen Gegenpol. Heraklit hat dies Enantiodromie genannt.

4. Die Verkehrung eines Pols in seinen Gegenpol lässt sich anhand des Yin-Yang-Kreismodells sehr gut darstellen, indem man im Uhrzeigersinn um den Kreis herumgeht. Zwar sind die Übergänge von einem Pol zum anderen fließend, aber zum Zwecke einer überschaubaren Gliederung des Wandlungsvorgangs lassen sich vier zentrale Punkte und vier Phasen unterscheiden. Weil dieses Modell zum Verständnis gerade von seelischen Veränderungsvorgängen und schöpferischen Lebensprozessen hilfreich und einleuchtend ist, sei es hier etwas ausführlicher dargestellt (vergleiche Abb. 1).

Der obere, erste Punkt bezeichnet die höchste Ausprägung des einen Pols, während der untere, dritte Punkt die vollständige Manifestation des entgegengesetzten Pols darstellt. Punkt zwei und vier sind die Punkte, in denen ein Pol in den anderen umschlägt. Das einmalige vollständige Umlaufen des Kreises und das Passieren aller vier Punkte

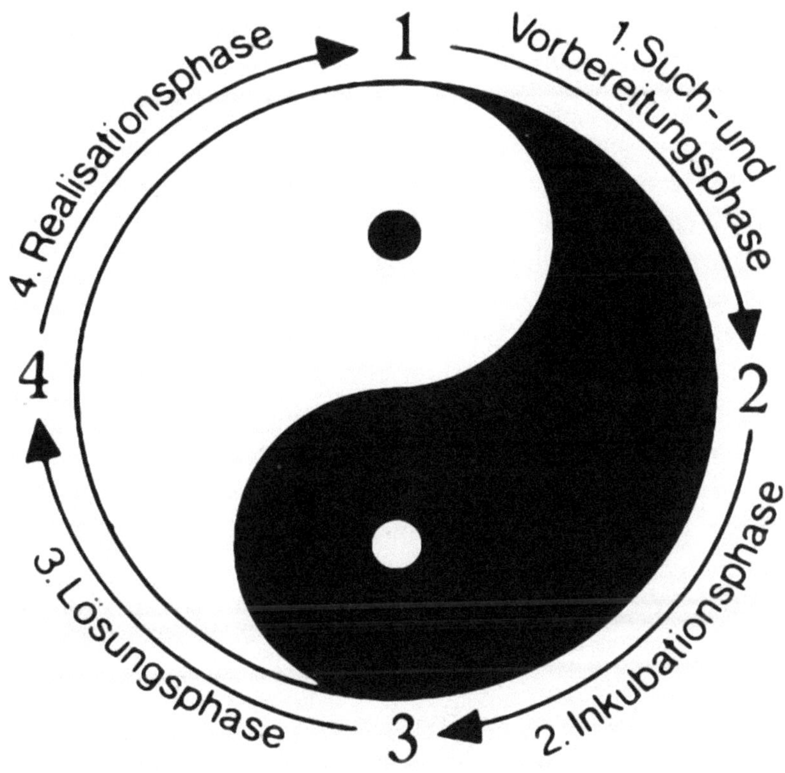

Abb. 1: Der schöpferische Wandlungszyklus

entspricht einem Wandlungszyklus. In der Natur entspräche diesem Zyklus von eins bis vier beispielsweise das Jahr (Sommer, Herbst, Winter, Frühling) oder der Tag (Mittag, Abend, Mitternacht, Morgen).

In der Kreativitätsforschung werden häufig vier aufeinanderfolgende Phasen beschrieben, die sich auch gut auf das Yin-Yang-Modell übertragen lassen. (Die weiße Zone steht hierbei für das aktive Ich-Bewusstsein mit seinen Werten und Vorstellungen, die dunkle Zone für das unbewusste schöpferische Potenzial mit seinen gegensätzlichen Inhalten.)

1. Die Such- und Problemvorbereitungsphase (Höhepunkt der Ausdehnung der weißen Yang-Zone mit zunehmender Ausdehnung der schwarzen Yin-Zone): In dieser Phase wird die eigentliche Fragestellung herausgearbeitet, und man sammelt alle Informationen, die mit dem Problem in Zusammenhang stehen. Es ist die Phase, in der man sich emotional mit dem Problem identifiziert und auf der bewussten Ebene intensiv nach einer Lösung sucht. Sie ist aber noch ganz bestimmt von der alten Bewusstseinsstellung, die man so lange als möglich beibehalten möchte. Man sucht die Antwort der Fragestellung noch in den bereits vertrauten Bereichen.

2. Die Inkubationsphase (Vorherrschen der schwarzen Yin-Zone): Hier hat sich die Problemlösungssuche weiter intensiviert, man hat die meisten üblichen Antworten kennengelernt, ist unbefriedigt und sucht nach einer ganz neuen Antwort. Man ist innerlich unruhig, in Spannung, erlebt Stimmungsschwankungen, Gereiztheit und Desorientiertheit. Man geht mit dem Problem schwanger, ohne eine Lösung zu wissen. Die Unbewusstheit nimmt ständig zu, man tappt im Dunklen. Die alte Bewusstseinshaltung trägt nicht mehr, man muss sich dem unbekannten Schöpferischen seines Unbewussten überlassen. Es ist die Phase des inneren Loslassens und der Hingabe.

3. Die Lösungs- oder Erleuchtungsphase (Höhepunkt der Ausdehnung der schwarzen Yin-Zone mit jetzt wieder zunehmender Ausdehnung der weißen Yang-Zone): Hier erscheint plötzlich eine Lösung, ein „Aha"-Erlebnis – meist spontan, unvermutet, bei unerwarteter Gelegenheit und unscheinbarem Anlass – und das Problem wird nun von einer ganz neuen Sicht her beleuchtet. Diese neue Idee oder Möglichkeit muss unvoreingenommen aufgenommen und hinsichtlich ihrer Bedeutung für die Problemlösung durchgearbeitet werden. Im Prozess der Auseinandersetzung mit der gefundenen Antwort nimmt die Aktivität des Ich-Bewusstseins wieder zu, bis die neue Erkenntnis ganz verstanden worden ist.

4. Die Realisierungsphase (Vorherrschen der weißen Yang-Zone): Die gefundene Lösung wird auf ihre praktische Anwendung hin ausgearbeitet und in die Realität umgesetzt. Das aktiv gestalterische Ich-

Bewusstsein dominiert hier wieder und hat den neuen Inhalt sowohl nach innen als auch nach außen hin integriert.

Die Unterscheidung dieser vier Phasen hilft und ermutigt uns, gerade den Anfangsstadien des schöpferischen Prozesses (Vorbereitungsphase, Inkubationsphase) ausreichend Raum und Zeit zu lassen, in denen man doch häufig durch Eile, Ungeduld und Leistungsdruck dazu neigt, es gar nicht erst zu einem tiefer gehenden Reifungsvorgang kommen zu lassen.

Für jede der vier Phasen braucht es übrigens besondere Tugenden: In der ersten bedarf es einer flexiblen Lernbereitschaft, die es ermöglicht, genügend Kenntnisse für die zu lösende Problematik zu erwerben; in der zweiten bedarf es der Kunst des Loslassens, des Wartenkönnens und der Geduld, in der dritten der intuitiven Offenheit und geistigen Beweglichkeit, und in der vierten benötigt man Mut, Entschlossenheit und Tatkraft.

Das hier nur sehr allgemein dargestellte Yin-Yang-Kreismodell lässt sich auf sehr viele Lebensvorgänge übertragen. Wir werden später unter anderem sehen, wie es uns das Zusammenspiel zwischen Ich und Selbst, Außen- und Innenwelt und zwischen Chaos und Ordnung im schöpferischen Prozess zu verstehen. Es entspricht im Übrigen auch weitgehend der dynamischen Struktur des mythologischen Motivs der Helden- und Nachtmeerfahrt, der Abfolge von Initiationszeremonien bei Geheimgesellschaften und Naturvölkern (Vorbereitung – Tod – Neugeburt, – Wiedereingliederung) und dem Aufbau des klassischen Dramas (Ausgangssituation – Verwicklung, Höhepunkt, – Lösung – Ausgestaltung der Lösung).

Auch die alten Alchemisten kannten vier wesentliche Stadien ihrer Arbeit: 1. die Vorbehandlung der zu verwandelnden Substanz, 2. die Schwärzung, in der sich die Substanz zersetzte und auflöste, 3. die Weißung, in der die Substanz erstmalig in gewandelter Form erschien, und 4. die Rötung, in der die gewandelte Substanz ihre endgültige Form und Festigkeit erhielt. Wir sehen, dass es sich bei dem beschriebenen Modell um ein universales Modell handelt, das den meisten Wandlungsvorgängen zugrunde gelegt werden kann.

Weil der konstruktive Umgang mit den Polaritäten im Prozess der Identitätsfindung und Selbst-Verwirklichung von solch entscheidender Bedeutung ist, wollen wir uns im Folgenden noch einige weitere damit verbundene Prinzipien und Gesetzmäßigkeiten näher anschauen.

3. Der Umgang mit den Polaritäten

3.1 Die Bejahung des Menschseins

Grundlegend für jede Arbeit an unserer Persönlichkeit ist das Zugeständnis und die Bejahung dessen, dass wir Menschen sind. Wir nehmen teil an allen Eigenschaften und Fähigkeiten des Menschlichen, seinen besten wie seinen schlechtesten. Wir müssen uns zugestehen, dass auch in uns jene Polaritäten vorhanden und wirksam sind, die schon seit Urzeiten das Leben bestimmt und die Evolution gesteuert haben.

So werden wir auch alle von den Polaritäten unserer körperlichen, seelischen und sozialen Grundbedürfnisse aufs Intensivste beeinflusst. Das heißt, wir haben sowohl das Bedürfnis nach Nähe, Geborgenheit, Verbundenheit und Hingabe als auch das Bedürfnis nach Selbstständigkeit, Autonomie und Individualität; wir streben sowohl überschaubare Ordnung, Sicherheit und Verlässlichkeit an als auch Veränderung und Wandlung; wir benötigen Phasen der Passivität, des Ausruhens, Entspannens und Nichtstuns ebenso wie Phasen der Aktivität, des konstruktiven Stresses. Und körperliche Sinnlichkeit erfreut uns genauso wie geistige Erkenntnisse.

Ebenso sind allen Menschen gemeinsam die Polaritäten unserer Gefühle und Charaktereigenschaften wie Liebe und Aggression, Freude und Trauer, Bewunderung und Neid, Mut und Angst, Ehrgeiz und Versagensangst, Freundschaft und Rivalität, „Weiblichkeit“ und „Männlichkeit“. Alle diese Eigenschaften gehören zum Menschsein, und es kommt viel darauf an, ob wir diese bei uns bejahen können oder nicht.

Bejahen heißt aber nun nicht, alles unmittelbar und unreflektiert auszuleben. Zudem wird kein Mensch alle Seiten und Polaritäten seines

Wesens leben können, sei es aufgrund seiner genetischen Möglichkeiten, frühkindlicher Prägungen, gesellschaftlich notwendiger Anpassung, moralischer Schranken oder sonstiger Begrenzungen. Bejahen heißt lediglich, bereit zu sein, diese Polaritäten wahrzunehmen und als zu sich und zum Menschsein gehörig anzunehmen.

Aber das ist oft leicht gesagt und schwer getan. Das Zulassen verdrängter Seiten ist oft mit vielerlei Widerständen und Ängsten verbunden. Für den einen Menschen bedeutet selbst eine leise aggressive Fantasie bereits einen Weltuntergang, für den anderen sind Tränen der Trauer und des Schmerzes demütigende Zeichen der Schwäche, und für noch einen anderen sind sexuelle Inzestfantasien – obwohl in gewisser Weise etwas sehr Natürliches – der Gipfel der Perversität. Das Zulassen und Bejahen der ganzen Wirklichkeit unseres Wesens ist deshalb immer ein sehr allmählicher Vorgang, bei dem wir sehr liebe- und verständnisvoll auch mit unserer Unfähigkeit zu ihrer Bejahung umgehen müssen.

3.2 Zwei Seelen wohnen, ach! in meiner Brust

Aber wir können uns trösten. Selbst jener heroische, willensstarke Sucher nach letzter Erkenntnis, Goethes Faust, brauchte ein langes Leben, um die zwei Seelen in sich zu versöhnen. Sein leidvoller Ausruf. „Zwei Seelen wohnen, ach! in meiner Brust" ist ja ein zentrales Motto unserer ganzen abendländischen Kultur- und Bewusstseinsentwicklung, das seine Vorläufer schon bei den Griechen Xenophon und Plato findet. Allgemein gesehen spiegelt es das Leid des Menschen an seiner grundsätzlich polaren Natur, die ihm keine solche innere Ruhe und Ausgeglichenheit gönnt, dass er einmal aus tiefstem Herzen zu einem Augenblicke sagen könnte: „Verweile doch! Du bist so schön!" Spezieller meint dieses Motto jene Polarität von Körper und Geist, die den Menschen weder ein unbewusstes, instinktgesteuertes Tier noch ein unsterblicher Gott sein lässt, sondern ihn in einer nur schwer erträglichen Mittelposition belässt. Einerseits spürt er in sich die grenzenlosen Möglichkeiten des Geistes, die ihn über alle Endlichkeit hinwegzuführen vermögen, und andererseits erlebt er ständig die Abhängigkeit von seiner Körperlichkeit, die ihn an die Erde bindet, in seiner Freiheitssehnsucht einschränkt und an seinen Tod gemahnt.

Nachträglich betrachtet hätte sich Faust viele Leiden ersparen können, wenn er sich selbst und seine Größenvorstellungen nicht so wichtig genommen, wenn er etwas mehr Humor gehabt und frühzeitig genug auch seinen anderen Trieb, vor dem er den lebensfernen Wagner nachdrücklich warnt, freundlich willkommen geheißen hätte. So muss er erst seine Seele an seinen Schatten-Alter-Ego Mephisto verkaufen, um Zugang zu seinem nicht gelebten Leben zu finden. Aber theoretisch sieht alles immer viel einfacher aus. In der Realität des Lebens ist die Annahme des Fremden und Anderen in uns oft ein Drama, das in nichts dem faustschen Drama nachsteht.

Das Verkennen der polaren Struktur unseres Wesens führt zu vielen Verwirrungen und unglücklichen Teufelskreisläufen. Wir müssen davon ausgehen, dass sich ein Pol aus einem Polaritätenpaar nicht wirklich eliminieren lässt. Beide Pole sind aufeinander angewiesen, sie fordern, bestimmen und regulieren sich gegenseitig. Gelänge es tatsächlich, einen Pol vollständig aus dem Leben auszuschalten, müsste auch der andere verschwinden. Unterbricht man eine Ader eines elektrischen Lichtstromkreises, wobei es gleichgültig ist, welche, verliert auch die andere ihre Funktion. Das Licht geht aus. So ist es auch mit dem Leben.

Glücklicherweise lässt sich in der Psyche eine lebenswichtige Polarität nicht einfach ausschalten. Vom Bewusstsein her mögen wir manchmal den Eindruck haben, ein unerwünschter Pol sei vollständig verschwunden, aber die Tiefenpsychologie weiß, dass dieser Pol nur in den Untergrund gegangen, unbewusst geworden ist und aus diesem Untergrund weiter seinen Anspruch geltend macht.

Stellen wir uns vor, wir könnten uns – wie es heute im immer noch weit verbreitet ist – die einfache und natürliche Freude an unserer erotischen Lust und Sinnlichkeit nicht gestatten. Wir müssten dann versuchen, diesbezügliche Bedürfnisse, Fantasien und Handlungen aus unserem Leben fernzuhalten oder stark zu beschränken. Stattdessen müssten wir den Gegenpol, der vielleicht in einer gewissen Geistigkeit und Religiosität besteht, verstärken und überbetonen.

Natürlich ist es möglich, dass die Energien eines Pols teilweise von dem anderen Pol aufgefangen, umgewandelt und für dessen Zwecke eingesetzt werden können. Das geht aber nur innerhalb gewisser Grenzen und nicht auf Dauer. Allmählich nämlich würden die Ansprüche der verdrängten Seite doch auf ihr Recht pochen und uns zu einer verstärkten Abwehrreaktion und intensivierten Flucht in die Geistigkeit veranlassen. Daraus entwickelte sich dann eine doppelte Destruktivität.

Zum einen würde die Sexualität destruktiv. Weil sie nicht mitleben dürfte, bliebe sie unentwickelt und infantil. Sie verbände sich mit anderen unbewussten Anteilen, die auch aus dem Leben ausgeschlossen wurden, zum Beispiel mit Aggressivität, und drängte sich nun vielleicht als bedrohliche, vergewaltigende, tötende Fantasie immer mehr auf.

Zum anderen würde die Geistigkeit und Religiosität destruktiv, weil sie gar nicht aus sich selbst motiviert wäre, sondern hauptsächlich zur Abwehr der Sexualität benötigt würde. Man wäre nicht religiös aus einem echten religiösen Bedürfnis heraus, sondern aus Angst vor der Sexualität. Das aber würde die natürliche, spontane Religiosität in uns zerstören, würde sie eng, dogmatisch und intolerant machen.

Schließlich befänden wir uns in einer tragikomischen Situation: Nur weil wir uns die eigentlich harmlose Freude am Sex nicht gönnen konnten, wird aus ihr ein gigantisches, monströses Ungeheuer, das einen großen Teil unserer Kräfte zu ihrer Bekämpfung verbraucht.

„Ich kann doch nicht bejahen, dass ich am liebsten mit meinem Penis wie mit einem großen Messer den Frauen die Scheide bis zum Bauch aufreißen würde!“ meinte ein junger Mann entrüstet. Nachdem er von dieser aggressiven Fantasie nach langer Vorenthaltung und unter großer Peinlichkeit erzählt und gefragt hatte, was er denn jetzt damit tun solle, wurde ihm gesagt: „Erst einmal anschauen, bejahen, nachspüren.“ Aufgrund eines starken negativen Mutterkomplexes litt er unter der Angst, mit einer Frau zu schlafen. Seine Mutter hatte ihm seine sexuelle Lust im wahrsten Sinne des Wortes ausgeprügelt. Seine sexuelle Angst und Unterdrückung hatte sich Aggression gegen die Frau und das Weibliche mit seiner erotischen Macht gewandelt. Natürlich sollte er seine obige Fantasie nicht als wirkliche Tat bejahen, aber doch als Fantasie, die ihm zeigt, welche teilweise berechtigte Wut auf „die“ Frauen in ihm unbewusst vorhanden ist, die ihm vermeintlich jenes wunderbare Gefühl der Kraft und Männlichkeit vorenthält, das ein Mann haben kann, wenn er mit seinem Penis in die Scheide der Frau eindringt.

Das ist also die große Schwierigkeit im Umgang mit den verdrängten Polen unseres Lebens: Sie erscheinen schließlich durch ihre Verdrängung viel bedrohlicher und negativer, als sie sind. Erst durch die Verdrängung erhalten sie eine Überwertigkeit und Mächtigkeit, die mehr Energie bindet, als ihnen realistischerweise zukommen sollte. Im Sinne eines wirtschaftlicheren und sparsameren psychischen Energieverbrauchs wäre es deshalb das Beste, nur so viele Verdrängungen wie nötig aufrechtzuerhalten. Wir befürchten aber, von den verdrängten Inhalten überwältigt zu werden und ihnen zu verfallen. Wir befürchten, dass dann der frühere, bewusste Pol verloren geht, weil wir uns nicht darauf zu verlassen wagen, dass sich das Gleichgewicht der beiden Pole von selbst ausbalanciert. Das aber macht ein ganz wesentliches Merkmal schöpferischen Lebens aus: das Vertrauen auf die Ganzheit anstrebende, sich selbst regulierende Fähigkeit der Seele.

3.3 Die Schwäche einseitiger Standpunkte

Aus der Tatsache, dass Polaritäten unabdingbar die Basis jeden ganzheitlichen, gesunden Lebens sind, lässt sich also ableiten: jeder einseitige Standpunkt, der den ihm entgegengesetzten Pol ausschließt, ist ein Ausdruck von Unsicherheit und Angst, mag er sich auch noch so ideal, so stark und überzeugend darstellen. „Männlich“ sein auf Kosten der Unterdrückung des „Weiblichen“ ist ein Ausdruck der Unsicherheit und der Angst vor dem „Weiblichen“ und umgekehrt; „geistig“ eingestellt sein auf Kosten der Körperlichkeit ist ein Ausdruck der Unsicherheit und Angst vor dem Körperlichen und umgekehrt; auf die Innenwelt eingestellt sein auf Kosten der Außenwelt ist ein Ausdruck der Unsicherheit und der Angst vor der Außenwelt und umgekehrt. So könnte man unendlich fortfahren.

Man darf sich nicht von den oft sehr logisch und überzeugend dargebotenen Argumenten einseitiger Standpunkte täuschen lassen und sollte immer die Frage nach dem dazugehörenden Gegenpol stellen, um der Einseitigkeitsfalle zu entgehen. Wir können davon ausgehen, dass die Argumente, mit denen einseitige Standpunkte als einzig gültige begründet werden, Rationalisierungen sind, das heißt Scheinbegründungen, die dazu dienen, Ängste vor der ganzen Wirklichkeit des Lebens zu überdecken. Nur ist es manchmal sehr schwer, ihren Rationalisierungscharakter zu erkennen.

Wenn nur ein Pol einer Polarität zugelassen und gelebt werden kann und der andere nicht, dann kann auch der eine nicht wirklich gelebt werden, auch wenn es noch so sehr danach aussieht. Auch er bleibt in gewisser Hinsicht unbewusst, ist irgendwie erstarrt, unlebendig, gehemmt. Z. B.: Wer nicht wagt, zu irren und Fehler zu machen, der kann auch nicht wirklich erfolgreich sein.

Daraus lässt sich einiges zur Heilung von seelischen Störungen ableiten. Häufig ist es sinnvoller, die Störung nicht durch eine Verstärkung des gelebten und bewussten Standpunktes zu beheben, sondern vielmehr durch seine Opferung und das Zulassen des ungelebten, nicht gewollten anderen Pols. Statt verzweifelt nach Unfehlbarkeit zu streben, übt man sich in der Kunst des Irrens. Statt zu glauben, man müsste immer Recht haben und alles wissen, gesteht man sich und Anderen ein, nur wenig Ahnung zu haben. Das ist eine der hilfreichsten Übungen zur Überwindung zwanghafter Perfektions- und Größenfantasien. Diese Technik, zu tun, was man immer vermeiden wollte, wurde erstmals von dem Psychotherapeuten Viktor E. Frankl als paradoxe Intention in die Psychotherapie eingeführt.

3.4 Warum gute Vorsätze so häufig scheitern

Aus der Einsicht in die notwendige Zusammengehörigkeit der Pole einer Polarität lässt sich noch etwas anderes, sehr Wichtiges ableiten, nämlich, dass wir bei unseren so häufig gefassten guten Vorsätzen immer die besondere Situation berücksichtigen müssen, in der sie entstehen.

Wir kennen alle eines der folgenden Phänomene: Wir sind im Stress, haben alle Hände voll zu tun und denken sehnsüchtig: „Wenn ich mal wieder ein paar freie Stunden habe, wenn das Wochenende da ist oder wenn ich im Urlaub bin, dann werde ich endlich dieses und jenes tun können, was ich jetzt leider nicht tun kann: Bücher lesen, interessante Gespräche führen, Musik machen, kreativ sein." Wenn wir dann wirklich freie Zeit haben, sitzen wir nur herum und können nicht verstehen, dass uns von den vielen Dingen, die wir uns damals so gerne vorgenommen hatten, keines interessiert.

Oder wir sehnen uns nach dem Zusammensein mit einem Partner, sind wir aber einige Zeit mit ihm zusammen, können wir kaum noch die ehemalige Sehnsucht spüren und streiten uns möglicherweise statt dessen mit ihm herum.

Oder wir sind krank und denken: „Wenn ich wieder gesund bin, werde ich der glücklichste Mensch sein. Ich werde alle jene nichtigen Sorgen und Ärgernisse, die mich sonst belasten, weit von mir weisen, weil ich erkannt habe, dass die Gesundheit das höchste Gut ist." Kaum sind wir aber wieder gesund, haben wir unsere Dankbarkeit und Freude sogleich vergessen und ärgern uns wie ehedem.

Einer der Gründe – neben manchen anderen, wie z. B. unserer Trägheit –, weshalb unsere positiven Vorhaben und Vorsätze so häufig scheitern, liegt darin: Wir übersehen bei unseren Planungen das allgegenwärtige Polaritätsprinzip. Wir übersehen, dass wir ganz bestimmte Gefühle, Wünsche und Ziele zu einem bestimmten Zeitpunkt nur deshalb so stark haben, weil wir uns in einer Situation befinden, in der der eine Pol einer Polarität (Stress, Trennung, Krankheit) vorherrscht und wir Mangel an dem anderen leiden. Herrscht dieser Pol aber nicht mehr vor, haben wir auch kein so starkes Verlangen mehr nach dem anderen. Das Nachlassen des einen Pols lässt auch den anderen nachlassen, das Anwachsen des einen Pols lässt auch die Spannung und Sehnsucht nach dem den anderen anwachsen.

3.5 *Wie man mit den Polaritäten lebt*

Kenner des Polaritätsprinzips versuchen es in verschiedener Weise in ihrem Leben zu berücksichtigen:

Sie sind sehr vorsichtig mit Voraussagen über ihr zukünftiges Verhalten und Erleben. Sie wissen, dass das, was sie zu einem jetzigen Zeitpunkt empfinden, zu einem späteren Zeitpunkt ganz anders aussehen kann. Sie lieben es, Dinge zu überschlafen, und lassen sich nicht zu Momententscheidungen drängen, besonders dann nicht, wenn sie diese Entscheidung unter dem Einfluss starker Emotionen getroffen hätten.

Sie verlassen sich nicht darauf, dass Dinge, die sie jetzt tun können, genauso gut später getan werden könnten. Sie lassen sich jeden Tag ausreichend Zeit und Raum, um das, worauf sie jeweils gerade eingestimmt sind, auch tun zu können und nicht auf später verschieben zu müssen.

Sie vermeiden es aber auch nach Möglichkeit, etwas zu tun, wozu ihre Stimmung gerade ungünstig ist.

Sie versuchen die Gunst der Stunde zu nutzen, gehen mit der Energie, die gerade vorhanden ist, und sind nicht enttäuscht, wenn es am nächsten Tag wieder anders aussieht.

Sie versuchen, einen Pol nicht zu erschöpfen oder zu übertreiben, damit sie nicht ständig von ihren gegenläufigen Gefühlen und Launen hin- und hergeworfen werden. Sie wissen, dass es am genussreichsten ist, wenn die Pole in einer dynamischen Wechselspannung zueinandergehalten werden, getreu dem Motto: „Wenn es am besten schmeckt, soll man aufhören" oder getreu der Weisheit des Aristoteles: „Es gibt also drei Arten des Verhaltens; zwei davon, die eine, die ein Zuviel, und die andere, die ein Zuwenig bedeutet, sind fehlerhaft; die dritte, das Innehalten der rechten Mitte, ist das Richtige."[1] Sie wissen, dass dieses kleine Opfer der Beschränkung ein wesentliches Geheimnis für ein zufriedenes Leben darstellt.

Sie setzen gelegentlich einen kleinen Trick ein, der ihnen hilft, einen gewünschten Pol zu erreichen. Dabei aktivieren sie den Gegenpol, übersteigern ihn etwas und warten auf die entsprechende seelische Gegenreaktion, die sie dann zum erwünschten Pol hinführt. Man könnte das auch als den Trick der Spannungserhöhung bezeichnen. Wenn ihnen das Einschlafen schwerfällt, dann bemühen sie sich, besonders lang wach zu bleiben; wenn sie nicht lieben können, dann versuchen sie erst einmal, ihre Unlust, ihren Ärger und ihre Aggression intensiver zu spüren; wenn sie nicht lachen können, dann versuchen sie erst einmal, ganz besonders ernst, moralisch, besserwisserisch und rechthaberisch zu sein. Hier klingt wieder die Methode der paradoxen Intervention an, von der wir schon gehört haben.

In der *Unendlichen Geschichte* spielt das Polaritätsprinzip eine große Rolle. Hier sei an die Neuschöpfung *Phantásiens* durch *Bastian* erinnert, weil sie uns die Gefährlichkeit und Unfruchtbarkeit extremer Polarisierung vor Augen führt. Die Neuschöpfung *Phantásiens* durch *Bastian* beginnt wie in den alten Schöpfungsmythen mit der Spaltung der Urpolaritäten: der Scheidung von Nacht und Tag, von Leben und Tod, von unbewusster schöpferischer Fülle und bewusster unfruchtbarer Leere, jeweils symbolisiert durch den Nachtwald *Perelín* und den Sonne-Löwen *Graógramán*, den Bunten Tod. Sie repräsentieren die ins Extrem getriebenen und doch ständig nahtlos ineinander übergehenden Urpolaritäten des Seins. Als Extreme sind sie für den Menschen desorientierend und tödlich.

Ein Mensch würde sich in dem undurchdringlichen Dickicht und mondlichtigen Dunkel des Nachtwalds *Perelín* ebenso verlieren wie in der blendenden Helle und grenzenlosen Weite der Wüste der Farben. Beide Extreme würden ihn unbewusst machen, das heißt, er würde seine Orientierung verlieren. Dem Nachtwald *Perelín* fehlt die zur Orientierung notwendige Helligkeit und Weite, die Distanz der Objekte voneinander, damit Übersicht möglich wird; der Wüste der Farben fehlt der Schatten, fehlen die Objekte, sodass es keine Anhaltspunkte gibt, auf die das Bewusstsein eben auch angewiesen ist. Was der eine zuviel hat, hat der andere zu wenig. Das bestätigt noch einmal das oben Besprochene: Bewusstes Leben ist auf die Erfahrung beider Pole einer Polarität angewiesen; wo die Pole auseinandergerissen und verdrängt werden, entsteht tödliche Unbewusstheit.

3.6 *Der unmögliche goldene Mittelweg*

Nun könnte man folgerichtig auf die Idee kommen, der beste Umgang mit den Polaritäten liege darin, zu jedem Zeitpunkt möglichst genau in der Mitte zwischen den Polaritäten zu bleiben, um die Fehler, die durch Vereinseitigung entstehen, möglichst klein zu halten. Wenn das vollständig möglich wäre, wäre das Resultat aber wiederum eine eigentümliche Blindheit und Desorientiertheit. Weil sich die Pole gegenseitig die Waage halten würden, könnte es zu keiner fließenden Bewegung mehr zwischen beiden kommen. Der goldene Mittelweg, der uns häufig als Ausweg aus dem Polaritätsdilemma angeboten wird, ist streng genommen nicht gangbar, weil genau in der Mitte sein hieße, sich nicht mehr bewegen zu können, und damit auch kein Fortschreiten auf irgendeinem Weg möglich wäre.

Das Leben selbst aber kommt uns hier zu Hilfe. Es zeigt uns am Beispiel des Gehens den rechten Umgang mit den Polaritäten. Wir können uns nur fortbewegen, indem wir den Schwerpunkt einmal auf das linke Bein, ein anderes Mal auf das rechte Bein verlagern. Dabei geraten wir unvermeidlich immer etwas aus dem Gleichgewicht, ohne aber dabei umzufallen. Der mittlere Weg, der dabei genau zwischen unseren Beinen verläuft, wird nicht real begangen. Er gibt uns die Richtung und das Ziel des Gehens an, die Beine aber gehen abwechselnd mehr links oder mehr rechts von ihm.

Mit anderen Worten: Aktives, dynamisches, bewusstes Leben setzt voraus, dass zu einem bestimmten Zeitpunkt ein Pol einer Polarität im Mittelpunkt des Bewusstseins steht und der andere Pol, wenn auch nicht unbewusst, so doch mindestens irgendwo im Halbdunkel angesiedelt ist. Das Beste, was man tun kann, ist, immer auch zu wissen, dass es den anderen Pol gibt und dass man sich deshalb nicht in Extreme verrennen sollte. Dieses Wissen verleiht den eigenen Handlungen die nötige Vorsicht, Rücksicht, Besonnenheit. Um aber Entscheidungen treffen zu können und sich im Leben zu bewegen, muss man sich einmal mehr mit dem einen Pol identifizieren, dann etwas mehr mit dem anderen.

Der Weg der Mitte ist in der Praxis kein geradliniger Weg, sondern ein Schlangenweg, und wer die Abweichungen nach links und rechts – von dem idealen „goldenen mittleren Weg“ – nicht riskieren will, der bleibt stehen. Aus diesen Gedankengängen lässt sich auch ableiten, dass es in der seelischen Entwicklung eigentlich keinen Umweg gibt. Der Umweg ist der einzige Weg, den es gibt. Mag es auch im Rückblick so scheinen, als hätte man manche Dinge geradliniger erreichen können, so sind es doch nur müßige Überlegungen und Täuschungen. In diesem Sinne muss man auch das verstehen, was die Dame Aiuola *Bastian* sagt, als er meint, er habe auf seinem Weg durch *Phantásien* alles falsch gemacht und alles missverstanden.

> *„Nein“, antwortete sie, „das glaube ich nicht. Du bist den Weg der Wünsche gegangen, und der ist nie gerade. Du hast einen großen Umweg gemacht, aber es war dein Weg. Und weißt du, warum? Du gehörst zu denen, die erst zurückkehren können, wenn sie die Quellen finden, wo das Wasser des Lebens entspringt. Und das ist der geheimste Ort Phantásiens. Dorthin gibt es keinen einfachen Weg.“ Und nach einer kleinen Stille fügte sie hinzu: „Jeder Weg, der dorthin führt, war am Ende der richtige.“* [7]

4. Das schöpferische Leben

Was bedeutet nun das Polaritätsprinzip im Hinblick auf das schöpferische Leben? „Schöpferisches Leben“ mag sich für uns sehr großartig und sehr anspruchsvoll anhören, meint hier aber zunächst etwas Einfaches und beinahe Selbstverständliches. Um schöpferisch leben zu können, müssen wir keine großen Künstler, Forscher, Wissenschaftler oder besonders begabte Menschen sein. Ein schöpferisches Leben steht jedem Menschen in jedem Lebensalter und in jedem Lebensbereich offen.

> *Phantasie ist die schöpferische Kraft des Menschen, seine Fähigkeit, sich ein Bild von der Welt zu machen. Jeder Mensch kann in*

jeder Situation schöpferisch sein – als Arzt, Beamter, Gärtner, Arbeiter, Hausfrau, im Gespräch, im Traum, kurz: immer und überall. Unter den zahllosen Möglichkeiten, schöpferisch zu sein, verwirklicht der Künstler eine ganz besonders: Er ist Schöpfer neuer Schönheiten.[36]

Schöpferisches Leben meint in unserem Zusammenhang nicht mehr, als dass wir achtsam sind und wach sind, alle die Möglichkeiten zu sehen und zu nutzen, die uns gegeben sind, um unsere Fantasie und unsere Eigenart in unserem Leben nach Außen und nach Innen hin so gut wie möglich realisieren. Das heißt nicht, dass wir sehr originell und einfallsreich sein oder ständig neue Ideen haben müssten. Es meint lediglich, den kreativen Entfaltungstendenzen unseres Wesens im Rahmen der Einschränkungen, die durch unsere frühkindlichen, nicht mehr veränderbaren Prägungen, die Kultur, die Umwelt, die aktuellen gesellschaftlichen Strömungen und unsere persönliche Lebenssituation gegeben sind, eine Chance zu geben, ihnen genügend Zeit, Raum und begeisternde Energie in unserem Lebensalltag einzuräumen. Es meint offen zu sein für das, was sich jetzt in und durch uns gestalten möchte. Entscheidend ist dabei aber immer auch die Übereinstimmung des Tuns und Denkens mit der Eigenart des eigenen Wesens.

Schöpferisches Leben meint, diese Übereinstimmung mit sich selbst anzustreben und auch auf die Außenwelt zu übertragen, sodass Innen und Außen etwas Ganzheitliches werden. Das hier gemeinte schöpferische Leben macht nicht ein äußeres Objekt, sondern die eigene Persönlichkeit und das eigene Leben zu einem Kunstwerk.

Deshalb hat das schöpferische Leben zwei Aspekte, die untrennbar zusammengehören: Erstens muss es etwas mit uns und unserem Wesen zu tun haben, und zweitens muss es in die äußere Welt hinein gestaltet werden. Dies mag sich selbstverständlich anhören, ist es aber nicht.

Vieles, was Menschen tun, hat sehr wenig mit ihnen selbst in dem hier gemeinten Sinne zu tun, und vieles von dem, was ihre Eigenart ist, wird nicht in Realität umgesetzt. So leben wir meist ein halbes, entweder nach Innen oder nach Außen unbezogenes Leben, was eine der

Ursachen des eingangs beschriebenen Gefühls der Fremdheit und der Entfremdung ist.

4.1 Wie Innen so Außen

Wie kann aus unserem gespaltenen Leben wieder eine dynamische Einheit werden? Die Antwort gibt uns der Antiquar *Koreander*, als ihn *Bastian* nach seiner Reise durch *Phantásien* besucht:

> *„Es gibt Menschen, die können nie nach Phantásien kommen, und es gibt Menschen, die können es, aber bleiben für immer dort. Und dann gibt es noch einige, die gehen nach Phantásien und kehren wieder zurück. So wie du. Und die machen beide Welten gesund.“* [8]

Eine der zentralen Polaritäten der *Unendlichen Geschichte* ist die zwischen der seelischen Innenwelt, wie sie sich zum Beispiel in den Bildern der Fantasie und Imagination offenbart, und der Außenwelt. Unsere Wirklichkeit ist eine komplexe Mischung dieser beiden Welten. Im schöpferischen Leben stehen sie in einem ausgeglichenen, aber auch spannungsgeladenen, sich gegenseitig befruchtenden Verhältnis zueinander. Werden sie auseinandergerissen, werden sie beide zerstört.

4.2 Löse und verbinde

Nun kommt aber noch ein besonderes, bisher nicht erörtertes Prinzip hinzu. Um schöpferisch mit den Polaritäten umgehen zu können, müssen wir zwar immer beide Pole annehmen, aber vor allem auch voneinander unterscheiden lernen. Dazu müssen wir beide Pole ausgiebig kennenlernen und jedem zu seinem Recht verhelfen, dürfen sie aber nicht miteinander verwechseln oder allzu sehr ineinanderfließen lassen. Erst wenn wir sie deutlich genug voneinander unterschieden haben, können wir darangehen, sie wieder miteinander zu vereinigen. „Solve et coagula“ – löse und verbinde – lautete der zentrale Grundsatz der alten Alchemisten, der dies meinte.

In Bezug auf die Polarität Außenwelt – Innenwelt sind wir aufgefordert, die Fakten, Gesetze und Prinzipien der äußeren Welt so gut wie möglich kennenzulernen und sie von unseren subjektiven Auffassungen, Meinungen, Vorstellungen und Gefühlen zu trennen. Jeder weiß, wie schwer diese Aufgabe ist. Subjektive Anschauungen stellen sich uns, solange sie uns unbewusst sind, sehr leicht als äußere Wahrheiten dar, und wir kommen gar nicht auf die Idee, sie kritisch zu hinterfragen. Dieser notwendige Unterscheidungsprozess wird aber erleichtert durch jene später dargestellten Methoden, mit denen wir unsere Innenwelt kennenlernen können. Gelingt uns eine ausreichende Trennung dieser beiden Welten nicht, hat das für uns meist unangenehme Folgen.

4.3 Die Verzerrung der äußeren Wirklichkeit

Eine Möglichkeit ist, dass die Fülle der Sehnsüchte, Fantasien und Ideale unserer Seele auf die Außenwelt projiziert wird und wir ihre seelische Herkunft nicht bemerken. Dann werden unsere Außenobjekte und Beziehungen „magisch" überlagert von Fantasien und Ideen, die ihnen gar nicht entsprechen. Auf diese Weise können wir unsere Erfüllung endlos im Erlangen begehrter Güter und Menschen suchen und müssen doch immer erleben, dass wir enttäuscht werden. Dieser Ent-Täuschungsvorgang könnte zwar ganz hilfreich sein, wenn uns dadurch die wahre Natur und der Herkunftsort dieser Fantasien bewusst würde, aber leider bieten sich immer neue Außenobjekte an, die unsere Projektionen auf sich ziehen, wodurch es ohne nennenswerte Schwierigkeiten möglich ist, ein ganzes Leben lang solchen Projektionen außen nachzulaufen.

Dieses Problem wird in der *Unendlichen Geschichte* von dem Werwolf *Gmork* deutlich herausgestellt. *Gmork* ist ein Zwischenwesen, das keine eigene Welt besitzt, aber zwischen den Welten hin- und hergehen kann. So weiß er, was aus den Gestalten, die aus *Phantásien* kommen, in der Menschenwelt wird, wenn ihr Ursprungsort unbewusst bleibt:

> *„Sie werden zu Wahnideen in den Köpfen der Menschen, zu Vorstellungen der Angst, wo es in Wahrheit nichts zu fürchten gibt, zu Begierden nach Dingen, die sie krank machen, zu Vorstellungen der Verzweiflung, wo kein Grund zum Verzweifeln da ist." „Werden wir alle so?" fragte Atréju entsetzt. „Nein", versetzte Gmork, „es gibt viele Arten von Wahn und Verblendung, je nachdem, was ihr seid, schön oder hässlich, dumm oder klug, werdet ihr dort zu schönen oder hässlichen, dummen oder klugen Lügen … Wer weiß, wozu du … nützen wirst. Vielleicht wird man mit deiner Hilfe Menschen dazu bringen zu kaufen, was sie nicht brauchen, oder zu hassen, was sie nicht kennen, zu glauben, was sie gefügig macht, oder zu bezweifeln, was sie erretten könnte. Mit euch, kleiner Phantásier werden in der Menschenwelt große Geschäfte gemacht, werden Kriege entfesselt, werden Weltreiche begründet."*[9]

Zu wissen, dass es einerseits die Innenwelt *Phantásiens* und andererseits eine Außenwelt gibt, die von unseren Wünschen und Vorstellungen relativ unberührt bleibt und ein von uns relativ unabhängiges Dasein führt, ist erst nach einem längeren Ent-Täuschungsprozess möglich, bei dem wir meist recht schmerzhaft an die harten Grenzen der äußeren Realität gestoßen werden, bevor uns die Trennungslinie bewusst wird. Das, was die Inder Maya nannten, meint dieses untrennbare Verwobensein von Innen und Außen. Ihre meditativen und asketischen Bestrebungen liefen darauf hinaus, diese unheilvolle, weil Wahn, Täuschung und Leiden hervorrufende Verstrickung ihrer wahren Natur nach zu erkennen und zu überwinden. In psychologischer Sprache ausgedrückt, ging es ihnen dabei um einen Bewusstseinsbildungsprozess, denn bewusst zu werden heißt Projektionen zurückzunehmen.

4.4 Die etwas andere Wirklichkeit der Innenwelt

Aber auch unsere Beziehung zur Innenwelt wird gestört, wenn sie nicht deutlich genug von der Außenwelt abgegrenzt wird. Dann könnten wir beispielsweise dem Wahn verfallen, unseren Fantasien und Gedanken äußeren Realitätscharakter beizumessen. Wenn man glaubt, dass alle Fantasien, die gleiche Wirklichkeit haben wie äußere Ereignisse und wir für sie ebenso verantwortlich sind wie für unser reales Tun und Lassen, dann ist es einfach unmöglich, einen ehrlichen Selbsterkenntnisprozess zu vollziehen. Eine solche Last könnten wir nicht tragen.

Wie wir an unseren Träumen leicht beobachten können, hat unsere Fantasietätigkeit die Neigung, stark zu dramatisieren und zu übertreiben. Da können sich relativ harmlose Alltagsaggressionen zu mörderischen Gewalttaten ausweiten, ein voller Magen führt zu panikartigen Albträumen, und ein kleines Missgeschick während des Tages lässt im Traum eine strenge Schulprüfungsszene entstehen, in der wir versagen. Wenn wir die Phänomene der Innenwelt nicht mit ihrem eigenen Maßstab messen, sondern sie mit der gleichen Bedeutsamkeit wie die Außenwelt ausstatten, erzeugen sie entweder einen grenzenlosen Horror oder eine glückselige illusionäre Scheinwelt, in der wir uns verlieren. In beiden Fällen ist ein schöpferischer Umgang mit ihnen nicht möglich. Die seelische Innenwelt ist ohne Frage eine unser Leben zutiefst bestimmende Wirklichkeit, aber sie ist eine andere Wirklichkeit. Diese Andersartigkeit müssen wir uns vertraut machen und auf diese Unterscheidung kommt alles an.

Schöpferisches Leben heißt also, Innen und Außen so gut wie möglich voneinander zu trennen und dann wieder eine Verbindung zwischen äußerem Tun und seelischen Inhalten herzustellen. Wenn wir nicht wissen, was das Außen mit unserem Innen zu tun hat, verlieren wir uns in der Fülle der Maya-Verlockungen der Außenwelt. Und wenn wir nicht wissen, was das Innen mit dem Außen zu tun hat, könnte uns die *Kindliche Kaiserin* dazu verführen, uns nach innen hin zu verlieren.

Wir leben oft nur in unseren Hoffnungen, Wünschen und Fantasien, in unserer Vergangenheit oder Zukunft, in Möglichkeiten, die wir aber nie realisieren. „Wenn damals nicht dieses oder jenes passiert wäre, dann könnte ich heute ... Wenn ich einmal dieses oder jenes haben werde, dann kann ich mich endlich ... Wenn dieses nicht wäre, wenn jenes nicht wäre ... “, so lauten unsere Ausflüchte.

Die großartigsten Ideen und kreativsten Gedanken nützen wenig, wenn sie nicht gestaltet, in reales Leben umgesetzt werden. Aber vor diesem Prüfstein der harten Realität scheuen wir uns oft, weil dann vielleicht die Unangemessenheit unserer Fantasien offenkundig würde, sie wir unsere Luftschlösser verlassen müssten und den unbequemen Weg der anstrengenden Auseinandersetzung mit anderen Menschen und vielen Widerständen zu gehen hätten. Während die extravertierte Fehlhaltung die Wirklichkeit der Innenwelt ausblendet, nimmt die introvertierte Fehlhaltung die äußere Wirklichkeit nicht angemessen wahr. Beide Fehleinstellungen machen aber ein schöpferisches Leben schwer, weil es zu keiner bewussten Beziehung zwischen Innen und Außen kommen kann.

5. Ich und Selbst

5.1 Die Beziehung zwischen dem Ich-Bewusstsein und dem Selbst

Zwei Aspekte schöpferischen Lebens gehören also untrennbar zusammen. Der eine bezieht sich auf die Verbindung von Innen und Außen, der andere auf die Verwirklichung unseres Wesens. Die Verwirklichung dieses vollständigeren Wesens wird in der Psychologie Selbst-Verwirklichung oder Individuation genannt. Dabei geht man von dem einfachen und eigentlich auch sehr plausiblen Modell aus, dass der Mensch von allem Anfang an ein großes Potenzial an Funktions- und Entfaltungsmöglichkeiten besitzt. Die Gesamtheit aller in ihm angelegten Erlebens- und Verhaltensmöglichkeiten, wie auch der aktuellen bewusst-unbewussten Persönlichkeitsstruktur sowie jene innere Intelligenz des Organismus, die die somatischen wie psychischen Prozesse so organisiert und steuert, dass sie sich im Leben konkretisieren können, sei hier – in Anlehnung an die Analytische Psychologie C. G. Jungs –

das Selbst genannt. Die Menschen der verschiedenen Kulturen haben diesem Selbst als der letztlich unerkennbaren Mitte unseres Wesens die unterschiedlichsten Namen beigelegt. Sie nannten es das Eine, die Schöpfung, das Atman, das Tao, Alpha et Omega, Gott in uns, den göttlichen Funken, den inneren Meister, den Stein der Weisen, das Wasser des Lebens.

Aufgrund unserer christlichen Tradition und unseres spezifischen Gottesbildes haben manche Menschen die Vorstellung, das Selbst sei etwas sehr Fernes und Unerreichbares. Eine solche Vorstellung entspricht aber nicht der psychologischen Auffassung vom Selbst. Zwar gibt es gewisse Anteile des Selbst, die uns immer unbewusst bleiben werden, dennoch aber sind wir in jedem Augenblick bereits ein unmittelbarer Ausdruck unseres Selbst. Das, woraus wir jetzt im Moment leben, ist unser Selbst. Wir sind in unserem Erleben und Verhalten eine Funktion des Selbst, und derjenige in uns, der die Frage nach dem Selbst stellt, ist bereits das Selbst. Da es jene Instanz, jene Intelligenz in uns ist, die sowohl unser Ich-Bewusstsein als auch unsere unbewussten seelischen wie körperlichen Vorgänge steuert und organisiert, muss es uns in seiner komplexen Struktur und Funktion zum großen Teil verborgen bleiben. Wir können es nicht von außen betrachten. Ebensowenig, wie wir unter normalen alltäglichen Bedingungen unser Gehirn sehen, spüren oder irgendwelche Prozesse, die in ihm ablaufen, unmittelbar als Aktionspotenziale oder biochemische Reaktionen wahrnehmen können, so wenig können wir die Gesamtheit unserer psychischen Existenz, unser Selbst, wahrnehmen. Wir erfahren immer nur seine Wirkungen, die uns bewusst werden. Das ist zwar eine ganz einfache Tatsache, aber es fällt uns doch sehr schwer, sie zu akzeptieren.

5.2 Das Wunder des Ich-Bewusstseins

Durch den Erziehungs- und Sozialisierungsvorgang, der uns zu Mitgliedern einer bestimmten Gesellschaft und Kultur macht, werden bestimmte Aspekte des Selbst realisiert, während andere unentwickelt bleiben oder verdrängt werden. Wenn die Persönlichkeit sich dabei nicht ausreichend stabil entwickeln kann und sich in einem zu hohen Maße mit Fremdwerten identifizieren muss, dann kann die Beziehung zur Ganzheit des Selbst so stark gestört und eingeschränkt werden, dass daraus die beschriebenen Symptome der Selbstentfremdung entstehen.

In vielen Formen moderner Selbsterfahrung, aber auch in jedem Individuationsprozess im engeren Sinne, wie ihn C. G. Jung besonders für die zweite Lebenshälfte des Menschen beschrieben hat, wird der Versuch unternommen, einige der bislang ungelebten und unbewussten Selbstaspekte in das bewusste Leben zu integrieren. Allerdings kann eine so verstandene Selbst-Verwirklichung niemals vollständig oder vollkommen sein, weil der unendlichen Fülle der Möglichkeiten des Selbst die zeitliche und persönliche Begrenztheit der menschlichen Existenz gegenübersteht.

Eine wichtige Rolle bei der Entfaltung des Selbst im menschlichen Leben spielt das Ich-Bewusstsein. Mit seiner Hilfe kann das Selbst in gewisser Weise über sich selbst reflektieren und zwischen den eigenen Bedürfnissen und den Ansprüchen der Mit- und Umwelt vermitteln. Das Ich-Erleben ist nicht grundsätzlich etwas anderes als das Selbst, es ist der sich selbst bewusst gewordene Ausschnitt und damit ein wertvoller und für das schöpferische Leben wesentlicher Teil.

Im Gegensatz zu mancher östlichen Philosophie, die in dem Ich-Erleben die Ursache aller menschlichen Leiden erblickt und es auf mehr oder weniger gewalttätige Weise abzutöten anstrebt, sieht die moderne westliche Psychologie in ihm eine bewundernswerte Funktion des Lebens. Dem Ich-Bewusstsein des Menschen fallen im Laufe seiner Entwicklung vom Embryo bis zum Tode sehr komplexe und schwierige Aufgaben zu. In einem mühseligen, unendlich diffizilen Regulations- und Ausgleichsprozess wird es benötigt, um mithilfe der motorischen Steuerung, des Lernens am Modell oder durch Versuch und Irrtum, mithilfe des Gedächtnisses, der Sprach-, Denk- und Bewusstseinsentwicklung und vieler anderer Funktionen, den Organismus zu einem optimalen Verhältnis zwischen individuellen Faktoren und Außengegebenheiten zu führen. Die Organisationsmechanismen, die es dazu aufbaut, sind uns heute erst zum kleinen Teil bekannt.

Auf jeden Fall kann man sagen, dass das erwachsene Ich-Bewusstsein, auf welch scheinbar kläglichem und neurotischem Niveau es sich auch befinden mag, ein unglaubliches Meisterwerk der Schöpfung ist. Erst wenn wir wirklich verstehen, wie großartig und kunstvoll die Anpassungsleistung des Ich-Bewusstseins auch bei einer neurotischen Persönlichkeitsstruktur ist, können wir einsehen, weshalb der Widerstand gegen eine Veränderung so groß ist. Die Persönlichkeitsstruktur eines Menschen stellt zu einem bestimmten Zeitpunkt eben die beste Lösung dar, mit den verschiedenen Kräften des Lebens fertig zu werden.

Wir beginnen erst heute, nachdem wir uns um die Erzeugung künstlicher Intelligenz bemühen, die ungeheure Genialität des Ichs und des mit ihm verbundenen Bewusstseins zu erfassen und zu bewundern. Wie lächerlich und anmaßend dagegen sind die Versuche, dieses Ich herabwürdigen oder zerstören zu wollen. Das Ich ist ein Geschenk des Lebens an uns, und wir sollten uns dieses Geschenkes als würdig erweisen, es pflegen und hüten wie die seltenste Kostbarkeit.

Doch bevor wir in eine unangemessene Hybris verfallen: Diese höchste Bewunderung des Ich-Bewusstseins sollte vor allem seinen bewusstseinsbildenden und lebensregulierenden Funktionen und nicht so sehr uns selbst gelten, denn wir haben das Ich-Erleben nicht geschaffen. Wir neigen zwar ständig und fast unvermeidlich dazu, uns mit allen möglichen Inhalten unserer Seele zu identifizieren, sodass wir uns gerne einbilden, wir – wer auch immer das sein mag – seien die Urheber und Gestalter des Ich. Aber das ist eine, wenn auch sehr verständliche, Täuschung. Unser Ich ist nicht Ursache, sondern Folge eines Wechselspiels zwischen den uns angeborenen Funktionsbereitschaften und deren Anregung und Förderung durch unsere Umwelt. Unser Ich-Bewusstsein beruht auf einer Unzahl uns unbewusster Prozesse, die ein Teil des Gesamtsystems, des Selbst, sind. Das, was wir essenziell sind, das, was ins uns etwas will, tut oder erlebt, ist immer ein Ausdruck des Gesamtsystems des Psychischen, von dem uns nur der geringste Teil bewusst ist oder werden kann. Dass wir immer den Eindruck haben, „wir", also unser Ich-Bewusstsein sei es, der diese Dinge hervorruft, hängt mehr oder weniger damit zusammen, dass wir die eigentlich verursachenden Vorgänge ebensowenig wahrnehmen können, wie wir uns Gehirn in seinen Funktionen wahrnehmen können.

5.3 Die Verteufelung des Ich und die Vergöttlichung des Selbst

Entwicklungsgeschichtlich gesehen, war es wohl nicht anders möglich, als dass unsere früheren Auffassungen vom Wesen des Menschen, wie sie sich zum Beispiel in den östlichen und westlichen Religions- und Philosophiesystemen finden, zwischen dem Ich und dem Selbst scharf getrennt haben. Heute aber scheint die Zeit gekommen zu sein, diese unglückselige Spaltung und damit auch die Spaltung zwischen Gott und dem Menschen, dem Erhabenen und dem Niederen, dem Guten und dem Bösen wieder aufzuheben. Zu lange haben wir unter dieser Spaltung gelitten, haben uns selbst gequält, versklavt, bekämpft, gehasst und abgetötet, weil wir immer glaubten, anders sein zu müssen.

Uns wurde gesagt, da gebe es das göttliche, vollkommene und ideale Selbst und da gebe es das schwache, minderwertige, sündige Ich, und es sei nun unsere Aufgabe, das Ich zu überwinden oder gar zu zerstören, um zum Selbst zu werden. Heute wissen wir, dass das Ich abzutöten hieße, dem Selbst seine bewusste Manifestationsmöglichkeit zu nehmen, denn das Ich ist eine Funktion des Selbst. Der von uns immer so verteufelte Egoismus, diese Gier und Habsucht, diese Sinnlichkeit und Leidenschaft, dieser Hass und diese Rachsucht: das sind keine bösartigen Taten unseres Ich, sondern verzweifelte Lebensäußerungen und Selbst-Verwirklichungstendenzen des Selbst, die um so stärker hervortreten, je mehr wir sie vom Leben abschneiden wollen. Unser Ich ist hierbei viel weniger Urheber als Erleider der durch die unbewussten Kräfte des Selbst hervorgerufenen Konflikte.

Um zu einer adäquaten und liebevollen Wertschätzung unseres Ich zurückzufinden, ist es vielleicht ganz hilfreich, zu überlegen, warum wir eigentlich dieses „höhere“, „ideale, „göttliche“ Selbst suchen und unser „armseliges“ Ich ablehnen. Zwei Hauptgründe scheinen es zu sein: Lebensfluchttendenzen und Größenfantasien, die aus unserer Angst vor unserer Endlichkeit heraus entstehen.

Unser Leben mit seinen Konflikten, Leiden, Unsicherheiten, seinen Krankheiten und seinem Sterben ist uns unerträglich, wir haben eine tiefe Sehnsucht nach dem Aufgehobensein in einem konfliktfreien, friedvollen Zustand, nach dem Paradies, dem Jenseits oder dem Nirwana. Gleichzeitig aber lieben wir das Leben, wir möchten es meistern und gestalten, fühlen uns aber unzulänglich und schwach. Wenn wir nun so stark und vollkommen wären, wie wir uns unser ideales Selbst vorstellen, dann, so hoffen wir, könnte uns das Leben endlich nichts mehr anhaben und wir könnten alle seine Freuden, seine Macht und Herrlichkeit uneingeschränkt genießen.

Es kommt noch etwas Weiteres hinzu. Indem wir unser Selbst als etwas Hohes, Fernes und Gewaltiges ansehen, haben wir mehrere Möglichkeiten, seiner so einfachen und schlichten Wirklichkeit aus dem Wege zu gehen. So können wir zum Beispiel unsere Macht- und Größenfantasien sehr subtil kultivieren. Wenn das Selbst etwas Großartiges, Heiliges und Erhabenes ist, dann sind wir als Selbst-Sucher ja keine primitiven, blinden, unbewussten Menschen wie die anderen, sondern wir suchen nach dem „Höheren", wir sind auf der „Großen Suche", dem Pfad der „Auserwählten" und „Erleuchteten". Weil die anderen noch nicht erwacht sind, haben wir das Recht, uns besser als sie zu dünken und sie nach unseren Weisheiten zu beurteilen und zu manipulieren. Wenn unser Selbst großartig ist, dann müssen wir, die wir nach ihm suchen, sicherlich ebenso großartig sein. Wir sind ein Vorbild für die Menschheit!

Weil das Selbst ja so kompliziert und so weit weg ist, können wir ebenso komplizierte, wunderbare, fremdartige, sensationelle, kosten- und zeitaufwendige Methoden suchen oder selbst entwickeln, um unser Selbst zu finden. Je ferner und entrückter unser Selbst ist, desto ferner und unbezogener können auch die Methoden sein, damit wir nur nicht direkt und unmittelbar in uns hinschauen müssen, was denn unser Selbst wirklich ist. Stundenlange Meditation in anstrengender Haltung, Fasten und Diäthalten, Kopfstände, weite Reisen, komplizierte astrologische Berechnungen und Analysen ... wir haben herrlich faszinierende Techniken erfunden, um uns das Gefühl zu geben, wir täten etwas Wichtiges und Bedeutendes, und weichen doch nur aus.

Aber wir müssen es wohl auch so sehen: Die Suche nach einem „erhabenen" Selbst gibt unserem kleinen, unbedeutenden Leben einen erhabenen Sinn. Wenn wir genau hinschauen müssten, was es mit unserem Selbst auf sich hat, dann wären wir möglicherweise sehr enttäuscht: Nichts Heiliges! Nichts Übernatürliches! Nicht mehr und nicht weniger als das Da- und So-Sein, dem wir alltäglich begegnen. Offenbar können wir das nackte, schlichte, einfach so seiende Leben nicht ertragen, wir müssen es ständig mit unseren Größenfantasien überhöhen, auch wenn wir uns dadurch zu Sklaven und Gefangenen machen.

Es gibt da eine bekannte Geschichte über einen Menschen, der jahrelang nach Gott suchte. Eines Tages hatte er es erreicht, er fand das Haus, in dem Gott wohnte. Aber es dauerte nicht lange, und er war wieder unterwegs. Gott gefunden zu haben langweilte ihn. Unterwegs, auf Suche sein, das gab seinem Leben mehr Sinn, als sein Ziel erreicht zu haben.

Diese Geschichte kann uns uns wertvolle Einsichten vermitteln. Wir scheinen in hohem Maße darauf angewiesen zu sein, ein Ziel zu haben, auf das wir hinstreben können, das aber möglichst unerreichbar sein muss, damit das Leben für uns sinnvoll bleibt. So gesehen, ist der Mythos von Sisyphos, der von Zeus dazu verdammt wurde, einen Stein immer wieder auf den Gipfel eines Berges zu rollen, um dann zu erleben, dass er wieder zurückrollte, nicht nur ein Gleichnis für die Absurdität und Vergeblichkeit aller Lebensbemühungen, sondern auch dafür, dass wir immer wieder neue Aufgaben brauchen, um in lebendiger Bewegung zu bleiben. Die Notwendigkeit dieses Spiels scheint auch, wie wir vorne schon sahen, Kung Futse erkannt zu haben. Es heißt von ihm, dass er derjenige sei, der wisse, dass es nicht gehe, und es trotzdem tue.

Dem Leser mögen diese Ausführungen nihilistisch vorkommen, aber sie dienen nicht dem Zweck, das Selbst bedeutungslos zu machen, sondern auf den Widerstandscharakter hinzuweisen, den unsere Bemühungen um Selbst-Findung haben können. Die Suche nach dem Selbst kann bereits ein Vermeiden der Selbsterfahrung darstellen, denn indem wir suchen – möglichst immer woanders und weit weg von uns – vermeiden wir es, einfach hinzuschauen, was denn mit uns hier und jetzt los ist. Wir sind im Grunde gar nicht an einer Selbst-Erkenntnis interessiert, sondern nur an einer Überwindung unserer menschlichen Konflikte, unseres Leides und unserer Sterblichkeit. Wir versuchen dies auf den eben dargestellten zwei Hauptwegen: durch Abtötung oder Überwindung des Ich-Bewusstseins, oder indem wir es für ewig halten. Diese beiden Lösungen sind zwar naheliegend und wurden seit Urzeiten immer wieder versucht, sind aber unbefriedigend, weil sie gegen das Leben sind.

Wer sein Ich abtötet, tötet damit die Manifestationsmöglichkeit des Selbst, und wer sein Ich dauerhaft machen will, macht es dem Selbst und damit dem Leben in sich unmöglich, sich immer wieder in neuer Weise zu offenbaren. Es scheint aber noch einen dritten, einen mittleren Weg zu geben: den Weg des schöpferischen Lebens. Auf diesem Weg nimmt der Mensch sein Ich und seine Endlichkeit an und betrachtet sein Leben als ein einmaliges Geschenk der Schöpfung an ihn. Diesem Geschenk erweist er sich dankbar dadurch, dass er innerhalb der ihm verliehenen Lebensspanne sein Bestes gibt, die Evolution zu fördern und das Leiden zu mindern.

5.4 Die Befreiung des Ich

Damit das Ich-Bewusstsein seine Funktion, ein wandlungsfähiger Partner im schöpferischen Zusammenspiel mit dem Selbst zu sein, erfüllen kann, muss es von allen Zuschreibungen und Verpflichtungen, die seine Funktion hemmen, entlastet werden. Es ist nicht die Aufgabe unseres Ich-Bewusstseins, idealistische, von Menschen ersonnene und fantasierte Vollkommenheitsvorstellungen zu erfüllen, es ist nicht seine Aufgabe, einen Zustand vollständigen Friedens und der Harmonie auf Erden herbeizuführen, und es ist auch nicht seine Aufgabe, für Gott und die Welt die Verantwortung zu übernehmen und die Schuld der ganzen Menschheit zu tragen. Das Ich-Bewusstsein ist kein Erfüllungsgehilfe für größenwahnsinnige Fantasien der Stärke, Macht und Überlegenheit, der Besonderheit, Großartigkeit und Wichtigkeit. Und ebenso wenig ist es eine Ausgeburt des Teufels, von einer Erbsünde befleckt, in die Verdammnis gefallen, schmutzig, verderbt sündig und schuldig.

Wenn wir verstehen, dass das Ich-Bewusstsein nicht der Erzeuger und Macher der menschlichen Persönlichkeit ist, nichts wirklich im Griff hat, sondern vielmehr nur ein Vermittler der verschiedenen unpersönlichen Kräfte des psychischen Lebens ist, dann können wir die vielen „Sünden", die ihm angelastet worden sind, wieder zurückgeben an jene Instanz, aus der sie kommen: an das Selbst (wer will, kann auch Gott dazu sagen).

Seit Jahrtausenden wurden dem Ich-Bewusstsein seine Unmäßigkeit, sein Stolz, seine Gier, seine Wollust angelastet, als hätte es alle diese Triebe und Bedürfnisse selbst erzeugt. Aber nichts ist weniger der Fall. Man hat im Ich die dunkle Seite Gottes angeklagt, man hat das Ich mit dem Selbst, man hat Ursache und Wirkung miteinander vertauscht. Das Ich hat diese „egoistischen" Kräfte nicht absichtlich und bösartig hervorgebracht, sondern findet sie vielmehr einfach vor und soll nun damit umgehen, ohne dass ihm jemand sagen könnte, wie er das wirklich machen könnte. Erst wenn das Ich von dieser ihm zugeschriebenen Schuldhaftigkeit und Schlechtigkeit erlöst wird, kann es in eine schöpferische Beziehung zum Selbst treten.

Seit Jahrtausenden hat man versucht, das Ich zu relativieren, indem man es bestrafte, unterdrückte und verteufelte. Jetzt sehen wir, warum das so nie gelang: weil man ihm eine Verantwortlichkeit zuschob, die ihm gar nicht zukam. Man kann niemanden von etwas befreien oder heilen, was er gar nicht hat. Das Ich muss hingegen relativiert werden, indem es entlastet und befreit wird von Fremdschuld, von Idealen und Aufgaben, die mit ihm nichts zu tun haben.

Zwar hat das Christentum eine ähnliche Entlastung versucht, aber an ihr konnten wir nie so richtig froh werden, weil in der kirchlichen Lehre das Ich und der Mensch letztlich doch immer sündig, schlecht und schuldig blieben und Gott als der Gute und Erhabene eine weiße Weste behielt. Das ist eine Methode, den man in manchen Familiensystemen findet: Einer opfert sich für den Anderen auf, um ihn in Abhängigkeit und Unfreiheit zu halten, ihm das Gefühl seiner Minderwertigkeit und Schwäche zu geben und ihn zum Sündenbock für die eigenen Schwierigkeiten machen zu können.

Indem wir diesen Delegationsmechanismus durchschauen, der für so viel Leid und Qual des Menschen verantwortlich ist, erkennen wir, dass nicht nur wir uns in einer Dankesschuld dem Leben und „Gott" gegenüber befinden und dass nicht nur wir vom Übel erlöst werden müssen, sondern dass auch „er" sich in einer – vermutlich sogar größeren – Dankesschuld uns gegenüber befindet, dass er uns um Verzeihung bitten müsste für das Leid, das er uns aufgebürdet hat, und dass auch er der Erlösung durch uns bedarf.

In psychologischer Sichtweise bedeutet das, dass die so oft geforderte kopernikanische Wende, in der das Ich die Illusion seiner Mittelpunktstellung im psychischen System aufgibt und seine Abhängigkeit vom Selbst erkennt, ohne Verkrampfung und Anstrengung vor sich gehen kann, wenn es von den überfordernden Zuschreibungen befreit wird und diese an das Selbst zurückgegeben werden. Eine so verstandene Relativierung des Ich erscheint nur vordergründig als ein großes Opfer. Genauer betrachtet, erlebt sie das Ich als eine große Befreiung und ist dann unter keinen Umständen mehr bereit, sich das alte, so erdrückende Kreuz der Allmacht und Allschuld noch einmal auf seine Schultern laden zu lassen.

Sich selbst als durchschnittlichen Menschen in seinem So-Sein bejahen zu können, ohne mehr und anders sein zu wollen oder zu müssen, ist die notwendige Ausgangsbasis des schöpferischen Lebens. Diese muss erreicht und gesichert sein, um Freiheit und Lust zu haben, dem Selbst bei seiner Verwirklichung zu dienen. Auf diese Weise seine innere Mitte zu finden ist dann nicht mehr Pflicht, Askese, Zwang, Kampf und Anstrengung, wie es von vielen westlichen und östlichen Religionssystemen gefordert wird, sondern freiwilliges, gewaltloses und liebevolles Tun.

5.5 Das schöpferische Zusammenspiel von Ich und Selbst

Das bis hierher Gesagte über die Beziehung zwischen dem Ich und dem Selbst soll hier noch einmal kurz zusammengefasst werden, indem es auf das Yin-Yang-Polaritätsmodell bezogen wird.

Indem wir das Ich (und das mit ihm verbundene Bewusstsein) und das Selbst (und das mit ihm verbundene unbewusste, ganzheitliche Regulationsprinzip) als zwei Pole einer lebendigen Polarität auffassen, lösen wir eine Vielzahl der oben besprochenen Schwierigkeiten. Dann verstehen wir, dass Ich-Bewusstsein und Selbst aufeinander angewiesen sind und auf einer bewussten Ebene keines ohne das andere existieren kann. Dann verstehen wir, dass beide sich gegenseitig bedingen; das Ich ist ein Ausdruck des Selbst und das Selbst wird sich durch die Ichfunktion bewusst. Dann verstehen wir die Vorstellung eines feindlichen, sich gegenseitig ausschließenden Verhältnisses zwischen Ich und Selbst, zwischen Bewusstem und Unbewusstem als einen Ausdruck eines eklatanten Missverständnisses. Und dann verstehen wir, dass in dem Maße, in dem wir unser Ich liebend annehmen, wir auch unser Selbst annehmen.

Dieses Modell der dialektischen Beziehung zwischen dem Ich und dem Selbst, das besonders von der Analytischen Psychologie C. G. Jungs ausgearbeitet wurde, macht uns einige der Vorgänge in der *Unendlichen Geschichte* deutlich, zum Beispiel, wieso *Bastian* den Weg der Wünsche, die ja durchaus „ichhaft“ sind, gehen muss, um zu seinem „wahren“ Wesen zu finden. Wenn Ich und Selbst die beiden Seiten einer Medaille sind, dann gibt es keinen anderen Weg. Das Ich kann nur in dem Maße zu einem vollständigeren Ausdruck des Selbst werden, in dem es den Fantasien und Wünschen des Selbst Raum gibt. Die so auftauchenden Wünsche mögen manchmal sehr „egoistisch“ sein, aber das Selbst ist eben auch „egoistisch“, es drängt mit vehementer Gewalt zu einer weitestgehenden Realisierung seines Wesens.

Bastian spürt etwas von der tieferen Herkunft der Wünsche, als er nachdenklich den Löwen *Graógramán* fragt: „Sonderbar, dass man nicht einfach wünschen kann, was man will. Wo kommen die Wünsche

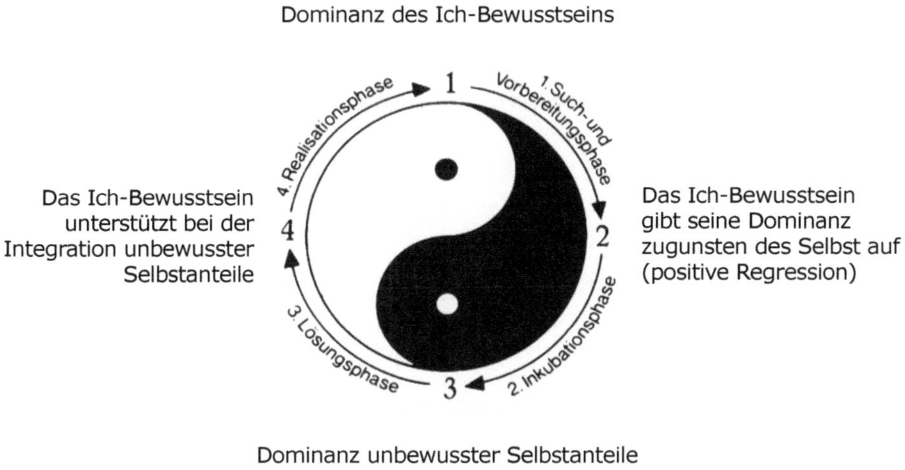

Abb. 2: Das schöpferische Zusammenspiel zwischen Ich und Selbst

in uns eigentlich her? Und was ist das überhaupt, ein Wunsch?“[10] Und später erfährt er, dass dieser Weg der Wünsche von allen Wegen der gefährlichste ist. Offenbar deswegen, weil er uns den unmittelbarsten Wirkungen des Selbst aussetzt und wir relativ stark sein müssen, um ihnen standzuhalten.

Wie können wir uns nun ein Zusammenspiel zwischen Ich-Bewusstsein und Selbst im schöpferischen Leben vorstellen? Der Grundgedanke ist, dass sich das Ich-Bewusstsein immer wieder auf das ungelebte Potenzial des Selbst bezieht, um etwas davon ins Leben zu integrieren.

Schauen wir uns dazu nun Abbildung 2 an. Der obere Punkt (1) stellt den Zustand der höchsten Ausprägung des Ich-Bewusstseins (weiße Fläche) dar, der untere Punkt (3) den Zustand der stärksten Wirksamkeit des unbewussten Selbst (schwarze Fläche). Die Punkte 2 und 4 bezeichnen kritische Wendepunkte, in denen Ich-Bewusstsein und unbewusste Selbstaspekte ineinander übergehen und ihre Dominanzen ändern. Zwischen diesen Punkten befinden sich vier Kreisabschnitte, die ich als Phasen 1-4 gekennzeichnet habe, sie sollen die

Bewegung des psychischen Prozesses von jeweils einem Punkt zum nächsten versinnbildlichen.

Der Einfachheit halber beginnen wir nun mit der Phase 4, die von Punkt 4 in Richtung Punkt 1 verläuft. Phase 4 bezeichnet ein ständiges Zunehmen und Erstarken des Ich-Bewusstseins und seiner Aktivitäten, damit aber auch eine zunehmende Vereinseitigung und Verfestigung seiner Position, die in Punkt 1 ihren Höhepunkt findet. Beispielsweise hat jetzt eine bestimmte Einstellung, Auffassung oder Lebensweise des Ich-Bewusstseins ihre klarste Ausprägung und vollständigste Realisierung im äußeren Leben gefunden. In dieser Position neigt das Ich-Bewusstsein häufig dazu, sich seiner Beziehung zum Selbst unbewusst zu werden, seine Position oder Erkenntnis für einen endgültigen Zustand zu halten und in ihm zu verharren.

Im Yin-Yang-Kreismodell beginnt aber an diesem Punkt der höchsten Ich-Betonung der Einfluss unbewusster Selbstanteile (der kleine schwarze Punkt inmitten der weißen Fläche) wieder stärker hervorzutreten, erst keimhaft, unmerklich, dann immer gebieterischer. Das Ich-Bewusstsein muss, ob es will oder nicht (wenn es nicht will, wird es durch Krisen, psychischen Störungen und Krankheiten dazu gezwungen), von seiner starken Position herabsteigen. Es spürt (hoffentlich), dass sein erreichter Standpunkt noch nicht aller Rätsel Lösung ist und dass es noch Lebensaspekte gibt, die es nicht berücksichtigt hat. Durch die kompensatorische Wirkung des Selbst wird es beunruhigt, irritiert und macht sich nun auf die Suche, eine neue Lösung zu finden.

Phase 1 bezeichnen wir deshalb als die Suchphase. Zunächst wird dieses Suchen natürlich von den Tendenzen des „alten“ Ich-Bewusstseins gesteuert, das seinen Einfluss nicht aufgeben will und in den ihm bereits vertrauten Bereichen nach einer Lösung sucht. Indem es aber sucht, verstrickt es sich unweigerlich immer tiefer in das Problem, bis es schließlich erkennt, dass sich jetzt zwei Positionen scheinbar unvereinbar gegenüberstehen: seine eigene, alte Position und die ihm entgegengesetzte neue Position des Selbst (Punkt 2).

Diese beiden Positionen führen nun zu einer immer stärker werdenden Spannung, als deren Folge das Ich-Bewusstsein in einen

Zustand der Desorientiertheit, der Verunsicherung und der Auflösung fällt. Weil es mit seinen eigenen Mitteln nicht mehr weiß, wie es den Konflikt lösen soll, muss es sich den schöpferischen, integrierenden Kräften des Selbst anvertrauen in der Hoffnung, dass sie zu der ihnen gemäßen Zeit eine Lösung finden (2. Phase, Inkubation, Schwangerschaft). In dieser Phase bleibt uns nicht mehr viel übrig, als die Thematik immer wieder von verschiedenen Seiten zu umkreisen, sie ruhen und „wirken" zu lassen.

Punkt 3 bezeichnet den Moment, in dem das Ich-Bewusstsein nun die Idee einer neuen Orientierung, eine Ahnung, wie der Konflikt zu lösen ist, empfängt. Diese Idee kommt meist überraschend, in unerwarteten Momenten. Manchmal hat sie den Charakter einer kleinen Erleuchtung, eines „Aha"-Erlebnisses, in dem die ganze Lösung komplett erkannt wird; manchmal kommt sie in unscheinbarem Gewand, und man muss sehr offen sein, um sie überhaupt wahrzunehmen. Phase 3 ist also die Lösungsphase, in der das Ich-Bewusstsein den schöpferischen Impuls des Selbst wahrgenommen hat und allmählich auszuarbeiten beginnt. Wenn man will, kann man sie als eine Art Neugeburt bezeichnen. Das Ich-Bewusstsein steht hier mit dem Selbst in einem fließenden Austausch, wobei jetzt der Einfluss des Selbst wieder abnimmt und das Ich-Bewusstsein erstarkt.

Punkt 4 schließlich ist die Neu-Inthronisierung des Ich-Bewusstseins. Es hat eine neue Orientierung auf einer neuen Ebene gewonnen und kann seine bewusste Steuerungsfunktion wieder übernehmen. In der vierten Phase baut es nun seine gewonnene Einsicht in die äußere Realität ein, es verwirklicht die Anregung des Selbst.

Wenn zwischen Ich-Bewusstsein und Selbst eine lebendige, dynamische Beziehung besteht, dann wird sich dieser Kreislauf im Leben ständig wiederholen. Er ermöglicht uns eine schöpferische Anpassung an die sich ständig verändernden Gegebenheiten der Außenwelt wie der Innenwelt.

Fassen wir zusammen, dann heißt schöpferisches Leben also, durch einen ständigen Prozess der Versöhnung der verschiedenen Polaritäten unseres Wesens immer mehr unsere Eigenart in unser Leben hineinzugestalten. Dazu ist es erforderlich, dass wir der ganzen Wirklichkeit unseres Lebens gerecht werden, sowohl der Außen- als auch der Innenwelt. Dies wird, wie wir am Beispiel des Gehens gesehen haben, niemals gleichzeitig, sondern eher rhythmisch alternierend möglich sein. Eine Zeit lang müssen wir uns verstärkt der Innenwelt zuwenden, um von ihr neue Gestaltungsimpulse zu erhalten, zu einer anderen Zeit müssen wir uns verstärkt mit der Außenwelt beschäftigen, damit wir ihren Anforderungen gerecht werden und die inneren Impulse in sie hineinbauen können.

Der Hauptzugang zu unserem „wahren" Wesen liegt in der möglichst unmittelbaren Wahrnehmung unserer Bedürfnisse, Wünsche und Sehnsüchte, die körperlicher, emotionaler, sozialer und geistiger Natur sind. Diese Wünsche machen sich in körperlichen Empfindungen, in Gefühlen und in Fantasien (Gedanken, Vorstellungen, Tagträumen, Nachtträumen), aber auch in Krisen, Symptomen, Störungen und Erkrankungen bemerkbar. Während das Selbst die eigentliche Quelle dieser Wünsche ist, ist das Ich-Bewusstsein an der Aufgabe beteiligt, diese bewusst wahrzunehmen, sie einzugrenzen, zu ordnen, zu verstehen, damit wir uns mit ihnen auseinandersetzen können und sie dann, wenn nötig und möglich, zum Wohl der eigenen Persönlichkeit wie zum Wohl der Mitmenschen realisieren.

Tu, was du willst

1. Was ist der „Wahre Wille"?

Die Verwirklichung unserer Selbst-Identität und des schöpferischen Lebens wird in der „Unendlichen Geschichte bezeichnet als den *Wahren Willen* finden und tun. Der Weg zu diesem *Wahren Willen* führt über die Sehnsüchte, Wünsche und Fantasien, die in uns aufsteigen, wenn wir uns mit wohlwollender Achtsamkeit auf uns selbst einlassen. Bevor wir uns mit einige Methoden beschäftigen, die uns unsere Wünsche wahrnehmen lassen, ist es gut, sich noch etwas näher mit dem Begriff des „*Wahren Willens*" auseinanderzusetzen.

Das Wort „Wille" ist ja wohl zunächst ein Hinweis darauf, dass unsere Fantasien von uns persönlich wirklich gewollt, getan und gelebt werden sollen. Es reicht nicht aus, sie nur wahrzunehmen und sich mit ihnen nur verstandesmäßig oder künstlerisch zu beschäftigen. Sie müssen in irgendeiner Form von uns auch im konkreten Alltag realisiert werden. Es ist ein beträchtlicher Unterschied, ob wir gewisse Möglichkeiten nur ausfantasieren oder ob wir sie in der Begegnung mit unseren Mitmenschen auch wirklich verantwortlich leben. Erst Letzteres gibt ihnen eine verändernde Kraft. Aber auch hier gilt unsere Vorsicht, die wir aus der Kenntnis des Polaritätsprinzips gewonnen haben. Damit wir in unserer Begeisterung für unsere neuen Möglichkeiten nicht in einen blinden Aktionismus oder von einem Extrem ins andere fallen, muss unser Tun erst in gewisser Weise vorbereitet sein. Wir müssen uns darum bemühen, so gut wie möglich zu verstehen, was wir tun. Das ist natürlich bei neuem Verhalten nur sehr begrenzt möglich. Zunächst aber: Was soll das nun heißen, den *Wahren Willen* tun?

> *Wiederum einige Tage später hatten sie noch einmal ein sehr wichtiges Gespräch. Bastian hatte dem Löwen die Inschrift auf der Rückseite des Kleinodes gezeigt. „Was mag das bedeuten?" fragte er*

„TU, WAS DU WILLST, das bedeutet doch, dass ich alles tun darf, wozu ich Lust habe, meinst du nicht?"
Graógramáns Gesicht sah plötzlich erschreckend ernst aus, und seine Augen begannen zu glühen. „Nein", sagte er mit jener tiefen, grollenden Stimme, „es heißt, dass du deinen Wahren Willen tun sollst. Und nichts ist schwerer."
„Meinen Wahren Willen?" wiederholte Bastian beeindruckt. „Was ist denn das?"
„Es ist dein eigenes tiefstes Geheimnis, das du nicht kennst."
„Wie kann ich es denn herausfinden?"
„Indem du den Weg der Wünsche gehst, von einem zum anderen und bis zum letzten. Der wird dich zu deinem Wahren Willen führen."
„Das kommt mir eigentlich nicht so schwer vor, meinte Bastian.
„Es ist von allen Wegen der gefährlichste" sagte der Löwe.
„Warum ?" fragte Bastian, „Ich hab' keine Angst. "
„Darum geht es nicht", grollte Graógramán, „er erfordert höchste Wahrhaftigkeit und Aufmerksamkeit, denn auf keinem anderen Weg ist es so leicht, sich endgültig zu verirren." [11]

Die so einfach erscheinende Formel „Tu, was du willst" bereitet uns deshalb Schwierigkeiten, weil wir uns schlecht vorstellen können, einfach dem Lustprinzip und unserem Egoismus ohne Rücksicht auf unsere Mitmenschen und unsere Umwelt zu folgen. Diese Vorstellung wird ja auch gleich von dem Löwen *Graógramán* zurückgewiesen. Mit dem *Wahren Willen*, scheint nicht einfach nur ein egoistisches Lustprinzip, sondern ein Wille gemeint zu sein, der aus der Mitte unseres Wesens und aus Liebe zu uns selbst, den Menschen und der Welt erwächst. Aber auch das ist eine problematische Auffassung. Sie könnte uns wieder dazu verführen, eine unheilvolle Spaltung zwischen unserem „schlechten" Lustprinzip und dem „guten", idealen Selbst zu konstruieren.

Wir haben aber gesehen, dass die Ganzheit unseres Wesens paradoxer Natur ist, Dunkles und Helles ebenso wie Böses und Gutes enthält. Dementsprechend gibt es auch keine wirkliche Trennung zwischen einem falschen „egoistischen“ oder „narzisstischen“ Wollen nach dem Lustprinzip und einem „wahren“ „Selbst-Willen“. Selbst der lustbetonteste, egoistischste Wunsch ist immer auch ein Aspekt des „Selbst-Willens“. Das macht die Sache so schwierig und deshalb kann man sich auch so leicht auf diesem Weg verirren.

Auch hatten wir gesehen, dass es so etwas wie einen „wahren“ Willen, eine „wahre“ Identität oder eine „wahre“ Persönlichkeit nicht geben kann. Die „Wahrheit“ des „wahren“ Willens ist nichts objektiv Gegebenes, sondern das subjektive Erleben eines hohen Grades von Übereinstimmung mit sich selbst zu einem bestimmten Zeitpunkt. Dennoch ist es aber zu einer besseren Klärung des Zusammenspiels von Ich-Bewusstseins und Selbst zunächst hilfreich, die beiden Willensarten voneinander zu unterscheiden, um sie desto besser als die beiden Seiten einer Medaille erkennen zu können.

Das Amulett *Auryn* der *Kindlichen Kaiserin* in der *Unendlichen Geschichte*, auch der Glanz genannt, ist ein treffendes Bild für diese beiden Aspekte des Willens. *Auryn* besitzt zwei Seiten. *Atréju* folgt der einen Seite, indem er sich der Führung und dem Schutz des *Auryn* anvertraut und dabei seine eigene Meinung und sein eigenes Urteil zurückstellt, und *Bastian* folgt der anderen Seite, indem er tut, was er sich wünscht.

2. Ich tue, was das Selbst will

Fangen wir mit dem ersten Aspekt des „Tu, was du willst“ an, dem Aspekt, dem sich *Atréju* verpflichtet fühlt.

Der Auftrag, zu tun, was dem „eigentlichen“, „wahren“ Selbst entspricht, begegnet uns erstmalig, als *Atréju* durch Caíron zum Retter *Phantásiens* berufen wird und ihm das *Auryn* als Symbol der Führung durch den inneren Willen ausgehändigt wird.

> *Caíron nickte langsam, dann nahm er die Kette mit dem goldenen Amulett von seinem Hals und legte sie Atréju um.*

> *„Auryn gibt dir große Macht" sagte er feierlich, „aber du darfst sie nicht benutzen. Denn auch die Kindliche Kaiserin macht niemals Gebrauch von ihrer Macht. Auryn wird dich schätzen und führen, aber du darfst niemals eingreifen, was auch immer du sehen wirst, denn deine eigene Meinung zählt von diesem Augenblick an nicht mehr. Darum musst du ohne Waffen ausziehen. Du musst geschehen lassen, was geschieht. Alles muss dir gleich gelten, das Böse und das Gute, das Schöne und das Hässliche, das Törichte und das Weise, so wie es vor der Kindlichen Kaiserin gleich gilt. Du darfst nur suchen und fragen, aber nicht urteilen nach deinem eigenen Urteil."* [12]

Wir erfahren also, dass dem „wahren" Willen zu folgen hier heißt, den eigenen, persönlichen Standpunkt aufzugeben. Das meinte wohl auch Kirchenvater Augustinus mit seiner berühmten Maxime „Dilige et quod vis fac", – „Liebe und tue, was du willst." Die umfassende Liebe wird hierbei zum höchsten moralischen und ethischen Orientierungsprinzip, dem sich alle anderen unterordnen.

Aleister Crowley, ein Magier und Okkultist des 20. Jahrhunderts, griff diesen Grundsatz erneut auf und formulierte daraus „das Gesetz von Thelema" (Thelema, griechisch = Wille): „Tu, was du willst, soll sein das ganze Gesetz." Weiter heißt es: „Liebe ist das Gesetz, Liebe unter Willen" und „Es gibt kein Gesetz außer Tu, was du willst."

Für den Phantásier *Atréju* ist es nicht schwer – vermutlich kann er gar nicht anders – im Einklang mit dem Willen des *Auryn* und der *Kindlichen Kaiserin* zu handeln, weil er selbst bereits ein Produkt dieser unbewussten Kräfte ist. Für *Bastian* und uns Menschenkinder ist die Suche nach dem „wahren" Willen dagegen ein langwieriger und gefährlicher Weg, der zunächst mit dem „Ich tue, was ich will" beginnen muss.

3. Ich tue, was ich will

Stark vereinfacht ausgedrückt, ist es eine der wesentlichen Aufgaben des Ich-Bewusstseins, die Möglichkeiten des Selbst zu realisieren. Nun kann es selbst bei durchschnittlich guten Voraussetzungen der Anlage, Erziehung und Umwelt nicht ausbleiben, dass die Persönlichkeits- und Ichstruktur verwundet wird. Es wird Erfahrungen machen müssen, die seine Existenz bedrohen, seine Funktionen hemmen und blockieren. Der Verlust von geliebten Menschen, Schmerzen, Unfälle, Demütigungen, Bedrohungen durch Wort und Tat, Verbote, Einengungen, Strafen, Schwächen, kleinere und größere traumatische Erfahrungen führen dazu, dass ganz bestimmte Aspekte der Ganzheit unseres Selbst angstbesetzt und vom Leben ausgeschlossen werden, weil sie für das Ich-Bewusstsein bedrohlich sind.

Deshalb geht es in allen Formen der Selbst-Verwirklichung erst einmal darum, die Ich-Funktionen als Ausdrucksorgane des Selbst wieder zu einem durchschnittlich guten Funktionieren zu bringen. Bedingt durch die Vielzahl der Beschädigungen des Ich in der Kindheit und der massiven Fremdbestimmung, sind viele von uns weder imstande, ihre unmittelbarsten Wünsche und Bedürfnisse wahrzunehmen, noch sie zu leben. Sie müssen erst allmählich lernen, zu spüren, was sie eigentlich für sich wollen und wie sie ihre Ich-Funktionen entwickeln können, damit sie ihnen bei der Erfüllung ihrer Wünsche behilflich sind.

Zu einem gesunden, durchschnittlich störungsfreien Funktionieren des Ich-Bewusstseins gehören etwa folgende Fähigkeiten: Realität angemessen wahrzunehmen, logisch zu denken, Gefühle zu spüren, fantasieren zu können, lern- und konzentrationsfähig zu sein, Frustrationen, Ängste und Leiden in gewissem Rahmen nicht zu verdrängen, sondern auszuhalten, Triebe und Körperlichkeit zu leben, Beziehungen zu Frauen und Männern herzustellen, verantwortliche Bindungen einzugehen, allein sein zu können, Forderungen zu stellen und sich von den Ansprüchen anderer Menschen abzugrenzen. Allgemein: die Fähigkeit, mit den wesentlichen Polaritäten des Lebens ausgewogen umgehen zu können.

Auch *Bastian* muss zunächst den Weg seiner mehr egoistische erscheinenden Wünsche gehen, um die Defizite seiner Ich-Funktionen auszugleichen. Nachdem er von der *Kindlichen Kaiserin* das Amulett *Auryn* erhalten hat und damit zu ihrem Stellvertreter wird, ausgestattet mit Macht über alle Wesen und Dinge *Phantásiens*, entdeckt er zunächst die Kraft des „Lustprinzips", der ihn letztlich zu seinem *Wahren Willen* zu führen vermag:

> *Bastian blickt lange die beiden Schlangen an, die helle und die dunkle, die einander in den Schwanz bissen und ein Oval bildeten. Dann drehte er das Medaillon um und fand zu seiner Verwunderung auf der Rückseite eine Inschrift. Es waren vier kurze Worte in eigenartig verschlungenen Buchstaben: Tu Was Du Willst. Davon war bisher in der Unendlichen Geschichte nie die Rede gewesen. Hatte Atréju diese Inschrift nicht bemerkt? – Aber das war jetzt nicht wichtig. Wichtig war allein, dass die Worte die Erlaubnis, nein, geradezu die Aufforderung ausdrückten, alles zu tun, wozu er Lust hatte.*[13]

Erst ganz am Ende der Unendlichen Geschichte, als alle seine Ich-Wünsche erschöpft sind, findet er zu seinem wirklich *Wahren Willen*. Im *Änderhaus* bei der Dame *Aiuóla* erfährt er, dass er diesen Weg der Wünsche hatte gehen müssen, weil es sein eigener Weg gewesen war.

> *„Du bist den Weg der Wunsche gegangen, und der ist nie gerade Du hast einen großen Umweg gemacht, aber es war dein Weg. Und weißt du, warum? Du gehörst zu denen, die erst zurückkehren können, wenn sie die Quelle finden, wo das Wasser des Lebens entspringt. Und das ist der geheimste Ort Phantásiens. Dorthin gibt es keinen einfacheren Weg." Und nach einer kleinen Stille fügte sie hinzu: „Jeder Weg, der dorthin führt, war am Ende der richtige."*[14]

Auch für uns gibt es wahrscheinlich keine andere Möglichkeit, als auf der Suche nach uns selber zunächst unseren möglicherweise ganz banal und egoistisch erscheinenden Sehnsüchten, Trieben und Wünschen zu folgen, wenn wir nicht von Autoritäten, fremden Glaubenssätzen und Methoden abhängig werden wollen. Der Weg des *Bastian* ermutigt, darauf zu vertrauen, dass alles, was wir benötigen, schon immer in uns ist und es nur darauf ankommt, uns auf uns selbst ernstlich einzulassen.

Die Botschaft der Formel „Tu, was du willst" könnte also zusammengefasst lauten: Nimm wahr und verstehe, was dir und deinem inneren Selbst wirklich entspricht; dann strebe mit all deiner Wunsch- und Willenskraft eine Verwirklichung des Ersehnten in Selbstverantwortung und Liebe an. Die alten Rosenkreuzer hatten dafür den sehr schönen symbolischen Dreierschritt: Licht (Erkenntnis, Weisheit), Leben (das mit Mut und Tatkraft gelebte Leben) und Liebe.

Nun scheint aber das Wirklich-Wollen der springende Punkt in jedem Veränderungsprozess zu sein. Im Grunde wollen wir uns gar nicht verändern, auch wenn wir es uns noch so sehr vormachen. Wir möchten zwar unsere Probleme und unser Leiden loswerden, wir möchten unsere Beziehungen liebevoller gestalten, und wir möchten ein glücklicheres Dasein führen, aber wir wollen uns dazu nicht wirklich verändern müssen.

In der Selbsterfahrung begegnet uns häufig ein mehr oder weniger bewusster Widerstand gegen Veränderung, der schier unbegreiflich ist. Man kann es manchmal einfach nicht verstehen, was Menschen veranlasst, selbst in extrem leidvollen, immer wiederkehrenden Situationen zu verharren, anstatt ihre Einstellung zu verändern. Da ist eine Art Gegenwille, eine solch prinzipielle, intensive, leidenschaftliche Weigerung, ein masochistisches „Nein" gegen alles, was die problematische Lebensform infrage stellen könnte, dass man manchmal resigniert einsehen muss, dass die von diesem Menschen gewählte Lebensform, so eingeschränkt und schwierig sie auch sein mag, offenbar die für ihn zu diesem Zeitpunkt bestmögliche ist. Dann erscheint es oft als das Sinnvollste, ihn darin zu unterstützen. Nicht zufällig hat Freud den Beruf des Psychoanalytikers neben dem des Erziehers und dem des Regierenden als den dritten jener „unmöglichen" Berufe bezeichnet, in denen man des ungenügenden Erfolgs von vornherein sicher sein kann.

Ein Meilenstein in jedem Selbst-Verwirklichungsprozess ist deshalb dann erreicht, wenn wir uns unserer geheimen Trägheit und unseres Widerstandes gegen Einsicht und Veränderung bewusst werden. Häufig wissen wir halb bewusst ganz gut, was mit uns los ist, wir wissen, was wir eigentlich tun können und sollten, aber wir scheuen uns vor den entsprechenden Konsequenzen und leugnen, die Ursachen unserer Probleme zu kennen. Wir drücken uns vor unbequemen Entscheidungen und mühsamen Lernprozessen. Wir haben unsere guten, so überzeugenden Gründe, in der Sicherheit unserer festgelegten, toten Gleise zu verbleiben. Häufig verwenden wir deshalb Formulierungen wie: „Wenn ich einmal mehr Zeit habe, dann ... "; „Wenn die Kinder einmal groß sind, dann ... "; „Ich muss doch Rücksicht auf meine Familie nehmen"; „Mein Beruf nimmt mich völlig in Anspruch"; „Ich darf doch nicht egoistisch sein"; „Das ist ja nichts für mich, ich bin dafür zu ungeschickt, unbegabt, ungebildet ... "; „Wo kämen wir denn hin, wenn das jeder machen wollte?"

Manchmal ist selbst eine Psychotherapie nur eine Ausrede dafür, etwas auf die lange Bank schieben zu können, nach dem Motto: „Ich mache erst einmal eine Psychotherapie. Dann habe ich das Gefühl, etwas getan zu haben, und kann mir mit meiner Veränderung Zeit lassen. Erst dann, wenn wir den Veränderungswiderstand bei uns wahrnehmen, haben wir eine reale Chance, eine bewusste Neuentscheidung zu treffen und zu tun, was wir wollen.

Tatsächlich scheint einem Menschen, der zu seinem *Wahren Willen* erwacht ist, der also weiß, was er will, und dies auch wirklich mit Leib und Seele, mit Engagement und Begeisterung anstrebt, nur wenig unmöglich zu sein. Das Wirklich-Wollen mobilisiert seelische Energie, erzeugt Beharrlichkeit und Ausdauer, es erweckt kreative Intelligenz, sodass man niemanden mehr benötigt, der einem sagt, was und wie man etwas tun solle. Wir können sehr viel erreichen, wenn wir es nur wirklich wollen und bereit sind, die dazu notwendigen Anstrengungen, Opfer und Veränderungen auf uns zu nehmen. Das klingt zwar fast zu banal nach einem der üblichen Erfolgsbücher, dennoch scheint dies einer der wesentlichen Schlüssel schöpferischen Lebens zu sein, der von vielen erfolgreichen Menschen bestätigt wird. Allerdings, und das wird uns später noch einmal bei den Methoden der Wunscherfüllung beschäftigen, auch die Intensität unseres Wollen haben wir nicht wirklich im Griff. „Der Mensch kann zwar tun, was er will, aber er kann nicht wollen, was er will" – das meinte schon Schopenhauer.

4. Der Widerstand dagegen, zu tun, was wir wollen

Wieso fällt uns die Wahrnehmung und Verwirklichung eigener Bedürfnisse und Wünsche so schwer? Müsste uns das nicht eigentlich das Selbstverständlichste sein? Bestehen wir nicht im Grunde genommen nur aus Sehnsüchten und Wünschen? Hatten wir als Kind nicht unmittelbaren, spontanen Zugang zu ihnen? Was ist mit uns geschehen, dass uns als Erwachsenen unsere großen Fantasien und Träume abhandengekommen sind und wir uns so leer und ziellos fühlen?

Erklärungen dafür kennen wir viele: den Sozialisationsprozess, in dessen Verlauf wir uns als Kinder dem Werte- und Weltvorstellungssystem unserer direkten (Eltern, Lehrer) und heimlichen Erzieher (Bücher und Comics, Radio und Fernsehen, Internet, Medien) anpassen; die trieb- und Lust unterdrückenden Dressurleistungen, durch die uns ein schematisiertes Verhalten einprogrammiert wird und uns der unmittelbare Zugang zu unseren Gefühlen (Fröhlichkeit und Freude, Lachen und Weinen, Liebe und Hass, Neugier, Staunen und Verwunderung) sowie die Lust am spontanen Körperausdruck (Zärtlichkeit, Bewegung und Tanz) genommen wird; die Entfremdung in Schule, Beruf und Alltag, die immer mehr zunimmt, je weniger wir uns in den Inhalten unserer Lehrpläne, den beruflichen Anforderungen und in unserer Umwelt widerspiegeln und wiedererkennen.

Schließlich scheint mit dem Erwachsenwerden so etwas wie ein natürlicher Desillusionierungsprozess verbunden zu sein, in dem wir unsere großen, idealistischen Träume der Kindheit und Jugend zugunsten einer „realistischeren", materiell greifbareren Lebenseinstellung opfern.

Es handelt sich bei den geschilderten Abläufen aber nicht nur um Einschränkungen und Deformationen unserer Persönlichkeit, wie wir gerne kritisch beklagen, sondern auch um sehr hilfreiche und notwendige Prozesse. Durch sie werden wir fähig, ein einigermaßen stabiles Ich-Bewusstsein aufzubauen und einen Großteil unserer kindlichen Ängste zu neutralisieren. Diese sind nämlich die Kehrseite des von uns so oft beneideten kindlichen Daseins. Trotz aller Farblosigkeit und Gleichförmigkeit unseres Erwachsenendaseins wären wohl die wenigsten von uns wirklich bereit, es gegen die viel besungene und verherrlichte Kindheit einzutauschen. Wir brauchen uns nur das so tief und schmerzlich empfundene Erleben von Abhängigkeit, Angst, Hilflosigkeit, Unterlegenheit, Schwäche, Einsamkeit und der ständigen Bedrohtheit durch eine übermächtige Innen- und Außenwelt vor Augen zu halten, um zu merken, dass die Kindheit keineswegs das von uns rückblickend erträumte Paradies ist.

Dennoch sind wir auf die kreativen Fähigkeiten unserer Kindheit wie Fantasie, Intuition und Gestaltungsfreude angewiesen, wenn wir unseren „wahren" Willen finden wollen. Nur geht es dabei nicht darum, zu einem unbewusst-naiven Zustand zurückzukehren, also wieder kindisch zu werden, sondern Kindlichkeit auf einem bewussteren Niveau zu realisieren, zum Kind zu reifen.[52]

Rückblickende Erklärungen setzen wir gerne als Ausreden ein, um die Vergangenheit und andere Menschen zu Sündenböcken zu machen und um uns selbst nicht ändern zu müssen. Deshalb ist es oft nicht produktiv, nach den letzten Ursachen für einen Widerstand gegen Veränderung zu suchen. Auch wenn diese kennen würden, würden wir uns möglicherweise nicht ändern wollen.

Vielleicht ist es „einfach" nur der Trägheitswiderstand, der bei allen Systemen, die einigermaßen gut funktionieren, zu finden ist. Der Energieaufwand oder die Energiebilanz, ein eigentlich einigermaßen stabiles System erst zu destabilisieren und dann wieder in einen neuen stabilen Zustand zu versetzen, ist zu ungünstig, zu anstrengend, zu unsicher. Vermutlich stimmt es, wie C. G. Jung schreibt, dass niemand seine Persönlichkeit entwickelt,

... weil ihm jemand gesagt hat, es wäre nützlich oder ratsam, es zu tun. Die Natur hat sich durch wohlmeinende Ratschläge noch nie imponieren lassen. [...] Ohne Not verändert sich nichts, am wenigsten die menschliche Persönlichkeit. Sie ist ungeheuer konservativ, um nicht zu sagen inert (reaktionsträge, Anm. d. Verf.). Nur schärfste Not vermag sie aufzujagen. So gehorcht auch die Entwicklung der Persönlichkeit keinem Wunsch, keinem Befehl und keiner Einsicht, sondern nur der Not, sondern bedarf des motivierenden Zwanges innerer und äußerer Schicksale.[46]

Bei *Bastian* scheint es auch so zu sein. Erst in allerletzter Sekunde, als *Phantásien* sich schon bis auf ein Sandkorn aufgelöst hat, wagt er den Sprung aus seiner passiv-unverbindlichen Beobachterhaltung in ein aktives Ergriffen- und Beteiligtsein. Sein heldenhafter Schattenbruder *Atréju* und die *Kindliche Kaiserin* müssen für ihn bis zum Äußersten gehen, bevor er bereit ist, die Heldenrolle selbst zu übernehmen. Um Ausreden für sein Zögern ist er nicht verlegen: Er bezweifelt immer wieder, dass er, ausgerechnet er, zum Retter *Phantásiens* berufen sein solle, dass er in seiner wenig heldenhaften Gestalt von der *Kindlichen Kaiserin* akzeptiert werden würde, ob „*Mondenkind*" der passende neue Name für die *Kindliche Kaiserin* sei und ob er überhaupt das Richtige zu tun wisse.

Diese Einwände *Bastians* mögen berechtigt klingen – gute Ausreden sind ja bekanntlich Gold wert – aber es handelt sich doch um Scheinargumente, mit denen er seiner Angst und seiner Verantwortung aus dem Wege gehen will. Aus diesen Gründen weigert sich *Bastian*, solange es irgend geht, die *Unendliche Geschichte* als seine eigene Geschichte und den Zustand *Phantásiens* als seinen eigenen inneren Zustand wahrzunehmen.

Seine wirklichen Befürchtungen und Ängste können wir folgenden Gedankengängen entnehmen:

Was, wenn es tatsächlich gelang? Dann würde er irgendwie nach Phantásien kommen. Aber wie? Vielleicht musste er auch eine

Verwandlung über sich ergehen lassen? Was würde dann aus ihm werden? Vielleicht tat es weh oder er wurde ohnmächtig? Und wollte er denn überhaupt nach Phantásien? Er wollte zu Atréju und der Kindlichen Kaiserin, aber er wollte durchaus nicht zu all diesen Ungeheuern, von denen es da wimmelte.[15]

Schließlich, als es keinen Ausweg mehr für ihn gibt, gewinnt er eine schwerwiegende Erkenntnis:

Man kann davon überzeugt sein, sich etwas zu wünschen – vielleicht jahrelang – solang man weiß, dass der Wunsch unerfüllbar ist. Steht man aber plötzlich vor der Möglichkeit, dass der Wunschtraum Wirklichkeit wird, dann wünscht man sich nur noch eins: Man hätte es sich nie gewünscht. So jedenfalls erging es Bastian. Jetzt, wo es unerbittlicher Ernst wurde, wäre er am liebsten davongelaufen. Nur, dass es in diesem Fall kein „davon" mehr gab. Und deshalb tat er, was ihm freilich ganz und gar nichts nützen konnte: Er stellte sich einfach tot wie ein Käfer, der auf dem Rücken liegt. Er wollte so tun, als gäbe es ihn nicht, er wollte sich stillhalten und so klein wie möglich machen.[16]

Wir sehen also, *Bastian* befürchtet Anstrengung, Auseinandersetzung, Kampf, Schmerz und Wandlung. Auch schämt er sich, wie er später gesteht, wegen seines wenig heldenhaften Aussehens. Da ergeht es ihm ganz so wie uns. Auch wir wären ja gerne unsere Schwierigkeiten und Sorgen los, auch wir würden ja gerne ein erfülltes, schöpferisches Leben leben, wenn das nicht mit manchmal schmerzhafter Einsicht, Veränderung und Ungewissheit verbunden wäre.

Neben unserer natürlichen Veränderungsträgheit und unserer Angst vor dem Neuen und Unbekannten gibt es aber auch noch eine Reihe anderer Faktoren, die uns in der bewussten Wahrnehmung und Realisierung unseres „*Wahren Willens*" hemmen.

4.1 Die Angst vor Konflikt, Ablehnung und Leiden

Stellen wir uns einfach einmal vor, in uns tauche plötzlich ein ganz neuer Wunschgedanke auf: Wir möchten zum Beispiel, nachdem wir uns seit Langem um eine gesundheitsbewusste Ernährung bemüht haben, endlich einmal von Herzen das essen, wozu wir Lust haben, ohne Rücksicht auf Kalorien und Nährwertzusammensetzung. Oder wir möchten endlich einmal richtig ausschlafen und faulenzen, nachdem wir seit Jahren einen geregelten, disziplinierten und arbeitsintensiven Tagesablauf eingehalten haben.

Das erste, was beim Auftauchen dieses Wunsches passiert, ist, dass wir in Konflikt geraten. Wir kommen in Konflikt mit unseren eigenen Anforderungen und Idealvorstellungen, mit unseren inneren Stimmen, wir kommen in Konflikt mit unseren Mitmenschen, die ein ganz bestimmtes Erwartungsbild von uns haben, das wir ihnen gegenüber aufrechterhalten wollen. Die Konflikte erzeugen Frustrationen und quälende Spannungen, die wir nicht lange aushalten wollen.

Lässt sich aber der neue Wunsch nicht wieder unterdrücken, dann geraten wir zunehmend in eine Desorientiertheit hinein. Wir wissen nicht mehr, was falsch und richtig ist, woran wir uns halten sollen. Wenn sich unser Selbstwertgefühl und unsere Identität, um die obigen Beispiele zu nehmen, bisher vorwiegend auf die Ideale der „guten Figur“, der Gesundheit, Fitness und der Arbeitsamkeit gestützt haben, dann kann jetzt unser Selbst und Weltbild stark ins Wanken kommen.

Schon so ein kleiner, anderen vielleicht unscheinbar vorkommender Wunsch kann uns also in größte Verunsicherung und Verwirrung stürzen, je nachdem, welche Wertigkeit die ursprüngliche Einstellung für uns gehabt hat.

Das Zulassen neuer Wünsche und Fantasien bringt uns also regelmäßig mit unserem Schatten, unserem ungelebten Leben in Berührung. Das erzeugt Angst vor den Konflikten, die durch die Auseinandersetzung mit unseren Mitmenschen und durch die neuen Lebensimpulse in uns entstehen; Angst vor Kritik und Ablehnung und damit vor Isolierung und Einsamkeit; Angst vor dem Ungewissen und Ungesicherten; Angst vor der Auflösung unserer alten Identität; Angst vor der Konfrontation mit unseren verdrängten Problemen und neurotischen Anteilen; Angst vor der persönlichkeitsreduzierenden Wirkung des Schattens und schließlich Angst davor, Verantwortung für uns selbst zu tragen.

4.2 Der ewige Kreislauf des Wiederholungszwangs

Bastian wird in der *Unendlichen Geschichte* von der *Kindlichen Kaiserin* zur Angstüberwindung und Verantwortungsübernahme gezwungen, indem sie sich mit ihrem Gegenprinzip, dem Alten vom Wandernden Berge, verbindet, dadurch beider Macht und Einfluss neutralisiert und sie alle, auch *Bastian*, in einen unendlichen Kreislauf des Immer-Gleichen hineinzieht:

> *Und hier fing alles wieder von vorne an – unverändert und unabänderlich – und wiederum endete alles bei der Begegnung der Kindlichen Kaiserin mit dem Alten vom Wandernden Berge, der abermals die Unendliche Geschichte zu schreiben und zu erzählen begann ... und es würde in alle Ewigkeit so fortgehen, denn es war ja ganz unmöglich, dass etwas sich im Ablauf der Dinge ändern konnte. Nur er allein, Bastian, konnte eingreifen. Und er musste es tun, wenn er nicht selbst in diesem Kreislauf eingeschlossen bleiben wollte. Ihm kam es so vor, als habe sich die Geschichte schon tausendmal wiederholt, nein, als gäbe es kein Vorher und kein Nachher, sondern als sei alles für immer gleichzeitig da. Jetzt begriff er, warum die Hand des Alten gezittert hatte. Der Kreis der ewigen Wiederkehr war das Ende ohne Ende!* [17]

Diesen Kreislauf der ewigen Wiederkehr kennen wir alle. Freud hat ihn den Wiederholungszwang genannt. Solange wir nicht bereit sind, uns zu verändern, und es vorziehen, uns unserer wirklichen Motive unbewusst zu bleiben, solange werden wir durch eben diese unbewussten Einflüsse gezwungen, die immer wieder gleichen problematischen Verhaltensweisen zu zeigen, in immer wieder ähnlich schwierige oder unlösbare Situationen hineinzugeraten, die immer wieder gleichen Konflikte und Streitereien auszulösen und die immer wieder gleichen Krankheitssymptome zu produzieren. Wer kennt nicht die unendlichen Argumentationskreisläufe in Beziehungsgesprächen, in denen wir stöhnen: „Nicht schon wieder die alten Geschichten und Vorwürfe! Kommen wir denn da gar nicht raus?"

Wir können diesem Wiederholungszwang auf keinerlei äußere Weise entkommen. Wohin wir auch gehen und welchen Menschen wir auch immer begegnen, immer werden wir über kurz oder lang die gleichen, ewig gleichen Konstellationen heraufbeschwören. Das Gefängnis ist nicht außen, sondern innen. Wir selbst sind die Gefängniswärter, wir selbst haben uns in das Ei des Alten vom Wandernden Berge eingeschlossen, indem wir unsere Lebendigkeit der Gewohnheit, Bequemlichkeit und Sicherheit zuliebe eingesperrt haben. Es bleibt uns nichts anderes übrig: Wir müssen das Kind beim Namen nennen. Wir müssen uns des unbewussten Faktors, der die ständigen Wiederholungen erzwingt, bewusst werden, ihn verändern und dadurch unsere Lebendigkeit befreien.

Offenbar verlangt also die Suche nach dem *Wahren Willen* von uns die Opferung etlicher Ängste, Bequemlichkeiten und infantiler Verhaltensweisen. Der Preis mag hoch sein, der Gewinn ist aber höher: Lebensfreude, schöpferische Lebenslust, Lebensintensität, Bewusstheit und Autonomie.

Einige Ängste und Gefahren, die ganz besonders mit dem Weg der Wünsche und Fantasien verbunden sind, wurden in obiger Zusammenfassung aber noch nicht erwähnt: die Angst und Gefahr des Größenwahns, der Depression und der Ich-Auflösung, das heißt des Identitätsverlusts. Diese spielen in der Individuation wie in der *Unendlichen Geschichte* eine so große Rolle, dass wir uns ihnen im vorletzten Kapitel eingehender widmen werden.

Symbole auf dem Weg zum Selbst

1. Das „Große Weibliche“

1.1 Mut zum Chaos und zum Irrationalen

Unser Selbsterleben ist in dem Maße gestört, in dem wir unfähig sind, uns ganz als diejenigen zu bejahen, die wir wirklich sind. Je mehr wir solche Bedürfnisse, Gefühle und Eigenschaften von uns nicht wahrnehmen möchten, die zu unserem Wesen gehören, desto mehr haben wir das Gefühl, uns selbst fremd zu sein, nicht in Übereinstimmung mit uns zu leben. Die zentralen Fragen, die wir uns immer wieder vorlegen müssen, solange wir nicht genügend mit uns in Fühlung und Einklang sind, lauten deshalb: „Wer bin ich wirklich?“ und „Was will ich wirklich?“

Wenn wir mit diesen Fragen an unsere Träume und Imaginationen herangehen – später werden noch andere Methoden besprochen – erhalten wir durchaus Antworten, die uns weiterhelfen. Manchmal sind die Antworten unverblühmt direkt, einfach und klar. Oft aber werden uns diese Antworten auch in ungewöhnlicher und fremdartiger bildhafter Form gegeben. Das hängt unter anderem mit dem Projektionscharakter unserer unbewussten Seeleninhalte zusammen.

Das Fremde und Unbekannte unseres Wesens projizieren wir oft auf unbekannte und fremde Menschen, besonders auf solche, die von unserer Eigenart in stärkerem Maße abweichen, zum Beispiel dadurch, dass sie einer anderen sozialen Schicht und Kultur, dem anderen Geschlecht oder einem anderen Lebensalter angehören. Je fremdartiger uns ein Mensch erscheint, desto Fremdartigeres unseres Wesens können wir auf ihn projizieren. Dementsprechend können dann solche Gestalten in unseren Träumen und Fantasien auch als Ausdruck unseres eigenen ungelebten oder unbewussten Lebens, als Aspekte ungelebter Selbstaspekte erscheinen. Daraus lässt sich ableiten, dass die Auseinandersetzung mit den fremden Gestalten, die Bewusstmachung und die teilweise Integration der auf sie projizierten Eigenschaften uns der Erfahrung des Selbst ein Stück näher bringt. Es ist, als würden wir auf diese Weise unsere auf die Umwelt „verstreuten", weil projizierten Selbstanteile zusammensuchen und wieder dorthin zurückbringen, wo sie herkommen. Einige von den typischen Bildern und Figuren, auf die wir unbekannte Eigenschaften unserer Persönlichkeit projizieren, werden in den nächsten Abschnitten etwas näher geschildert.

Auf dem Wege zu den „Wassern des Lebens" benötigen wir neben unserer nüchternen, realistischen Alltagshaltung noch eine andere Einstellung, eine Sichtweise, mit der wir unser Leben und Tun schöpferischer, damit aber auch in gewisser Weise irrationaler, unlogischer und unvernünftiger zu betrachten vermögen. Unser Alltagsbewusstsein ist notwendigerweise festgelegt, geordnet, schematisch. Wir haben gelernt, dass es für die meisten alltäglichen Belange am effektivsten ist und Energie spart, wenn wir sie in einer bestimmten Weise tun. „Ordnung ist das halbe Leben, sagen wir zu Recht. Für viele aber ist Ordnung nicht nur das halbe, sondern das ganze Leben. Und dadurch erstarrt es.

Ordnung, Strukturierung und Rationalisierung sind großartige Errungenschaften des menschlichen Geistes. Ohne sie wäre ein differenziertes Bewusstsein nicht denkbar. Jede wissenschaftliche, künstlerische oder sonstwie kulturelle Leistung bedarf dieser eingrenzenden und begrenzenden Funktion. Wenn aber das ordnungschaffende Prinzip zum hauptsächlichen Lebensprinzip erhoben wird, dann unterdrückt es das Leben, anstatt ihm bei seiner Gestaltung und Realisierung zu dienen. Menschen, die sich vom Ordnungsprinzip versklaven lassen, werden leben dann eher wie Maschinen und Automaten, denn als schöpferische, freie Menschen. Sie erfüllen korrekt und zuverlässig die ihnen anvertrauten Aufgaben und Pflichten, ihr Verhalten ist vorhersehbar (und damit manipulierbar), Abweichungen von den einmal eingestellten inneren Normen werden nicht zugelassen. Dann gibt es keinen Platz mehr für Kreatives, Neues und Lebendiges.

Ordnung ist das halbe Leben. Chaos ist die andere Hälfte. Wenn wir also zu den „Wassern des Lebens" finden wollen, zu einer Lebendigkeit, die in ständig sich wandelndem Fluss ist, dann benötigen wir zunächst eine Einstellung, die für das Chaos, für die irrationale, paradoxe Fülle des Daseins offen ist.

1.2 Das schöpferische Chaos im Bild des „Großen Weiblichen"

Die ungeschiedene, ungeordnete, grenzenlose und unauslotbare Vielfalt des Seins wurde seit Urzeiten als die „Große Mutter", die „Große Göttin" oder das „Große Weibliche" aufgefasst, als der weibliche Urschoß, der dunkle Urgrund, aus dem alle Formen, Gestalten und Erscheinungen hervorkommen und in den sie schließlich wieder zurückkehren.

Die indische Philosophie hat dieses „Große Weibliche" als Maya-Shakti bezeichnet. Sie ist die Kraft, die das unendliche Spiel des Lebens, sein Werden und Vergehen, seine Leiden, seine Opfer und Qualen, aber auch sein Glück, seinen Zauber und seine Ekstase erzeugt. Sie ist von mehrfach doppeldeutigem Charakter. Einerseits ist sie die schöpferische Lebenskraft, die uns in die Vielfalt des äußeren wie inneren Lebens hineinzieht, die uns verführt, ihren Verlockungen, ihren Reizen, ihrer Schönheit zu folgen, uns ihr sehnsüchtig-liebevoll hinzugeben und damit das Ganze des Lebens anzunehmen und zu leben.

Andererseits ist sie auch die große Täuscherin. Sie umnebelt unser Denken und Bewusstsein mit Fantasiegespinsten, falschen Hoffnungen, Idealen und unerreichbaren Zielen, lenkt unsere Schritte in Lebenslabyrinthe, in denen wir uns hoffnungslos verlieren, und ruft allen Daseinswahn, alle Irrungen und Wirrungen hervor.

So ist sie zum einen die Erzeugerin, die ewig spendende, ewig fruchtbare Urmutter alles Geschaffenen und alles Lebendigen und zum anderen die große Zerstörerin, die alle die von ihr hervorgebrachten Wesenheiten und Erscheinungen wieder zurücknimmt, auflöst und ins Nichts zurückfließen lässt. Sie ist die große Zauberin, die Verführerin, die große Mutter, die große Geliebte, die uralte Weise, die böse Hexe, das geheime Ziel aller Wünsche und Sehnsüchte, das Geheimnis aller Geheimnisse, das Rätsel aller Rätsel.

Verständlicherweise hat der Mensch zu allen Zeiten versucht, sich ihrem übermächtigen Einfluss zu entziehen, ihren Zauberbann zu brechen, ihrer ständig sich wandelnden Vielfalt etwas Dauerhaftes, Festes, Unwandelbares, Unzerstörbares entgegenzusetzen. Meist durchschaute er dabei nicht, dass bereits die Vorstellung, ein freies, unabhängiges Ich-Bewusstsein zu besitzen, das dauerhaft wäre oder dauerhaft gemacht werden könnte, eine der Täuschungen der Großen Göttin ist. Das Ich-Bewusstsein entsteht überhaupt erst durch das Spiel der Maya, es ist dessen Folge, nicht dessen Ursache. Es kann sich nicht wirklich selbst transzendieren, sich selbst aufheben, es sei denn, es zerstöre seine körperliche Basis durch Betäubung, Drogen oder Selbstmord. Wenn es sich aber auch nicht wirklich transzendieren kann, so verfügt es doch über die wunderbare Fähigkeit der Bewusstseinsbildung, der Erkenntnis und Einsichtsfähigkeit. Damit ist es in der Lage, die verschiedenen Fantasien der Großen Göttin voneinander zu trennen, sich von ihnen in einem gewissen Sinne zu distanzieren und sich für jene Bilder und Fantasien zu entscheiden, von denen es glaubt, dass sie ihm und seinem Leben am meisten entsprechen.

Letztlich bleiben uns nur zwei Möglichkeiten, auf das Spiel der Maya zu reagieren: Wir können es verneinen, versuchen, ihm zu entkommen, indem wir unsere Lebendigkeit, das Welt-Erleben und unsere Körperlichkeit opfern in der trügerischen Hoffnung auf einen ewig unwandelbaren Zustand, oder wir können es liebevoll annehmen, wissend, dass es nur ein Spiel ist, und mit ihm tanzen, spielen und leiden.

Schöpferisches Leben bedarf also der Beziehung zum Großen Weiblichen. C. G. Jung hat diese Seite im Manne bekanntlich als „Anima“ bezeichnet. Diese Seite sei es, die ihn in hintergründig zu seiner rastlosen Suche, zu seinen Taten und Abenteuern innen und außen antreibe. Sie sei die Quelle seiner tiefsten Sehnsucht, das Ziel seiner höchsten Liebe und seines größten Hasses und damit Chance und Gefahr zugleich. Sie fordere von ihm sein Höchstes und Bestes, könne ihn aber auch, wenn er ihr verfalle, in sein Verderben ziehen. Sie sei eine bipolare Figur, könne einmal positiv, ein anderes Mal negativ erscheinen; „bald alt, bald jung; bald Mutter, bald Mädchen; bald gütige Fee, bald Hexe; bald

Heilige, bald Hure."[42] Sie erscheine als außerhalb der uns bekannten Zeit stehend, sei deshalb uralt oder annähernd oder ganz unsterblich.

Für die Frau sieht die Situation nach Jungs Auffassung etwas anders aus. Unter der Voraussetzung, dass sie mit sich selbst und ihrer Weiblichkeit identisch ist, bedürfe sie zu einem schöpferischen Leben (körperlich wie geistig) der Beziehung zu ihrer inneren Männlichkeit, dem „Animus". Mit seiner Hilfe könne sie ihre innere Fülle strukturieren, ins fokussierte Licht des Bewusstseins heben und in eine geistige Form bringen. Er könne ihr Selbstvertrauen und Selbstsicherheit vermitteln und sie zu eigener geistiger Aktivität ermutigen.

Damit es zu einem fruchtbaren Wechselspiel zwischen dem „Männlichen" und dem „Weiblichen" – sei es auf der zwischenmenschlichen oder auf der innerpsychischen Ebene – kommen kann, ist es notwendig, dass beide Seiten gleichwertig und in etwa gleich stark sind. Die Anima bedarf eines Mannes, der sich seiner Männlichkeit ausreichend sicher ist, und der Animus einer Frau, die sich ihrer Weiblichkeit bewusst ist. Im anderen Falle bleiben Anima / Animus undifferenziert und üben in dieser Unbewusstheit eine heimliche Macht aus. Die betreffende Persönlichkeit ist dann nicht in der Lage, ihren Einfluss in Grenzen zu halten, und wird von ihnen beherrscht. Viele seelische Störungen gehen darauf zurück, dass die Identität eines Menschen so unsicher ist, dass er der Beeinflussung durch solche psychischen Faktoren, wie zum Beispiel einem negativen Mutter- oder Vater-Komplex, nichts Eigenes entgegenstellen kann.

Einer der wesentlichen Schritte der Selbstfindung ist die Auseinandersetzung mit jenen Bereichen der Persönlichkeit, die Jung den „Schatten" genannt hat. Nicht zu Unrecht wird betont, dass vor der Integration der gegengeschlechtlichen Seiten die Integration des Schattens so weit vorangeschritten sein muss, dass eine einigermaßen sichere Identität gewährleistet ist, die der identitätsauflösenden Wirkung der mächtigen Anima / Animus-Gestalten gewachsen ist. Was das genauer heißen könnte, werden wir später sehen. Zunächst seien die beschriebenen Zusammenhänge noch einmal am Beispiel der *Unendlichen Geschichte* dargestellt.

1.3 Die Kindliche Kaiserin und das „Große Weibliche"

Dem Leser wird wahrscheinlich aufgefallen sein, dass die *Kindliche Kaiserin* viele Eigenschaften hat, die wir als Maya-Shakti, als das „Große Weibliche" oder als Anima kennengelernt haben. Die *Kindliche Kaiserin* ist die mächtige Herrscherin *Phantásiens*, ohne aber jemals ihre Macht auszuüben. Sie ist der Mittelpunkt allen Lebens in *Phantásien*, und alle Geschöpfe *Phantásiens*, seien sie nun gut oder böse, schön oder hässlich, lustig oder ernst, töricht oder weise, verdanken ihr ihr Dasein. Sie lebt, als wäre sie nicht da, und wirkt doch in allem. Sie ist alterslos, uralt und ewig jung zugleich. Sie urteilt und richtet nicht, sie straft niemanden und bevorzugt niemanden. Alle gelten vor ihr gleich. Das Rätsel ihrer Existenz kennt niemand, es ist das tiefste Geheimnis *Phantásiens*; wer es ganz verstünde, der würde sein eigenes Dasein auslöschen.

Die *Kindliche Kaiserin* ist eine sehr umfassende Personifikation der unbewussten Psyche *Bastians* und hat viele Facetten. Da sie eine Repräsentantin ganz *Phantásiens* ist und da *Phantásien* ja – vereinfacht formuliert – auch als das Unbewusste *Bastians* verstanden werden kann, symbolisiert sie natürlich zunächst einmal alles, was in *Bastian* unbewusst ist. Das macht ihren so paradoxen, unbestimmbaren und faszinierenden Charakter aus. Sie ist alle Figuren in einer. Die *Kindliche Kaiserin* ist also eine Personifikation des Unbewussten von *Bastian* und als solche zugleich auch eine des unbekannten „Großen Weiblichen".

Durch den Tod seiner Mutter und die fehlende Zuwendung seines Vaters (Männer können ja durchaus auch mithilfe ihrer Anima mütterlich-weibliche Funktionen einem Kind gegenüber übernehmen) hat *Bastian* offenbar den Mut und die Zuversicht verloren, sein Leben aktiv zu bewältigen. Da seine weibliche Seite wie bei den meisten Menschen stark mit dem Bild der Mutter verbunden ist, hat er mit dem Verlust seiner Mutter auch die Beziehung zu seiner Anima verloren und damit zu jener Energie, die ihm das Leben verlockend und reizvoll macht.

Die *Kindliche Kaiserin* ist krank, sie braucht einen neuen Namen, sonst erstirbt ihre lebensspendende Kraft. Benennung aber bedeutet Bewusstmachung, und der erste entscheidende Schritt für *Bastian*, um aus seiner Vereinsamung und Depression herauszukommen, ist, dass er wieder eine Beziehung zu seiner Anima herstellt. Aber dies ist ein gefährlicher und langwieriger Prozess, denn die Ich-Struktur *Bastians* ist geschwächt und droht sich aufzulösen. Er muss erst einen Teil seines Schattens realisieren, bevor er stark genug ist, die Begegnung mit seiner Anima auszuhalten. Diese Schattenintegration wird ihm möglich durch die Hilfe seines heldenhaften Alter Ego, seines Schattenbruders *Atréju*. Stellvertretend für *Bastian* setzt sich *Atréju* mit bedrohlichen und verschlingenden Aspekten des „Großen Weiblichen" auseinander, die wiederum nichts anderes sind als verschiedene Seiten der *Kindlichen Kaiserin* und damit verschiedene Zustände der unbewussten seelischen Befindlichkeit *Bastians*.

C. G. Jung schildert eine Traum-Fantasie eines Klienten, die an die *Unendliche Geschichte* erinnert. Hier erscheint die Anima als eine sich ständig verwandelnde Illusionskünstlerin:

> *Sie ist eine Tänzerin, welche sich entweder wirklich verwandeln kann oder wenigstens ihre Umgebung durch völlige Illusion gefangen nimmt. Während des Tanzes löst sie sich mit der Musik in einen summenden Bienenschwarm auf (Ygramul?). Dann verwandelt sie sich in einen Leoparden (Gmork?), dann wird sie zum Wasserstrahl der Fontäne (Wasser des Lebens?), sodann zu einem Polypen im Meer (das verschlingende Meer, in das Atréju hineinfällt?) […].*[43]

Die Bewusstmachung der *Kindlichen Kaiserin* als Anima setzt voraus, dass man sich mit ihren verschiedenen Gestaltungsformen auseinandergesetzt hat, ihren schrecklichen und ihren förderlichen.

Die *Uralte Morla* in den Sümpfen der Traurigkeit symbolisiert die Trägheit, Resignation und lebensverneinende Depression *Bastians*, in der alle Vitalität und Antriebskraft (*Atréjus* Pferd *Artax*) versinkt. *Ygramul*, die Viele, der „entsetzlichste aller Schrecken", die im *Tiefen Abgrund des Landes der Toten* ihr Spinnennetz ausgebreitet hat, ist ein Bild der kalten Todeszone in *Bastians* Seele, die allen Lebenswillen lähmt und erstarren lässt. Sie ist die blutrünstige, zerfleischende und vergiftende Todesmutter, für die sich in der griechischen Mythologie die Gestalt der fürchterlichen Medusa und in der indischen Mythologie die der schwarzen Kali finden.

Atréju / Bastian bekommen es aber auch noch mit anderen, positiveren Aspekten des „Großen Weiblichen" zu tun: Das Gnomenweibchen *Urgl* vertritt die heilende, pflegende, regenerierende und nährende Funktion des „Großen Weiblichen" und berührt sich dabei mit der Dame *Aiuóla* im zweiten Teil der *Unendlichen Geschichte* – und die *Uyulála*, die *Stimme der Stille*, ist ein Ausdruck ihrer orakelhaften Weisheit. Aber ihre gefährlichen Eigenschaften sind noch nicht überwunden, ja werden wohl auch nie endgültig überwindbar sein. Die Sphinxe werden uns wohl immer das unergründliche Rätsel unserer Existenz stellen, und das Meer des Unbewussten wird uns wohl immer zu verschlucken drohen, wenn wir uns zu sehr in luftige Bereiche vorwagen, wie *Atréju* oder sein griechischer Vorgänger Ikarus, und dabei den Kontakt zum Boden der Realität verlieren.

Wenn wir uns die beschriebenen Gefahren vor Augen halten, die ja nicht nur fantasierte Gefahren, sondern reale psychische Gefahren für *Bastian* darstellen, deren Wirklichkeit und Macht jeder Psychotherapeut kennt, dann können wir auch verstehen, wieso es *Bastian* unmöglich ist, direkt mit seiner Anima Kontakt aufzunehmen, und dass seine Angst und sein ständiges Ausweichen nur allzu berechtigt sind.

Die *Kindliche Kaiserin* ist keineswegs so unschuldig, hilflos und liebevoll, wie es *Bastian* und uns Lesern auf den ersten Blick erscheinen mag. Mit allen Tricks ihrer Verführungskunst zieht sie ihn unwiderstehlich nach *Phantásien*. Sie empfängt ihn, nachdem er ihr den neuen Namen *Mondenkind* gegeben hat (*Bastian* ahnt wohl kaum, wie richtig er mit diesem Namen liegt, denn dem „Großen Weiblichen" wurde seit Urzeiten der Mond als wesensgemäß zugeordnet), bewundernd als ihren heldenhaften Retter. Welcher Mann kann schon der Versuchung widerstehen, die Rolle des Retters und Erlösers einer Frau zu spielen?

Die *Kindliche Kaiserin* überlässt ihm dann *Auryn*, ihr Amulett, das ihn zu ihrem Stellvertreter in *Phantásien* macht und mit all ihrer Macht und Wunschverwirklichungskraft ausstattet. Sie verführt ihn dazu, sich so viel wie möglich zu wünschen, ohne ihm aber etwas davon zu sagen, dass er mit jedem Wunsch etwas von seiner Erinnerung an seine Herkunft und seine frühere Existenz in der Menschenwelt verliert. Sie scheint keine wirkliche Beziehung zu ihm zu haben, es ist ihr gleichgültig, ob er seinen von ihr indirekt geschürten Machttendenzen verfällt und den Rückweg aus *Phantásien* nicht mehr findet, was gleichbedeutend mit Realitätsverlust und Wahnsinn ist.

Die *Kindliche Kaiserin* ist, wie jede Anima-Gestalt, von einer furchtbaren Zweideutigkeit. Sie ist „femme inspiratrice" und „femme fatale" zugleich, sie kann die Entwicklung *Bastians* zum Guten vorantreiben, ihn aber genauso gut ins Verderben stürzen. Sie ist eben kein menschliches Wesen, sondern reine, unparteiische, unpersönliche Ur-Natur. Damit hat sie Anteil an der gleichen Unpersönlichkeit und Zweideutigkeit, die wir schon beim Wasser des Lebens gefunden haben. Das braucht uns nicht allzu sehr zu verwundern, denn die *Kindliche Kaiserin* als Anima steht in engster Beziehung zum Selbst. Das zeigt sich unter anderem auch in ihrem Amulett *Auryn*, das mit dem Wasser des Lebens als einem der zentralen Selbst-Symbole der *Unendlichen Geschichte* identisch ist und das die steuernde und regulierende Dynamik des Selbst symbolisiert.

Die *Kindliche Kaiserin* ist ein in Mädchengestalt personifizierter Ausdruck bestimmter Bereiche des Selbst, und ihre schöpferische Integration führt zu einer Annäherung an die Ganzheit des Selbst. Menschlichkeit erhalten sowohl das Selbst als auch die Anima erst durch ihre Realisierung im menschlichen Leben, innerhalb der Grenzen und Eigenarten eines Individuums.

Wie auch immer: *Bastian* hat keine große Wahl. Lässt er sich nicht von seiner Anima nach *Phantásien* hineinziehen, wird alles Leben aus ihm weichen und einer depressiven Leere und Sinnlosigkeit Platz machen. Lässt er sich hingegen von ihr in dieses ungewisse Abenteuer hineinverwickeln, dann riskiert er zwar auch einen Persönlichkeits- und Identitätsverlust, hat aber zumindest die Chance, von neuem Leben erfüllt zu werden. Durch die vorbereitenden Taten seines Schattenbruders *Atréju*, die tatsächlich keine andere Funktion hatten, als *Bastian* zu einer ernsthaften Begegnung mit seiner Anima fähig zu machen, hat *Bastian* gewissermaßen durch Lernen am Modell und durch eine allmähliche Identifizierung mit *Atréju* gerade so viel Ich-Stärke erreicht, dass er mit heiler Haut davonkommt.

2. Traumbilder des „Großen Weiblichen"

2.1 Die schreckliche Ygramul

Einige Träume von Männern, in denen sich das Fremde ihrer Seele in der Projektion auf das Weibliche zeigt, sollen anschaulich machen, welche Schlussfolgerungen sich daraus im Hinblick auf die Fähigkeit zum schöpferischen Leben ableiten lassen. Vorausgeschickt werden muss, dass es sich bei den Träumern um differenzierte und intelligente Männer handelt, die selbst überrascht waren, solchen teilweise sehr archaischen Fantasien, Gefühlen und Träumen in ihrer Seele zu begegnen. Auch stammen die meisten Träume aus regressiven Phasen ihrer Selbsterfahrung, aus Phasen, in denen ihnen ihre frühkindlichen Verwundungen, Ängste und Sehnsüchte bewusst zu werden begannen. Das erklärt teilweise die Heftigkeit und „Primitivität" der Bilder und der Sprache. Beginnen wir mit einigen Aspekten der *Ygramul*, der Vielgestaltigen, der schrecklichsten der Schrecken, die in einem tiefen Abgrund im Lande der Toten Berge wohnt.

Ein 40jähriger Klient, der spontan einen guten Zugang zu seiner Traum- und Fantasiewelt hat, aber unter rastloser Unzufriedenheit und fehlendem Bezug zu sich selbst leidet, träumt:

> *Ich bin mit meinem Sohn unter der Erde in einer großen Röhre oder einem Tunnel. In einem Gewässer schwimmen Fische und sonstiges Getier (Krokodile, Schlangen). Viele sind tot, wahrscheinlich vergiftet. Wir reden gerade über dieses Phänomen, als in mir eine große Angst hochsteigt vor einer unbekannten Gefahr. Auch mein Sohn muss es spüren. Ich sage noch zu ihm, wir*

müssen schnell weg, als er sich auch schon ins Wasser begibt, um auf die andere Seite zu gelangen. Mir bleibt fast das Herz stehen, von dieser Seite kommt die Gefahr. Ich will meinem Sohn helfen, die Angst lähmt meine Beine. Dann ist das Ungetüm auch schon da. Es ist ein großes, grünes Panzertier, wirkt eigentümlich lebendig-mechanisch. Es hat eine Kanone, die es sofort auf mich richtet. Ich will weg, doch die Beine versagen. Mit aller Gewalt reiße ich mich aus dem Traum.

Der Träumer befindet sich also unter der Erde, dem Bereich, der der „Großen Mutter" zugeordnet ist, und begegnet dort in einer Zone des Todes, in der selbst schon Krokodile und Schlangen nicht mehr leben können, einem tödlichen Urtier, das eine Zwischenstufe zwischen organischer und unorganischer Materie einnimmt. Wie viele solcher matriarchalen Urbilder hat es einen ausgeprägten phallischen Aspekt (wie das Schlangenhaupt der Medusa), was darauf hinweist, dass auf dieser tiefen Ebene der Psyche das „männliche" Prinzip noch ganz unter der Dominanz des „weiblichen" Prinzips steht. Die Bedrohung, die von dem so fremdartigen Ungeheuer ausgeht, ist dermaßen stark, dass der Träumer vor Angst gelähmt ist und sich nur noch mit aller Gewalt aus dem Traum zu reißen vermag.

Der Träumer erinnert sich an ähnliche ansteigende, panikartige Angstgefühle, die er in seiner Kindheit erlebt hat, wenn er sich von seinen Eltern allein gelassen fühlte. Er habe sich dann von einer unheimlichen, ihn verschlingenden und auflösenden Leere bedroht gefühlt. Wenn er dann geschrien habe, musste er befürchten, geschlagen zu werden. Auch heute könne er nur sehr schlecht allein sein. Es überkomme ihn dann eine starke innere Unruhe, er habe Angst zu platzen. Es dränge ihn dann hinaus. Er müsse laufen, Rad fahren, mit dem Auto durch die Gegend rasen, mit einer Frau schlafen oder sonst wie mit sich körperlich an die Grenze gehen, damit er das Gefühl von Identität und Stärke habe, sonst fürchte er, sich aufzulösen.

Als er sich einmal von seiner Freundin allein gelassen fühlt, lässt er sich in das Gefühl seiner tiefen Enttäuschung hineinfallen, lässt seine verzweifelte Angst, Wut und Hilflosigkeit hochkommen und verspürt dabei etwas von der ungeheuer aggressiven Kraft, die tief in ihm steckt. In einem Brief lässt er seiner Wut freien Lauf:

> *Da ist wieder dieses namenlose, nicht greifbare Gefühl, mir zieht sich der Boden unter den Füßen weg, und ich falle und falle und falle. Kein Halt, keine Hilfe, fallengelassen. Und dann kommt die Wut, Dir werde ich es zeigen!... In mir kommt ein Gelächter hoch, leck mich doch am Arsch, ja, so nicht, nein, so wirklich nicht. Meinen schwachen, wunden Punkt hast Du genau getroffen. Du spürst meine Abhängigkeit von Dir, und Du entziehst mir Deine Nähe, Du bestrafst mich für meine Ungezogenheit, meine Bösartigkeit...*
>
> *Dieses Allein-Gelassen-Werden ist mir sehr vertraut. Als Baby, sagt meine Mutter, habe ich viel geschrien, gebrüllt. Den Brei habe ich rausgespuckt. Schon als Baby hatte ich die Schnauze gestrichen voll. Ich wollte keinen Brei, ich wollte an die Brust meiner Mutter, saugen, doch die liebe Brustentzündung meiner Mutter hat das verhindert. Und heute spüre ich die ungeheure Wut, wenn immer Babys schreien, noch heute schaue ich neidisch auf die Kinder, die an der Brust ihrer Mutter hängen – und alle Mütter dieser Erde sollen es büßen, allen Weibern mit Brüsten will ich es zeigen. Ich bin der Herr, ich sage, wo es lang geht! Ich will mich rächen. Ja, da ist diese unbegreifliche, tief sitzende Wut, ja Hass, noch so fremd, furchterregend und doch so stark.*
>
> *Heute Nachmittag ist mir ein Druck eingefallen, den ich vor drei bis vier Jahren gemacht habe. In einer Schublade fand ich die Originaldruckplatte und einen Druck. Darauf ist eine riesige weibliche Brust im Längsschnitt dargestellt, und mitten in ihr ist eine Atombombenexplosion, sind Totenköpfe, drei aufgestellte Raketen und Atomreaktoren verborgen.*

Damals war mir das Bild irgendwie fremd. Jetzt bekommt es auf einmal mehr innere Klarheit, eine neue Dimension. Auf einmal drückt das Bild meine Enttäuschung, meinen Frust, meine Wut und meinen Hass aus. Ich konnte nie an einer Brust saugen. Ich konnte nie diese Hingabe einer Mutter zu ihrem Kind spüren, diese Einheit und körperliche Nähe. Diese Sehnsucht, diese nie gestillte Sehnsucht musste ich in ihr Gegenteil verkehren [...]

Jetzt spüre ich, dass diese ungeheure Zerstörungswut in mir drinnen ist. Die nie gestillte Sehnsucht, die Wut auf das Nicht-saugen-Können, die Enttäuschung, etwas Notwendiges nicht bekommen zu haben (dafür sollte ich Brei essen), all das hat diese Aggression und Zerstörung in mir ausgelöst. Deshalb auch mein Neid auf die Babys, die saugen dürfen, deshalb auch meine unheimliche Wut auf Babys, die schreien (ich sehe mich als schreiendes, enttäuschtes Baby). Jetzt wird mir auch klar, weshalb Brüste in meinem Leben eine solche Bedeutung haben.

Wenn ich das Bild weiter anschaue, sehe ich meine Macht-Fantasien dann gespiegelt. Raketen, Reaktor, Atomexplosion: alles ist nach oben gerichtet, wie ein Penis bei der Erektion, fertig zum Penetrieren, zum Vergewaltigen, zum Besitz-Ergreifen, zum Aneignen. Hier spüre ich auch mein Omnipotenzgehabe. Und dann diese Totenköpfe. Mein Spaß an der Zerstörung. Wenn ich schon nicht saugen durfte, nicht Warme, Geborgenheit und Liebe erfahren durfte, sollen alle anderen (besonders die Sauger und die Frauen, die sich saugen lassen) doch zur Hölle fahren. Ja, in mir spüre ich so eine Lust am Untergang, in einem riesigen Feuerball soll der ganze Menschheitsplanet (Mutter Erde) in die Luft gesprengt werden. Jetzt kann ich auch verstehen: beim Militär sind alle Nichtsauger. Sandkastenspiele mit Bomben und Menschen können nur von „Nichtsaugern“ erfunden, geplant und durchgeführt werden!

Offenbart dieser Brief uns nicht, was hinter dem Omnipotenzgehabe, dem Leistungs- und Rivalitätsdenken unserer patriarchalen Kultur und ihrem ewigen Wettrüsten im Kleinen wie im Großen stehen könnte? Drückt er nicht aus, was den meisten von uns zutiefst mangelt: bestätigende, fördernde Liebe, Wärme und Geborgenheit? Und geht es nicht darum, dass wir alle, Männer wie Frauen, lernen, den Archetyp der guten, fürsorglichen Mutter in uns zu entfalten, damit wir fähig werden, uns selbst, unsere Mitmenschen, die Natur und die Erde, die uns trägt, zu lieben?

Auch die folgenden Träume zeigen uns Aspekte der tödlichen *Ygramul*, die Ausdruck einer mangelnden Liebeserfahrung sind. Ein dreißigjähriger Mann träumt:

> *Rechts unten an meinem Körper, zwischen Hüftknochen und Penis, hat es mich gejuckt. Dort hatte ich so etwas wie einen Pickel, den habe ich abgekratzt. Am Finger sah er dann aus wie eine kleine rote Kugel mit schwarzen Punkten. Plötzlich schlüpften aus der Kugel Fliegen aus. An der Körperstelle, wo der Pickel gewesen war, kamen dann kleine Spinnen heraus. Diesen Anblick konnte ich noch einigermaßen ertragen, aber als dann auch noch die Spinnenmutter folgen wollte und sich langsam mit ihren großen, langen Beinen aus der Körperöffnung heraustastete, wurde mir unheimlich, und ich wachte auf.*

Dem Träumer fällt eine afrikanische Spinnenart ein, die ihre Eier unter die Haut eines Tieres oder auch Menschen ablegt. Die jungen Spinnen wachsen dort heran, bis sie schlüpfen. Das kann für das betreffende Lebewesen, das als Wirt fungiert, mit schlimmen Infektionen und Entzündungen verbunden sein. Dem Träumer ist das Hervorkommen der großen Mutterspinne besonders deshalb so unheimlich, weil er den Eindruck hat, dass sie nicht von einem Ort direkt unter seiner Haut, sondern mitten aus seinem Körper gekommen war.

Dieser Mann leidet unter sexuellen Ängsten Frauen gegenüber und einer dauernden Lebens- und Versagensangst.

Ich kann nicht genau sagen, was mit mir los ist. Eigentlich funktioniere ich sonst ganz gut. Aber ich weiß, so kann das mit mir nicht weitergehen. Ich spüre keinen eigenen Willen in mir, ich habe keine Empfindung für das Ich in mir. Meine Handlungen und Aussagen kommen mir vor, als sei ich ein von außen gesteuerter Automat. Wenn ich so willenlos bin, schiebe ich alles auf, hänge nur herum, bin lustlos, depressiv und neige dazu, zu viel zu trinken. Dann habe ich Angst, mich aufzulösen.

Seiner wenig einfühlsamen, dominanten Mutter gegenüber habe er, solange er denken könne, immer nur die Einstellung gehabt: „Ich will dir's recht machen, damit du mich liebst", und sein Vater, der selber nur eine Marionette der Mutter gewesen sei, habe seine eigene Enttäuschung darüber, dass er beruflich nicht so weit gekommen sei, wie er wollte, an ihm abgelassen und ihn einen Versager geschimpft.

Meinen Eltern gegenüber musste ich immer anders sein, als ich wirklich bin. Ich habe immer so getan, als sei ich erwachsen, und habe mich dabei in Lügen, Fantasien, erfundene Geschichten verstrickt, weil ich bewundert und akzeptiert werden wollte. Aber das waren nur Spielereien. In Wirklichkeit bin ich ein kleiner junge, der drei bis vier Jahre alt ist, alles andere sind Gewohnheiten, eingeübtes Wissen, automatische Reaktionen.

Der Traum eines anderen Mannes lautet:

Ich blicke auf die Schamlippen meiner Freundin. Die sehen aus wie ein Mund. Der Mund geht auf und lächelt. Dann werden Zähne sichtbar. Dann sehe ich einen ganzen Hundekopf, die Zähne werden bedroht gefletscht.

Auch dieser junge Mann leidet unter den uns bereits vertrauten Symptomen der Depression, der Selbstunsicherheit, der sexuellen Ängste und der Suchtneigung, wenn auch nicht so stark wie in dem vorangegangenen Fall. Das Weibliche zeigt sich in dem Traum ambivalent, nicht nur bedrohlich. Es taucht hier in einer seiner typischsten, aber auch archaischsten Formen auf, als Scheide, als der dunkle, geheimnisvolle Urschoß, der Eintritts- und Austrittspforte allen Lebens. Sie zeigt sich als verlockend verführerisches Lächeln und als beißend kastrierender Mund. Die „vagina dentata", die zahnbewehrte Scheide, ist ja eine der Urphantasien und Urängste der Männer.

Im Träumer muss also eine starke Ambivalenz sein, sein Leben eigenschöpferisch anzugehen. Wenn die Welt und das Leben als Lächeln, das dazu verführt, Kontakt mit dem Weiblichen einzugehen, dann lacht ihm gewissermaßen aus allen Lebenserscheinungen und aus allen Frauen diese auffordernde Versuchung entgegen, sich auf sie einzulassen, in sie einzudringen und ihr Geheimnis kennenzulernen. Das könnte den Träumer lebensoffen und schöpferisch machen, wenn ihn nicht gleichzeitig die andere Seite des Weiblichen abschreckte.

Das gefährliche Maul signalisiert ihm: Wenn du dich auf das Leben und das Weibliche, auf das dir Unbekannte und Fremde einlässt, dann wirst du deiner männlichen Potenz beraubt, dann wirst du verletzt, getötet und verschlungen. Mit anderen Worten: Er muss Angst haben, dass seine Aktivitäten und Anstrengungen, sein Leben zu meistern, zu Misserfolgen, Enttäuschungen und Kränkungen führen, die er nicht verkraften kann, die sein Selbstwertgefühl so sehr schwächen, dass er in einer Depression oder in einer Suchtabhängigkeit versinkt.

Diese Ambivalenz, einerseits zum Eindringen in das Leben verführt zu sein, andererseits vor dieser Verführung Angst zu haben, führt beim Träumer zu starken emotionalen Schwankungen. Manchmal hat er große Pläne und beginnt mit guten Vorsätzen ein neues Leben, ist voller Tatendrang und Lebensdurst, dann wieder gibt er nach kurzer Zeit auf und flüchtet sich in Ablenkungen. Es fehlt ihm der große Atem, die Kraft zum Durchhalten, weil hinter einer progressiven Aktivität bei ihm gleich die Angst vor dem Versagen lauert. Auch hat er verständlicherweise kein großes Vertrauen in die von seiner Anima hervorgerufenen schöpferischen Fantasien, er vertraut lieber den Gedanken und Ideen von Autoritätspersonen als seinen eigenen.

Wenn man will, lässt sich das Traumbild auch umgekehrt verstehen. Die lachende, lockende Scheide könnte die Neigung des Klienten sein, sich gerne in eine uterusähnliche Verwöhnungshaltung zurückzuziehen, wo es keine Spannungen und Konflikte mehr gibt und Schutz und Geborgenheit von der großen Mutter verliehen werden. Dann wäre das bedrohliche Maul ein hilfreiches Symbolbild, das den Klienten wäre ein Ausdruck seiner instinktiven, gesunden Angst vor dieser Regression, die seine Kraft zur Daseinsbewältigung nur lähmt. In ähnliche Richtung geht ein weiterer Traum:

> *Ich merke, dass mit mir im Bett meiner Mutter, mein Vater und meine Schwester liegen, also die ganze Familie. Meine Mutter wendet sich mir zu. Sie zeigt mir ihr Geschlechtsteil, ich schaue aber erschreckt weg und springe aus dem Bett.*

Hier lösen die von der Mutter angeregten Inzestfantasien im Träumer eine berechtigte Angst aus. Er fürchtet, wenn er mit seiner Mutter schlafen würde, wieder in eine kindliche Abhängigkeit zu ihr zu geraten. So entflieht er ihrer verlockend-bedrohlichen Magie mit einem Sprung aus dem Bett der Regression. Nichtsdestotrotz wird sich der Patient später wieder mit der „Großen Mutter" vereinigen müssen, wenn er stark genug geworden ist, um von ihrem Machtbereich nicht mehr gefangen gesetzt zu werden. Er wird sich mit ihr als seinem weiblich-schöpferischen Urgrund vereinigen müssen, um sich selbst neu zu zeugen und zu gebären.

So wie eine unbewusste Identität mit dem Familiensystem und der Familienpsyche eigenständiges Leben meist blockiert, so ist ein gewisser Anschluss an die Familientradition und die von der Familie ungelösten Aufgaben später wieder notwendig, um dem Individuum das Gefühl des Eingebettetseins in den Lebensstrom zu geben, der von Generation zu Generation fließt, und sein Leben einer höheren und zugleich ureigensten Aufgabe zu unterstellen.

Das waren einige der Formen der *Ygramul*, der schrecklichsten aller Schrecken. Diese *Ygramul* lauert mit ihrem tückischen Netz in den unbewussten Regionen vieler Menschen, denen Liebe, Wärme und einfühlendes Verständnis in ihrer Kindheit versagt geblieben sind, sodass sie nur ein schwaches, fassadenhaftes Ich-Gefühl aufbauen konnten und daher verständlicherweise vor den Anforderungen, den Konflikten, den Frustrationen und Kränkungen des Lebens angstvoll zurückweichen. Ablehnung bedeutet für sie Existenzvernichtung; Anpassung an die Wünsche, Gefühle und Meinungen der anderen ist ihre einzige psychische Überlebenschance.

Die *Ygramul* lauert in der Todeszone der Seele, dort, wo aller Lebenswille erlischt, wo alle Lebensbewegung, alle Lebensfreude von ihrem Gift der Angst, des Pessimismus und des Hasses gelähmt wird. Verständlich, dass sich nur wenige in diese Todeszone, in den Bereich der Todesmutter, hineinwagen, vor ihr in tausenderlei Weisen fliehen und gerade deshalb von ihr um so sicherer in ihr Netz eingesponnen werden. *Bastian* kann ihr nur mithilfe seines heldenhaften inneren Führers *Atréju* begegnen, der in Anbetracht seines höheren Auftrages bereit ist, sich von ihr den Todesbiss geben zu lassen.

In der Selbsterfahrung benötigt man einen Begleiter, der die vielen Formen der *Ygramul* kennt und erfahren hat und der von ihrem Geheimnis weiß: Wenn man sich von ihr beißen lässt, dann kann man sich auch von ihr befreien. Aber man muss den Tod riskieren, das heißt die Auflösung bisheriger Einstellungen und Haltungen. Wieder ist dies viel leichter gesagt und geschrieben als getan. Es bedeutet in Wirklichkeit häufig, nichts Geringerem als der Angst vor dem Verrückt-Werden und vor dem totalen Orientierungsverlust zu begegnen. Wer sich aber der auflösenden Wirkung der *Ygramul* bewusst auszusetzen vermag, der hat eine Chance, der heilenden, lebenserneuernden Gnomenfrau *Urgl* oder auch der zärtlichen, nährenden Dame *Aiuóla* zu begegnen, die alle körperlichen und seelischen Wunden zu heilen weiß, wenn auch nicht vollständig und narbenlos, aber doch so, dass man wieder mit dem Leben versöhnt wird und es seine Schrecken verliert.

2.2 Die fürsorgliche Dame Aiuóla

Traum: „Ein Mann liegt an der Brust einer Frau. Arzte warnen, man könne davon krank werden. Ebenso wenn man an dem Dammbein liegt."

Der Träumer hat in dieser Phase der Therapie ein sehr starkes Bedürfnis nach großen Brüsten, die er gerne ganz in seinen Mund aufnehmen würde. Er möchte bis in den eigenen Brustbereich hinein ganz ausgefüllt sein mit der Wärme und Milch dieser schenkenden Brüste, endlich einmal gesättigt und befriedigt. „Wenn ich einmal so ganz angenommen werden könnte, in den Arm genommen, die Wärme und Weichheit der Brust spüren könnte und mich ein liebender Blick träfe, dann könnte etwas in mir zusammenbrechen, das ganze falsche Wesen, das Gehabe von mir."

Vielen Menschen wäre eine eine Dame *Aiuóla* im *Änderhaus*, deren ganze Existenzaufgabe darin besteht, Zärtlichkeit, Geborgenheit und Wärme zu geben, so lange, bis wir zutiefst satt geworden sind an dieser mütterlichen Gabe und aus dieser Sättigung der Wunsch erwachen kann, selbst zu lieben.

Die Ärzte in obigem Traum als Repräsentanten einer patriarchalen Heilkunde sehen allerdings Gefahren in dieser matriarchalen Heilweise durch Brust und Schoß, sie warnen, dass man davon krank werden könne. Wenn sie vielleicht das Mysterium der Heilung durch das Weibliche auch nicht verstehen, so ist ihre Warnung doch nicht ganz unberechtigt, besonders dann, wenn die Sehnsucht nach den sättigenden und befriedigenden Mutterbrüsten und dem Geborgenheit verleihenden Mutterschoß dazu führt, dass ungeeignete Ersatzbrüste und -schöße gesucht werden, zum Beispiel in Form von Alkohol und Drogen, die als „vergiftete" Muttermilch eben nicht nähren, aufbauen und für die Bewältigung des Lebens stärken, sondern in den häufig tödlichen Kreislauf von Ersatzbefriedigung und Lebensuntüchtigkeit hineinziehen. Solche Brüste wären dann Brüste der Todesmutter.

Wir müssen zudem wohl auch mit der schmerzlichen Einsicht leben, dass die Defizite, die wir in der Kindheit durch fehlende Mutterbrüste erhalten haben, auch durch die beste Therapie und den einfühlsamsten Liebespartner nie ganz nachgeholt werden können. (Wenn hier wiederholt Mutterbrüste angesprochen werden, so ist dies konkret und symbolisch gemeint. Es kommt nur zum Teil auf den realen Stillakt an, eine größere Rolle spielen die mit dem Stillakt für den Säugling verbundenen Erlebensformen wie Körperkontakt, Sicherheit, Schutz, Vertrauen, Hingabe, liebevoller, bestätigender Blickkontakt, Angstberuhigung, Zärtlichkeit, Wärme und so weiter, die auch über andere Kommunikationsformen als den Stillakt dem Kind vermittelt werden können.) Sie können aber durch Annehmen der mit diesen Defiziten verbundenen sehr tiefen und frühen Gefühle der Hilflosigkeit und Verlassenheit, der Enttäuschung, der Angst, der Wut und der Trauer so weit gemildert, beruhigt und überwachsen werden, dass sich eigene Liebesfähigkeit zu entfalten vermag. Derselbe Mann träumt später:

> *Ich begegne auf der Straße zwei hübschen Frauen. Die eine nimmt mich zärtlich-liebevoll in den Arm, schaut mich an und sagt zu mir: „Du kannst von mir alles haben, was du brauchst."*

Da ist sie ja, die Dame *Aiuóla*! In ihren liebevollen Armen kann der Patient lernen, sich selbst zu lieben, und damit seine innere und äußere Welt verändern ... wenn er nicht dem gefährlichen Zauber anderer Aspekte seiner Anima verfällt.

2.3 Die verführerische Hexe Xayíde

Während wir es bisher mit mütterlichen Aspekten des Weiblichen in unserer Seele zu tun hatten, wollen wir uns nun noch einigen anderen Formen zuwenden.

Ein junger Mann, der stark die Neigung hatte, sich in eine Fantasie- und Traumwelt zurückzuziehen, wenn Aktivität von ihm gefordert wurde, träumte:

Ich bin in einem gemütlich eingerichteten Raum, ein langer Tisch ist mit den herrlichsten Speisen gedeckt. Ich habe Hunger, und gerade als ich zugreifen will, bemerke ich, dass sich die Türe langsam schließt. Mir wird erschreckend klar, dass ich, wenn sie geschlossen ist, in dem Raum gefangen bin. Ich stürze zur Tür, kann sie gerade noch aufhalten und den Raum verlassen. Draußen sitzt an einem Tisch eine alte, unheimliche Frau. Sie ist eine Zauberin, eine Hexe. Sie lockt die Menschen in den Raum, um sie dort gefangenzuhalten. Sie hat aber eine jüngere Tochter in meinem Alter, die zwar auch eine Hexe ist, aber eine wohlgesonnene. Wir verlieben uns ineinander, küssen uns, und sie sagt, wir würden gemeinsam versuchen, die Macht und den Einfluss ihrer Mutter zu brechen.

Das ist natürlich das Hänsel-und-Gretel-Thema. Wie in dem bekannten grimmschen Märchen die Gretel ihrem Bruder hilft, sich aus dem Hexenbann zu befreien, in den ihn sein Hunger und die süßen Verlockungen getrieben haben, so will in diesem Traum eine gleichaltrige Frau dem Träumer in der gleichen Gefahr beistehen. Es ist interessanterweise die Tochter der Hexe, ein Anima-Aspekt also, der sich aus dem Bereich des bannenden Mutterkomplexes emanzipiert hat, mit deren Hilfe sich der Träumer aus seiner Traum- und Wunschwelt, seiner Verwöhnungs- und Bequemlichkeitshaltung heraus zu einer eigenverantwortlicheren Lebenstätigkeit entwickeln soll.

Aber der Träumer muss sich bewusst bleiben, dass die Tochter eben auch eine Hexe ist und dass sie über kurz oder lang auch versuchen wird, einen hexenhaften Einfluss auf ihn auszuüben. Zu leicht verfallen Männer, kaum, dass sie dem Einfluss des hemmenden Mutterkomplexes einigermaßen entwachsen sind, gleich wieder einem anderen, dem Heldenkomplex, indem sie sich der Eroberung der Frau zuliebe in gefährliche Kämpfe, Rivalitäten und ehrgeizige Berufs- und Machtprojekte hineinziehen lassen, ohne sich darüber klar zu werden, was sie eigentlich für sich selbst als Mann wollen, als Mann, unabhängig von einer Frau und deren Wünschen und Hoffnungen.

Xayíde, die mächtigste Zauberin *Phantásiens*, ist eine solche Seelengestalt. Sie versteht es mit den raffinierten „weiblichen" Mitteln des Besiegtwerdens, der Hingabe, der Unterordnung und Bewunderung, die Größenfantasien *Bastians* so zu nähren, dass er ihren eigenen Machtzielen dient. Aber wie häufig auch im Leben glaubt *Bastian*, es seien seine eigenen wahren Ziele, die er da kompromisslos und ehrgeizig verfolgt, und weiß nichts von den Einflüsterungen seiner Anima.

Zum Abschluss noch ein Traum des oben erwähnten Mannes, den er etwa ein Jahr nach dem Hexentraum hatte:

> *Mit einer gleichalten Frau liege ich nackt auf einem Altar, der wie eine große Opferschale geformt ist, und wir vereinigen uns in großer Liebe. Es ist wie ein Ritual.*

Das scheint einer der „großen" Träume zu sein, mit denen uns unsere Seele gelegentlich beschenkt und mit denen wir über Jahre hinaus leben können. Im Verlaufe einer sehr langen Krise mit seiner Partnerin hatte sich der Träumer immer wieder mit seiner Anima, also dem, was er an ihm fremdem Eigenem in seine Partnerin unbewusst hineinsah, auseinandersetzen müssen. Dabei erkannte er zunehmend den projektiven Charakter seiner Beziehung, er begann sich von dem Einfluss und der Macht, die er als von den Frauen ausgehend empfand, zu lösen und erlebte seine sexuellen Bedürfnisse nicht mehr als so belastend und ihn von den Frauen abhängig machend wie früher. Das ließ ihn im Umgang mit Frauen freier und selbstverständlicher werden. Einerseits verloren dadurch die Frauen für ihn etwas von ihrer faszinierenden Wirkung, andererseits aber konnte er ihnen jetzt entspanntger, toleranter, persönlicher und liebevoller begegnen. Gleichzeitig gewann er zunehmend mehr Energie für eine befriedigende berufliche Tätigkeit.

Indern sich im Traum die sexuelle Vereinigung des Träumers mit seiner Anima auf einer rituellen, religiösen Ebene vollzieht, deutet sich an, dass sich in ihr mehr ausdrückt als eine bloße sexuelle Wunscherfüllung oder als ein rein biologischer Akt der Fortpflanzung. Diese Aspekte hatten sich in seinen Träumen manchmal ganz direkt und unverhüllt dargestellt. Hier nun scheint es sich um eine „höhere" Form der Gegensatzvereinigung zu handeln, bei der als Folge der Vereinigung mit der Anima und deren teilweiser Integration die Möglichkeit einer Wandlung und Bewusstseinserweiterung in transpersonale Aspekte hinein anklingt. Ein solcher Reifungs- und Veränderungsprozess bildet sich häufig in religiöser Symbolik ab.

3. Unser inneres Kind

3.1 Zum Kind reifen

Auf der Suche nach unserer Identität stoßen wir unweigerlich auf die Notwendigkeit, uns mit unserem „inneren Kind"[52] zu beschäftigen. Als Kind leben wir noch am unmittelbarsten aus unseren Wünschen, Gefühlen und Bedürfnissen heraus, und diese Fähigkeit der direkten Wahrnehmung und Umsetzung innerer Impulse benötigen wir, um den Zugang zu unserem „wahren" Willen zu finden. Kinder verfliegen darüber hinaus – natürlich immer unter der Voraussetzung, dass ihre Entwicklung relativ ungestört verlaufen kann – über eine Reihe sehr wertvoller Fähigkeiten, die im Verlauf der Anpassung an die Erwachsenenwelt häufig verloren gehen. Auch diesen Fähigkeiten müssen wir uns wieder annähern: Neugier, Forschungsdrang, Experimentierfreude, Spieltrieb, Kreativität, Fantasie, Sensibilität, Humor, Optimismus, Lernbereitschaft, Flexibilität und ganzheitliches, körperlich emotionales Ausdrucksvermögen.

In vielen Träumen Erwachsener erscheint das Kind-Motiv. Meist hat es dabei zwei verschiedene Bedeutungen. Einmal kann es den Träumer auf Seiten und Eigenschaften hinweisen, in denen er infantil, unentwickelt geblieben ist: zum Beispiel Unselbstständigkeit, Verwöhnungshaltung, ungesteuerte Affekte und Autoritätsängste. Hier geht es dann darum, dass der Träumer sein inneres Kind erzieht und erwachsen werden lässt zurückkehren, wobei es wichtig ist, dass diese Rückkehr nicht nur intellektuell in Form einer bloßen Wiedererinnerung stattfindet, sondern zugleich ein Wiedererleben und Aufarbeiten ist.

Vieles bleibt wegen des raschen Flusses der Jahre und des überwältigenden Einströmens der eben entdeckten Welt unerledigt zurück. Davon hat man sich nicht befreit, sondern bloß entfernt. Kehrt man also aus späteren Jahren wieder zur Kindheitserinnnerung zurück, so findet man dort noch lebendige Stücke der eigenen Persönlichkeit, die sich umklammernd an einen anschließen und einen mit dem Gefühl der früheren Jahre wieder durchströmen. Jene Stücke sind aber noch im Kindheitszustand und deshalb stark und unmittelbar. Nur wenn sie mit dem erwachsenen Bewusstsein wieder verbunden werden, können sie ihren infantilen Aspekt verlieren und korrigiert werden. Dieses „persönliche Unbewusste" muss immer zuerst erledigt, das heißt, bewusst gemacht werden, sonst kann der Eingang zum kollektiven Unbewussten nicht eröffnet werden.[44]

Zum anderen kann das Kind Symbol für neue schöpferische Entwicklungsmöglichkeiten sein, die der Träumer behutsam und liebevoll fördern muss. Diesen Aspekt meint C. G. Jung, wenn er schreibt:

In jedem Erwachsenen steckt ein Kind, ein ewiges Kind, ein immer noch Werdendes, nie fertiges, das beständiger Pflege, Aufmerksamkeit und Erziehung bedürfte. Das ist der Teil der menschlichen Persönlichkeit, der sich zur Ganzheit entwickeln möchte.[45]

In dieser Auffassung wird das Bild des Kindes sogar zu einem zentralen Inhalt, zur Mitte und zum Selbst der menschlichen Persönlichkeit. Diese Bedeutung hat es in vielen Mythen und Religionen. Als „Göttliches Kind" bezeichnet es stets den Wendepunkt einer großen menschheitsgeschichtlichen Entwicklung und den Anfang einer geistig-religiösen Erneuerung.

So gesehen, ist es nicht nur Aufgabe unseres Entwicklungsprozesses, vom Kindesalter ins Erwachsenendasein voranzugehen, sondern auch die Aufgabe des Erwachsenen, dieses Kind in sich zu bewahren und lebendig zu erhalten oder, wenn es verloren gegangen ist, es wiederzufinden und sich zu ihm hin zu entwickeln, zum Kind zu reifen (20). Wem fällt da nicht das Jesuswort ein: Wenn ihr nicht umkehrt und wie die Kinder werdet, könnt ihr nicht in das Himmelreich kommen" (Matthäus 18,3)?

In der *Unendlichen Geschichte* erleben wir die beschriebenen verschiedenen Kindaspekte. Die infantilen und die schöpferisch-kindlichen Seiten haben wir ja sowohl in *Bastian* als auch in *Atréju* bereits kennengelernt. Die *Kindliche Kaiserin*, die aussieht wie ein unbeschreiblich schönes kleines Mädchen von höchstens zehn Jahren, weist neben ihren Weiblichkeits-Aspekten deutliche Züge des Göttlichen Kindes auf.

Ihre Beschreibung deckt sich auch in Vielem mit der Beschreibung des Selbst in der Analytischen Psychologie C. G. Jungs. Das Selbst steuert, wie die *Kindliche Kaiserin*, von Anbeginn an die menschliche Entwicklung und ist zugleich ihr Ziel. Es besteht vor aller Ich-Bewusstseinsentwicklung, ja das Bewusstsein geht aus dem Selbst als seinem Urgrund hervor. Obwohl das Ich-Bewusstsein seine ganze Existenz und schöpferische Lebenskraft aus dem Selbst bezieht, bleibt ihm dieses Selbst ein unerkennbares Geheimnis.

Anfangs sahen wir, dass, wenn der Lebensfluss gehemmt oder versiegt ist, es der Suche nach der Quelle des Wassers des Lebens bedarf. Jetzt zeigt sich, dass zwischen dem göttlichen Kind und dem Wasser des Lebens eine enge Beziehung besteht. Das ist auch gar nicht unverständlich, denn im kleinen Kind sind die Entfaltungsmöglichkeiten noch sehr umfassend, in ihm fließt die Quelle des Selbst noch uneingeschränkter als beim Erwachsenen. Deshalb führt der Weg zur Lebensquelle über das Kindsein.

> *Die Quelle aber kann nicht aufgefunden werden, wenn sich das Bewusstsein nicht dazu bequemt, ins „Kinderland" zurückzukehren, um dort, wie früher, die Weisungen vom Unbewussten zu empfangen.*[47]

3.2 Die Rückkehr ins Kinderland

Eine Frau träumte, sie befinde sich in einer großen Wohnung mit vielen Räumen. Von irgendwoher hört sie ein leises Weinen. Sie läuft suchend durch alle Räume und findet schließlich in einer Ecke ein etwa vierjähriges Mädchen. Sie spürt, dass dieses kleine Mädchen sich in den hintersten Winkel der Wohnung zurückgezogen hat, weil es niemanden hat, mit dem es reden und spielen kann.

In unseren Träumen finden wir recht häufig das Motiv des vernachlässigten und einsamen Kindes. Es weist darauf hin, dass wir unsere kindlichen Bedürfnisse und Möglichkeiten, die ja auch auf unser Selbst hinweisen, nicht genügend wahrnehmen. Vielleicht verdrängen wir unsere Sehnsucht nach einfühlsamer Liebe, warmer Geborgenheit, hilfreicher Fürsorge und Unterstützung, um anderen gegenüber sicher, stark und unabhängig zu erscheinen. Oder vielleicht trauen wir uns nicht, unsere kindliche Lebensfreude, Neugier und Fantasie zu zeigen, um uns nicht in den Augen anderer lächerlich zu machen. Auch wenn wir noch so erwachsen und reif erscheinen wollen, so lebt in uns doch zeitlebens das Kind, das wir einst waren. Erscheint das verlassene oder bedrohte Kind in unseren Träumen, dann sollten wir sehr wachsam sein und zu verstehen suchen, welche innere Not und Sehnsucht sich in ihm darstellt. Wie können wir das tun?

Es hilft uns, wenn wir uns vorstellen, wie wir mit einem wirklichen kleinen Kind umgehen würden, das sich einsam und vernachlässigt fühlt, sich in eine dunkle Ecke der Wohnung zurückgezogen hat und kaum noch wagt, irgendetwas zu sagen oder zu tun. Genauso können wir uns dem Kind annähern, das wir selbst sind.

Zunächst natürlich müssten wir das Kind überhaupt vermissen, müssten trauern und darunter leiden, dass uns etwas Lebenswichtiges verloren gegangen ist. Wir müssten spüren, dass wir aufgehört haben, die Welt mit großen, neugierigen Augen zu betrachten und ständig neue Fragen an sie zu richten. Wir müssten spüren, dass wir aufgehört haben zu spielen, zu tanzen, zu lachen und zu weinen. Wenn wir unser verlorenes Kind mit ganzem Herzen vermissen, wird die Sehnsucht nach ihm unsere Suche steuern.

Schauen wir uns in unseren Lebensbereichen um, ob wir irgendwo eine Spur von ihm entdecken können. Wann waren wir das letzte Mal so richtig ausgelassen, albern, haben jemandem einen Streich gespielt, waren schadenfroh, haben uns ganz ungeniert gehen lassen? Wann haben wir uns das letzte Mal über eine Kleinigkeit „wie ein kleines Kind" gefreut? Bei welcher Tätigkeit haben wir Zeit und Raum um uns herum total vergessen? Wann haben wir zuletzt von großen, neuen Möglichkeiten geträumt und wunderschöne Luftschlösser gebaut? Wann waren wir das letzte Mal voller Trotz, voller Zorn, aber auch voller Bewegungslust und Sinnlichkeit, voller Zärtlichkeit und Liebesbedürftigkeit?

Wenn unsere Lebensräume bereits so erwachsen eingerichtet sind, dass für diese „Kindereien" kein Raum mehr bleibt, dann müssen wir uns zurückversetzen in die Spiele, Sehnsüchte und Wünsche unserer Kindheit. Was sind unsere frühesten Erinnerungen? Was waren unsere Lieblingsgeschichten, Lieblingsmärchen, Lieblingsfilme? Mit welchen Helden, Idolen, Personen haben wir uns identifiziert? Welchen Beruf wollten wir ergreifen? Was haben wir uns von unserem späteren Erwachsenendasein erträumt? Wovor hatten wir am meisten Angst? Was stellten wir uns vor, was wir tun würden, wenn wir endlich groß geworden wären?

Das geduldige Einlassen auf diese Fragen bildet nicht nur eine Brücke zu unserem inneren Kind, sondern bietet auch wertvolle Aufschlüsse über unsere damalige seelische Situation. Jede unserer Haupterinnerungen und jede unserer Lieblingsgeschichten stellt eine kleine, in sich geschlossene Abbildung unserer damaligen Hoffnungen und Ängste dar. Viele davon bestimmen auch heute noch unbewusst unser Verhalten und Erleben.

Haben wir schon einmal beobachtet, wie ein Erwachsener ganz versunken auf dem Speicher sitzt und in alten Erinnerungsstücken aus seiner Kindheit kramt? Wehmütig blättert er da in alten Büchern und Heften, spielt für einen Augenblick ganz in kindlicher Manier mit den alten Spielzeugen, obwohl er doch eigentlich nur heraufgekommen war, um Platz für abgelegte Sachen zu schaffen.

Die Objekte unserer Kindheit sind wie magisch aufgeladen, sie vermögen immer noch uns zu faszinieren und in das Kinderland zurückzuversetzen. In ähnlicher Weise kann uns ein Gang durch die Spielwarenabteilung eines Kaufhauses, ein Besuch der Orte unserer Kindheit, das Blättern in alten Fotoalben, das Gespräch mit Eltern, Geschwistern und Freunden helfen, unsere Erinnerungen zu aktivieren.

Versuchen wir doch einmal, an die Gestaltungsmöglichkeiten unserer Kindheit anzuknüpfen. Wir könnten tonen, kneten, töpfern, malen, basteln, bauen, und wir könnten damit dort anfangen, wo wir in der Kindheit aufgehört haben, anstatt von uns zu verlangen, dies auf Erwachsenenniveau und mit Erwachsenenzielen zu tun.

C. G. Jung war in der Mitte seines Lebens in eine Phase starker Desorientierung geraten, und alle seine bewussten Maßnahmen führten ihn nicht weiter.

> *Da sagte ich mir. „Ich weiß so gar nichts, dass ich jetzt einfach das tue, was mir einfallt." Damit überließ ich mich bewusst den Impulsen des Unbewussten. Als erstes tauchte eine Erinnerung aus der Kindheit auf, vielleicht aus dem zehnten oder elften Jahr. Damals hatte ich leidenschaftlich mit Bausteinen gespielt. [...] „Aha", sagte ich mir, „hier ist Leben! Der kleine Junge ist noch da und besitzt ein schöpferisches Leben, das mir fehlt. Aber wie kann ich dazu gelangen?" Es schien nicht unmöglich, die Distanz zwischen der Gegenwart, dem erwachsenen Mann, und meinem elften Jahr zu Überbrücken. Wollte ich aber den Kontakt mit jener Zeit wiederherstellen, so blieb mir nichts anderes übrig, als wieder dort hin zurückzukehren und das Kind mit seinen kindlichen Spielen auf gut Glück wiederaufzunehmen. Dieser Augenblick war ein Wendepunkt in meinem Schicksal, denn nach unendlichem Widerstreben ergab ich mich schließlich darein zu spielen. Es ging nicht ohne äußerste Resignation und nicht ohne das schmerzhafte*

Erlebnis der Demütigung nichts anderes wirklich tun zu können als zu spielen.[48]

Will es uns aber gar nicht gelingen, mit diesen Methoden in eine Verbindung zu unserem Kindsein zu treten, dann haben wir noch die Möglichkeit, von wirklichen Kindern zu lernen, indem wir versuchen, uns mit ihnen zu identifizieren, uns auf ihre Welt einzustellen und uns von ihnen führen zu lassen. Leider nutzen viele Eltern diese wunderbare Chance nicht, sich durch ihre Kinder verjüngen und lebendig machen zu lassen. Sie bleiben allein in ihrer Eltern- und Erzieherrolle, verbessern und korrigieren ständig, damit ihre Kinder zu tüchtigen Erwachsenen werden, und vergessen dabei, dass ihnen ihre Kinder auch helfen könnten, zum Kind zu reifen.

3.3 Das Leben im Kinderland

Nehmen wir nun einmal an, wir hätten unser inneres „Traumkind" endlich in seiner Ecke entdeckt. Damit sich Vertrauen entwickeln kann und das Kind sich uns öffnet, müssen wir ihm einen schützenden, angstfreien, liebevoll förderlichen Raum geben, sowohl innerlich als auch äußerlich. Wir müssen auch berücksichtigen, dass wir es möglicherweise über Jahre und Jahrzehnte vernachlässigt haben und dass es sehr viel Zeit, Ermutigung und Bestätigung braucht, bis es wieder wagt, seine Fähigkeiten auszudrücken.

Ihm äußerlich Raum geben meint, ihm tatsächlich regelmäßig jeden Tag oder jede Woche eine bestimmte Zeit zur Verfügung zu stellen und auch einen Ort, an dem es ungestört alles das tun kann, wozu es Lust hat. Dem Kind innerlich Raum geben heißt, alle seine Lebensäußerungen, seine Wünsche und Fantasien anzunehmen, ohne sie zu kritisieren, zu werten, zu beurteilen oder zu disziplinieren. Es ist die Haltung einer liebenden Mutter oder eines liebenden Vaters, die oder der erwartungsfroh Anteil nimmt an den ersten Lebensregungen des Kindes und sie stolz und freudig lächelnd willkommen heißt.

Aber wie leicht ist das gesagt und wie schwer ist es getan! Stellen wir uns vor, wir beginnen unsere Zeichen- und Malversuche wie ein drei- oder vierjähriges Kind. Wieviel Scham, wieviel Peinlichkeit, wieviel Angst vor Abwertung und Geringschätzung mögen mit dem verbunden sein, was wir da produziert haben. Es ist, als würden auf einmal alle Väter und Mütter, alle Pfarrer und Lehrer über unsere Schultern schauen, unsere kläglichen Versuche kommentieren und zensieren: „Was soll denn das sein? Was soll denn das werden, wenn es fertig ist? Das sieht aber noch gar nicht aus wie ein richtiges Pferd. Da musst du noch hier und da ... „

Für viele von uns ist es sehr schwierig, ihre Eltern-Ich-Einstellung und ihren Anspruch auf künstlerische Ästhetik und Perfektion zu überwinden und ganz der Lust des Kindes zu folgen, ihm nichts aufzuzwingen und es Zeit, Ort und Art der Aktivität selbst wählen zu lassen.

Wir benötigen Geduld, Güte und Nachsicht, denn das vernachlässigte Kind in uns besitzt nicht nur positive und konstruktive, sondern auch sehr störende Eigenschaften. Es ist eigensinnig und egoistisch, von Lust und Laune abhängig, undiszipliniert und unordentlich, hat also viele Eigenschaften, die uns das Leben schwer machen können. Aber wenn wir nicht seine infantil-kindischen Seiten akzeptieren können, können wir auch keinen Zugang zu seinen konstruktiven, kreativen Seiten gewinnen, denn im Zustand des Kind-Seins ist Positives und Negatives, Progressives und Regressives noch ununterscheidbar vermischt. Hinter uns peinlich erscheinenden analen Kotfantasien oder hinter Allmachts- und Größenvorstellungen kann sich viel mehr an ursprünglicher Lebendigkeit verbergen als in braven, naivschulmäßigen Ausdrucksformen wie zum Beispiel einer reinlichen Zeichnung oder einem wohlkonstruierten Legohaus. Letztere sind zwar unserem Erwachsenenbewusstsein näher und erfreulicher, offenbaren aber häufig eher ein überangepasstes, ängstliches Kind.

Erst viel später, wenn unser inneres Kind Vertrauen zu uns gefasst hat und sich darauf verlassen kann, dass wir ihm seine Würde lassen, gleich, wie seine Fantasien und Wünsche auch aussehen mögen, können wir mit unserem Erwachsenen-Bewusstsein in einen Dialog zu ihm treten. Denn das Kind in uns leben zu lassen heißt nicht, alle seine Seiten unreflektiert auszuleben. Zwar wird es – besonders am Anfang der Begegnung mit dem inneren Kind – notwendig sein, dass wir auch solche Fantasien und Wünsche ausleben, die sich später als ungünstig und dumm herausstellen; aber in dem Maße, in dem sich die Beziehung und Kommunikation zu ihm entwickelt, werden wir unterscheiden lernen, welche Aspekte gelebt werden und welche nur Fantasien bleiben sollten. Die Befürworter eines Auslebens aller kindlichen Impulse unterschätzen häufig die regressive Sogwirkung, die von einer zu starken Belebung des Kinderlandes ausgehen kann. Die Gefahr, die in *Phantásien* droht und uns verleitet, dort zu bleiben, ist beträchtlich und zu einem großen Teil auch für die instinktiv wohlbegründete Furcht verantwortlich, die das Ich-Bewusstsein vor ihm hat.

4. Der Alte Weise

4.1 Der Alte Weise als strukturierendes Prinzip

Es klang schon an, dass das schöpferische Leben immer zweier Fähigkeiten bedarf. Neue Wünsche und Fantasien allein sind noch nicht schöpferisch. Deshalb benötigen wir neben der Offenheit und Empfänglichkeit für das Lebendige in uns auch die Gabe, es in eine sinnvolle Ordnung und Form zubringen. Identitätsbildung und schöpferisches Leben spielen sich immer zwischen den Polen Offenheit und Flexibilität einerseits und Abgrenzung und Stabilität andererseits ab.

Während die *Kindliche Kaiserin* als das „Große Weibliche“ und das „Göttliche Kind“ das erstere Prinzip verkörpert, wird das zweite Prinzip hauptsächlich von den männlichen Gestalten der *Unendlichen Geschichte* repräsentiert, ganz besonders aber vom Alten vom Wandernden Berge, von dem die *Kindliche Kaiserin* sagt, dass er in allem ihr Gegenteil sei. Er ist der Chronist *Phantásiens*. Er wohnt in den fernsten *Eisregionen des Schicksalsgebirges* in einem großen Ei. Alles, was in *Phantásien* geschieht, schreibt er in seinem großen Buch auf, und alles, was er schreibt, geschieht. Durch sein Aufschreiben wird das, was einst Leben war, zur festen, unveränderlichen Struktur. Deshalb warnt er auch die *Kindliche Kaiserin* als Repräsentantin des Wachstumsprinzips so eindringlich davor, mit ihm zusammenzutreffen:

> *„Kehr um! Lass dich belehren! Begegnest du mir altem Mann, geschieht, was nicht geschehen kann: Der Anfang sucht das Ende auf […]. Was du erschaffst und was du bist, bewahre ich als der Chronist: Buchstabe, tot unwandelbar, wird alles, was einst Leben war […].“* [18]

4.2 Der doppelte Aspekt des Alten Weisen

Die astrologische Symbolik kennt diesen Archetypus des Ewig-Alten, des Senex, unter seinem römischen Namen: Saturn. Die Griechen nannten ihn Kronos. Als fernster und langsamster Planet im klassischen astrologischen System gilt er als kalt, distanziert, unpersönlich, einsam, bleiern schwer. Unter seinem Einfluss erstarrt das Leben; alle bewegende Dynamik wird abgebremst, alles Fließen versandet oder gefriert; Müdigkeit, Enttäuschung und Resignation legen sich erdrückend und beklemmend über die Seele. Saturn ist der Herr von Melancholie, Depression und Zwanghaftigkeit, von Krankheit, Sterben und Tod.

Die *Uralte Morla* aus der *Unendlichen Geschichte* ist ebenfalls eine typische Repräsentantin dieses saturnischen Prinzips. Was sie *Atréju* entgegnet, als er sie um Hilfe bittet, könnte direkt der Psychologie saturnischer oder auch sehr alter, lebenssatter Menschen entnommen sein:

> *„Schau mal“, gurgelte die Moria, „wir sind alt, Kleiner, viel zu alt. Haben lang genug gelebt. Haben zu viel gesehen. Wer so viel weiß wie wir dem ist nichts mehr wichtig. Alles wiederholt sich ewig, Tag und Nacht, Sommer und Winter, die Welt ist leer und ohne Sinn. Alles dreht sich im Kreis.*

Was entsteht, muss wieder vergehen, was geboren wird, muss sterben. Hebt sich alles auf, das Gute und das Böse, das Dumme und das Weise, das Schöne und das Hässliche. Ist alles leer. Nichts ist wirklich, Nichts ist wichtig."
Atréju wusste nicht, was er antworten sollte. Der riesenhafte, dunkle und leere Blick der Uralten Morla lähmte alle seine Gedanken. Nach einer Weile hörte er, da sie wieder sprach: „Du bist jung, Kleiner. Wir sind alt. Wenn du alt wärst wie wir, dann wüsstest du, dass es nichts gibt als die Traurigkeit. Schau mal. Warum sollen wir nicht sterben, du, ich, die Kindliche Kaiserin, alle, alle? Ist doch alles nur Schein, nur ein Spiel im Nichts. Ist alles ganz gleich. Lass uns in Ruh', Kleiner, geh fort." [19]

Ohne Frage hat ihre lange Lebenserfahrung die *Uralte Morla* sehr weise gemacht, sie sieht die Dinge, wie sie ganz realistisch und ganz nüchtern betracht auch sind. Aber die Dinge zu sehen, wie sie sind, muss nicht notwendigerweise traurig machen. Das geschieht nur, wenn der Zugang zum inneren Kind mit seinen Hoffnungen, Fantasien und auch notwendigen Illusionen verloren gegangen ist. Deshalb spüren viele alte Menschen instinktiv, wie gut es ihnen tut, mit Kindern zusammen zu sein. Das äußere Kind hilft ihnen, ihre Altersschwere zu vergessen und ihr inneres Kind lebendig zu erhalten.

Bei Fritz Werle lesen wir über Saturn:

Er ist der Herr der ewig unwandelbaren Zeit [...] Der älteste der Götter ist auch deren härtester. Er hat keine oder kaum versöhnliche Züge [...] In seiner Ewigkeit gibt es keinen Unterschied der Erscheinung mehr, in seiner Totenruhe ist alles wieder zum gleichen Ausgang zurückgesunken [...] Als Zerstörer ist er vor allem vegetations- und zeugungsfeindlich; daher auch die Kindopfer, die ihm dargebracht werden. Der Verborgene aber richtet an der Schwelle des Todes über die Seele in unerbittlicher Härte und Strenge.

Er hat zu seinen Füßen jenes „Buch der Schicksale“, bei dem alles menschliche Tun und Lassen verzeichnet wird für das Gericht [...] Aber die Zusammenhänge (weshalb Saturn der Zerstörer des Lebens und zeugungsfeindlich ist, Anm. des Autors) liegen tiefer in der Doppelnatur des „Alten der Tage“. Die Entmannung, die seine Sichel herbeiführt, hängt eng zusammen mit seinem verborgenen Wesen. In den Evangelien gibt es eine Stelle „Die Erweckten aber freien nicht und lassen sich nicht freien.“ Deshalb seine Unlust zur Zeugung. So ist Saturn Herr [...] derjenigen also, die erweckt, erlöst sind, die nicht mehr zur Geburt und zum Tod und damit zu Leid und Schmerz heruntersteigen.[57]

In einem gewissen Sinne ist Saturn also auch der Wesentlich- und Bewusstmacher. Durch seine große Distanz zu den Erscheinungen der Welt überblickt er ihre Zusammenhänge, durchschaut ihre Täuschungen und Illusionen. Er hat einen gnadenlos objektiven Blick, der nüchtern bloß legt, analysiert und strukturiert, was andere lieber verschwommen und vernebelt halten wollen. Begriffe, Sprache, Zahlen, Messen, Unterscheiden, Isolieren, Abstrahieren und Konzentrieren sind einige seiner Mittel und Methoden, mit denen er Ordnung und Übersicht schafft, Gesetzmäßigkeiten ableitet und bewusste Erkenntnis ermöglicht. Seine ihm innewohnende Beharrungs- und Trägheitstendenz vermittelt bei positiver Auswirkung durchaus lebensnotwendige Eigenschaften wie Konzentrationsfähigkeit, Geduld und Ausdauer, gutes Erinnerungsvermögen, Disziplin und Willenskraft, Beständigkeit und Zuverlässigkeit, Besonnenheit und Mäßigung, Ernsthaftigkeit und Introversion.

In manchen modernen psychologischen Richtungen werden diese saturnischen Tugenden heute verteufelt und zum Sündenbock für alles Übel in der menschlichen Seele gemacht. Im Zuge der Auseinandersetzungen mit den alten patriarchalen Normen und Werten soll alles Bindende und Begrenzende eingerissen und überwunden werden, damit die Seele ihre ursprüngliche Freiheit sind Lebendigkeit wiedergewinnt. Der Kopf als Ort des rationalisierenden, strukturierenden und erkennenden Bewusstseins soll fallen und Platz machen für Herz und Bauch, für Gefühl und Körperlichkeit.

Wieder einmal wird das Aufeinandergewiesensein zweier Pole übersehen, und wieder einmal wird ein Extrem mit dem anderen vertauscht. Denn ohne die formbildende Kraft des saturnischen Prinzips würden sich in unserer Seele statt der ersehnten Freiheit nur Desorientiertheit und Wahnsinn finden. Das, was wir als Charakter oder Persönlichkeitsstruktur bezeichnen, beruht letztlich auf dem Einfluss des saturnischen Prinzips in uns. Unsere Charakterhaltung ist die für uns typische und lebensnotwendige Kompromissbildung zwischen unseren archaischen Funktionen (Triebe und andere Grundbedürfnisse) und deren Kontrolle, damit bewusstes und soziales Leben möglich wird.

Die Auflösung unseres spezifischen Charakters würde uns unvermeidlich ins Chaos stürzen. Das sollte uns die Bedenklichkeit von solchen psychologischen Behandlungstheorien bewusst machen, die von so radikalen Zielvorstellungen wie dem „Aufbrechen des Charakterpanzers“ oder dem gänzlich „neuen Menschen“ ausgehen. Solche Vorstellungen können unsere Seele nicht heilen, sondern höchstens zerstören. Wir brauchen keinen neuen oder anderen Menschen, sondern einen, der mit dem, der er ist, besser und ausgeglichener umzugehen vermag.

Natürlich leiden viele Menschen unter einem zu strengen Saturn, einem harten „Eltern-Ich“ oder wie der psychoanalytische Begriff für ihn ist, einem zu strengen „Über-Ich“. Das Über-Ich beinhaltet das Wissen, das Gedächtnis und Gewissen des jeweiligen gesellschaftlichen Systems. Die Normen, die uns unsere Eltern und Erzieher vermittelt haben, sagen uns, wie wir uns in dieser Gesellschaft zu verhalten haben, wie wir idealerweise sein sollten, was gut und schlecht, was richtig und falsch ist. Eine solche Orientierungshilfe ist für uns sozial lebensnotwendig. Auch haben wir vorne bereits gesehen, dass ein Großteil dessen, was wir für unsere Identitätsbildung brauchen, aus diesem Über-Ich bezogen wird.

Bei vielen Menschen, besonders bei depressiven und zwanghaften, ist diese Instanz aber so erdrückend, dass sie ihnen wenig Raum zur

Entwicklung ihrer Persönlichkeit lässt. Sie werden von ihr in ein Prokrustesbett von Fremdansprüchen hineingezerrt, aus dem manche sich ihr Leben lang nicht befreien können.

Bei anderen Menschen ist aber das genaue Gegenteil der Fall. Ihre Über-Ich-Instanz ist so wenig ausgebildet und ihr Orientierungs- und Wertesystem so wenig strukturiert, dass sie im Leben hilflos wie ein Halm im Wind schwanken. Sie wissen nicht, was sie tun oder lassen sollen, werden von ihren Stimmungen und Gefühlen hin- und hergetrieben, können sich für nichts richtig entscheiden. Ihnen fehlt die Durchhaltekraft, Frustrationstoleranz und Willensstärke, ein mögliches Ziel konsequent und beharrlich anzustreben. Wie ein kleines verwöhntes Kind bestehen sie darauf, dass ihre oft unersättlichen Bedürfnisse nach Zuwendung, Bewunderung und Versorgung von anderen befriedigt werden, als hätten sie darauf ein lebenslanges Anspruchsrecht. Wenn es ihnen schlecht geht, sind es immer die bösen anderen, die die Schuld dafür tragen.

Daraus können wir erkennen, dass ein Zuviel an strukturierenden Kräften ebenso hemmend sein kann wie ein Zuwenig. Im ersten Fall wird das spontane Eigenleben unterdrückt, im anderen Fall findet es kein Gefäß und keine Begrenzung, in der es sich manifestieren kann. Wieder kommt es auf ein einigermaßen ausbalanciertes Verhältnis zwischen diesen beiden Grundtendenzen an.

Das ausgewogene Wechselspiel zwischen wachstumsnotwendiger Offenheit und einschränkender Strukturbildung ist nicht nur die entscheidende Grundlage für alle geistig-schöpferischen Vorgänge, sondern für das gesunde Funktionieren aller lebendigen Systeme und Organisationsformen überhaupt, gleichgültig, ob es sich dabei um die biologisch-physiologischen Prozesse in unserem Körper, die Dynamik in Partnerschaft und Familie oder in sozialen Systemen und Kulturen handelt. Sobald ein Prinzip für längere Zeit die Oberhand gewinnt, gerät das Leben aus dem Gleichgewicht, das System erkrankt. Die eine Extremsymptomatik ist dann das Sich-Auflösen und Zerfallen des Systems wie ein krebsartiges Geschwür, die andere das Erstarren und Vertrocknen wie ein absterbender Baum.

In der *Unendlichen Geschichte* unterstellt sich die *Kindliche Kaiserin* als Prinzip des lebensoffenen Anfangs und der Fülle dem Einfluss des Alten vom Wandernden Berge. Dadurch gibt es keine neue Entwicklung mehr, das Leben verläuft in den ewig gleichen Bahnen, alles bleibt beim alten. Durch Auslösung dieses Wiederholungszwangs will sie *Bastian* dazu bringen, dass er sich nun endlich entscheidet, eigenverantwortlich zu handeln und aus seiner unbezogenen Beobachterhaltung herauszukommen.

In den meisten Formen therapeutischer Selbsterfahrung geht es darum, festgefahrene Einstellungen und Verhaltensweisen immer und immer wieder zu durchleiden und durchzuarbeiten, bis bereit sind, unsere Sicherheits- und Bequemlichkeitshaltung aufzugeben, wirklich Verantwortung für unser Leben zu übernehmen und den Sprung in neue Erlebensbereiche zu wagen. Und wenn er diesen Sprung gewagt hat, dann stellt sich rückblickend die unbarmherzig immer wieder ins Leid hineindrückende Macht des saturnischen Alten Weisen als der konstruktive Prüfstein heraus, an dem unsere Kräfte wachsen, damit wir unser Leben beherzt in die Hand zu nehmen vermögen.

4.3 Der Hüter der Schwelle zum Erwachsenwerden

Ein Mann mittleren Lebensalters hat folgenden Traum, den er genannt hat: „Begegnung mit dem Zauberer Merlin“:

> *Auf einem Autofriedhof kämpfe ich mit einem Mann mit langem Gewand. Ich weiß, gegen den habe ich keine Chance. Ich habe aber auch keine Angst. Damit der Kampf ausgeglichener wird, zaubert mir das Gegenüber ein weißes Gewand an, das zu strahlen anfängt. Doch um die Herzgegend bleibt es blass. Der Zauberer sagt: „Du musst dein Herz öffnen, dein Herz wiederfinden. Dann kämpfen wir weiter“. Ich habe das Gefühl, das ist mein Führer, der mich auf meinem Weg begleitet.*

Das ist wieder einer jener Träume, die ein wertvolles Geschenk unserer Seele an uns darstellen, für das wir lange dankbar sein sollten und das unserem Leben über Jahre hinaus eine heilende Orientierung verleiht. Aufgrund eines sehr negativen Vaterkomplexes – der Vater hatte für den Mann eine so einschränkende und unterdrückende Wirkung gehabt, dass er keinen eigenen Lebensmaßstab finden konnte – litt er unter innerer Ziellosigkeit, Entscheidungsunfähigkeit und Standpunktslosigkeit. Er stand in einem ständigen Kampf mit den engen und harten unterdrückenden Werten seines autoritären Vaters und den eigenen, kaum gefühlten Lebensvorstellungen. Saturn hatte ihn in einen jahrelangen Wiederholungszwang hineingepresst, durch den er immer wieder die gleichen Situationen heraufbeschwor. Depressionen und gewaltige Aggressionen wechselten ständig ab.

Im Traum begegnet der Mann nun an einem typisch „saturnischen" Ort – dem Autofriedhof, auf dem Dinge, die sich einmal bewegt haben, in ihre Einzelteile zerlegt sind und verrosten – einer Gestalt des Alten Weisen, dem Zauberer Merlin. Im Gegensatz zu dem, wie der Klient seinen Vater erlebt hat, tritt ihm in Merlin das positive väterliche Prinzip gegenüber. Der Kampf, zu dem er durch ihn aufgefordert wird, stellt offenbar eine Initiation dar, in der er seine Männlichkeit und Selbstbestimmung beweisen soll. Merlin ist hier wie Saturn der „Hüter der Schwelle", der gemeistert werden muss, will man zu sich selbst erwachen. Meisterung des saturnischen Prinzips heißt etwa, sich durch Auseinandersetzung mit dem Über-Ich ein eigenes Werte- und Moralsystem zu erarbeiten, wodurch dieses Über-Ich einerseits relativiert wird und andererseits gemäß dem bereits zitierten Goetheschen Motto: „Was du ererbt von deinen Vätern hast, erwirb es, um es zu besitzen" bewusst als für sich verbindlich angenommen wird. Dadurch erhält das Leben einen persönlichen Sinn und eine persönliche Ordnung. Dem Mann wie auch Merlin ist es aber im Traum bewusst, dass diese Auseinandersetzung noch nicht geleistet werden kann. Sein Herz leuchtet noch nicht, ist noch nicht mit Energie erfüllt.

Das Herz wird von alters her als Sitz der Seele aufgefasst. Deshalb spielt es bei allen Dingen, die für uns zentral wichtig und wesentlich sind, bei denen wir „mit ganzem Herzen und ganzer Seele" gefühlsmäßig beteiligt sind, eine wichtige Rolle, zum Beispiel in der Liebe und in Beziehungen. Es hat aber auch mit Mut und Entschlossenheit zu tun, was wir den Redensarten „sich ein Herz fassen", „ein Herz haben, etwas zu tun" oder „beherzt zupacken" entnehmen können. Wenn Merlin den Klienten also auffordert, er solle zuerst sein Herz wiederfinden, bevor sie weiter kämpfen könnten, dann kann das heißen, er muss zunächst spüren, was er wirklich will und den Mut entwickeln, sich für die Belange seines Lebens leidenschaftlich und mit emotionalem Engagement einzusetzen. Wenn er auf diese Weise einen eigenen Standpunkt gefunden hat, dann kann die Auseinandersetzung mit dem kollektiven, traditionellen Wert-System konstruktiv fortgeführt werden.

5. Der innere Feind

5.1 Die Notwendigkeit der Integration des Schattens

Um schöpferisch leben zu können, benötigen wir eine Einstellung, die für das Neue und Unbekannte, Chaos, das Irrationale und Fantastische offen ist. Aber wir hatten auch gesehen, und *Die unendliche Geschichte* zeigt es uns in vielfältiger Weise, dass mit der Hinwendung zu diesem Unbekannten beträchtliche Gefährdungen verbunden sind, vor allem dann, wenn wir nicht in der Lage sind, Innenwelt und Außenwelt deutlich genug voneinander zu trennen und den verführerischen Macht- und Größenfantasien eine realistische Selbsteinschätzung entgegenzuhalten.

Einen gewissen Schutz gegen diese Gefahren erlangen wir aber durch eine ausreichende Integration unseres „Schattens". Der Schatten ist in der Analytischen Psychologie C. G. Jungs ein bildhafter Begriff für unbewusste und ungelebte Anteile der Persönlichkeit.

Im weiteren Sinne meint er alle Gefühle, Gedanken, Fantasien oder Eigenschaften, die der Einzelne im Verlauf seiner Entwicklungs- und Sozialisationsgeschichte bei sich abwehren muss, weil sie von den ihm wichtigen Bezugspersonen nicht erwünscht sind oder aus anderen

Gründen nicht entwickelt werden können. Das können auch sehr positive Inhalte sein, wie zum Beispiel Neugier, Kreativität, Eigenständigkeit, Selbstbehauptung, Spontaneität, Einfühlung, Zärtlichkeit, Sexualität, Fantasie.

Im engeren Sinne meint der Schattenbegriff aber allgemein-menschliche „negative" Seiten, die verdrängt werden müssen, weil sie mit dem eigenen Selbst- und Idealbild nicht übereinstimmen und im Widerspruch zu den Ideal- und Moralvorstellungen der Gesellschaft stehen, wie Egoismus, Neid, Habsucht, Intoleranz, Geiz, Hochmut, Schadenfreude, Eifersucht, Aggressivität und Triebhaftigkeit. Je mehr wir versuchen, uns einseitig nach Vollkommenheits- und Idealvorstellungen auszurichten, desto dunkler und destruktiver wird unser Schatten.

Weite Bereiche unserer Persönlichkeit werden so zum inneren Feind, der uns in der Regel in der Projektion auf einen äußeren Feind entgegentritt. Der Mitmensch und unsere Umwelt werden dann zum Dunklen, Bösen und Bedrohlichen, während wir von uns glauben, eine weiße und makellose Weste zu haben. Die oft katastrophalen Wirkungen einer solchen Sündenbock-Psychologie sind uns aus der Geschichte und unserem Alltagsleben bestens bekannt, sodass deutlich wird, von welch weitreichender gesellschaftlicher Relevanz die Integration des Schattens ist.

Integration des Schattens heißt, alle diese allgemein-menschlichen Seiten des eigenen Wesens wahrzunehmen, anzunehmen und in einem gewissen Sinne zu bejahen. Bejahung meint nicht notwendigerweise, sie nun als neue positive Werte hochzuhalten und auf Kosten des Mitmenschen auszuleben. Damit würden wir dem Schatten verfallen. Bejahen heißt, zu wissen, dass wir auch solche negativ-destruktiven Seiten in uns tragen, dass wir sie nicht auf andere Menschen projizieren, für sie Verantwortung übernehmen und diese Verantwortung nicht an andere Menschen delegieren.

Um zu verstehen, warum die Integration des Schattens uns sicherer und widerstandsfähiger gegen destruktive Einflüsse der Innen- und Außenwelt macht, müssen wir uns noch einmal jene Erkenntnis im Zusammenhang mit dem Polaritätsprinzip vor Augen halten, die besagt, dass die Vereinseitigung eines Pols auf Kosten der Verdrängung des anderen Pols ein Ausdruck der Angst und Unsicherheit ist und kein Zeichen von Stärke, auch wenn es uns immer so vorkommt. Eine solche Vereinseitigung weist darauf hin, dass wir nicht in der Lage sind, die Ganzheit unserer seelischen Wirklichkeit zu ertragen.

Auch die einseitigen negativ-heroischen Werte unserer Gesellschaft, wie Stärke, Größe, Macht, Dauerpotenz, Unabhängigkeit, Leistung und Aktivität, und die entsprechende Abspaltung der „schwächeren" Werte, wie Abhängigkeit, Passivität, Leidensfähigkeit, Einfühlung und Bezogenheit oder deren Delegation an die Frauen, weisen auf alles andere als auf den Ausdruck einer reifen, selbstverantwortlichen Haltung hin. Nur müssen wir wiederum in Übereinstimmung mit den Polaritätsgesetzen uns hüten, dagegen ins andere Extrem zu verfallen, indem wir nun alle alten patriarchalen Werte verteufeln und die matriarchalen Werte vergöttlichen. Das kann zu keiner befruchtenden, schöpferischen Beziehung zwischen beiden führen.

Die Integration der Schwäche bei gleichzeitiger Freude an aktiver Lebensbewältigung findet sich beispielsweise in der Märchenfigur des „tapferen Schneiderleins" angedeutet. Diese tricksterhafte, ehe antiheroische Figur bietet einige Anregungen, wie es möglich ist, mit seinem Schatten konstruktiv zu leben.[53]

Dass es für uns so schwierig ist, uns mit dem Schatten anzufreunden, liegt neben der Angst vor der Ablehnung durch unsere Mitmenschen und dem Konflikt mit unseren Idealvorstellungen daran, dass wir die damit verbundene Reduzierung unserer Persönlichkeit fürchten. Die Bewusstmachung des Schattens lässt uns erkennen, dass wir in vielerlei Hinsicht menschlich-allzumenschliche Menschen sind, sodass für unsere Sehnsucht nach Großartigkeit und Besonderheit nicht mehr viel Raum bleibt. So schmerzlich diese Kränkung auch ist, so befreiend kann sie doch sein. Zu akzeptieren, dass man ein mit allen Fehlern und Vorzügen der menschlichen Natur behafteter einfacher Mensch ist, lässt uns entspannter, gelassener, heiterer, toleranter und auch spielerisch-schöpferischer leben. Wir sehen uns, unsere Mitmenschen und die Welt mitfühlend-freundlicher und zugleich realistischer.

Im Hinblick auf die Auseinandersetzung mit dem Schatten sei auf eine wichtige Polaritätsgesetzmäßigkeit hingewiesen, die hier von besonderer Wichtigkeit ist. Je mehr wir einen seelischen Inhalt (Trieb, Gefühl, Wunsch) aus unserem Bewusstsein und unserem Leben ausschließen, desto bedrohlicher erscheint er uns; je gefährlicher er uns aber erscheint, desto mehr sind wir wiederum bemüht, ihn zu verdrängen. Dieser Teufelskreislauf führt zu einer immer stärker werdenden Spaltung zwischen unserer einseitigen Bewusstseinshaltung und dem verdrängten Inhalt.

Auf diese Weise kann sich eine relativ einfache und an sich unbedeutende Sache zu einem Riesenproblem ausweiten. Ein Mensch, der beispielsweise so aggressionsgehemmt ist, dass er es nicht wagt, „Nein!" zu sagen, wenn ihm etwas zu essen angeboten wird, was ihm nicht schmeckt, oder der nicht empört „Au!" schreien kann, wenn ihm ein anderer versehentlich auf den Fuß tritt, dem muss jede gesunde selbstsichere Forderung, die er bei einem anderen Menschen erlebt, wie eine ungeheure Gewalttätigkeit vorkommen. Sein ungelebter aggressiver Schatten wird dementsprechend in seinen Träumen mörderische Gestalt annehmen. Kleine Frustrationen können dazu führen, dass er nachts von Albträumen geplagt wird, in denen er von wilden Tieren und Menschen verfolgt wird. Auch wird er seine eigenen natürlichen, gar nicht so bedeutungsvollen aggressiven Regungen bei Weitem überschätzen und glauben, dass er mit einer vorsichtigen Kritik einen anderen Menschen gleich maßlos und unversöhnlich kränken würde.

Die Frage, wie er mit anderen umgehen kann, ohne sie zu kränken oder zu verletzen, schiebt sich immer mehr in den Mittelpunkt seiner Ängste und Sorgen, sodass seine Fähigkeit zur spontanen, offenen Kommunikation stark gehemmt wird. Die Verdrängung führt zu einer Verzerrung der Wahrnehmung der Umwelt. Normale, selbst positive und konstruktive Eigenschaften und Verhaltensweisen von Mitmenschen werden abgewertet und negativ gedeutet. Das eigene Unvermögen hingegen wird zur Tugend hochstilisiert.

Ohne zu leugnen, dass es in der menschlichen Seele auch wirklich absolut böse und grausame Untiefen gibt, lässt sich doch sagen, dass ein Großteil der Ängste, mit denen es die Menschen in unseren Breiten täglich zu tun haben, erst durch die Verdrängung ihr beängstigendes Ausmaß erhalten. Durch die Verdrängung können sich die Proportionen seelischer Inhalte so verschieben, dass aus einer Mücke ein Elefant wird. Deshalb können Menschen, die gelernt haben, sich mit bestimmten Anteilen ihres Schattens anzufreunden, später gar nicht mehr recht verstehen, wo früher eigentlich ihr Problem lag.

In verschiedenen Märchen findet wohl ein vergleichbarer Vorgang statt, wenn durch die Auseinandersetzung mit einer zunächst böse erscheinenden Märchengestalt oder durch die liebende Annahme derselben eine glückliche Verwandlung geschieht. Eines der klassischen Beispiele dafür ist das Märchen von der Schönen und dem Tier.

Auf der Ebene des Imaginations- und Traumbewusstseins erscheint der eigene Schatten in all jenen Gestalten, die einerseits Ausdruck des Schlechten, Minderwertigen und Abzulehnenden und andererseits Symbolgestalt des nicht gelebten Lebens. Deshalb symbolisiert sich der Schatten nicht als einheitliche Figur, sondern ist ebenso gestaltreich wie die bewusste Persönlichkeit. Menschen, die aufgrund von Ängsten, Selbstunwertgefühlen und Hemmungen weit unter ihrem Lebenspotenzial leben, erscheint der Traumschatten häufig in heldenhaft-überhöhter, aber durchaus auch positiver, helfender Form, als hilfreiches Tier, als unbekannter Mann oder Frau, größerer Bruder oder Schwester, Freund oder Freundin, bewunderter Kollege, Film- oder Romangestalt.

Ein Patient mit einer entsprechenden Problematik träumte:

> *Es regnet, und ich liege in einem Dreckloch. Ich kämpfe mit einem etwa einen Meter langen Fisch (ähnlich einem Wels mit wulstigen Lippen), der mich angreift und nach mir schnappt. Daneben steht ein junger Mann mit einer Pistole. Ich bitte ihn um Hilfe, worauf er dem Fisch einen Kopfschuss gibt. Das Blut spritzt heraus, und es wird alles rot.*

Der Träumer wird in seiner bedrohlichen Situation von einem anderen jungen Mann gerettet, der im Besitze einer vermutlich nötigen, aber auch recht gewalttätigen phallisch aggressiven Potenz (Pistole) ist. Aufgrund seiner Unsicherheit und Angst erlebt der Klient die Anforderungen des Lebens und der Frauen als übermäßig bedrohlich und fressend (im Symbol des großen Fisches). Er muss im Verlauf seiner weiteren Entwicklung seinen bisher ungelebten Schattenanteil in sich selbst wahrnehmen und einen Teil seiner Aggressivität konstruktiv verwirklichen, damit er seinen Angstkomplex und seine Depression (Situation im Dreckloch) zu überwinden vermag.

5.2 Der Schatten bei Bastian

Bastian wird in der *Unendlichen Geschichte* mit einer Vielzahl eigener Schattenaspekte konfrontiert. Da ist zunächst einmal *Atréju*, den wir vorher schon als seinen positiven Schattenbruder kennengelernt haben. Er verkörpert alle jene heldenhaften, jungenhaften Seiten, die *Bastian* aufgrund seines Minderwertigkeitsgefühls bisher nicht zu leben wagte. Dass aber *Atréju* nicht nur *Bastians*, sondern *Bastian* auch *Atréjus* Schatten verkörpert, wird sehr schön gezeigt in jener Szene, in der *Atréju* auf dem Weg zum Südlichen Orakel durch das *Zauber-Spiegel-Tor* hindurch muss. Es handelt sich dabei um einen Spiegel, durch den man nur dann hindurchkommen kann, wenn man zuvor den Anblick seines eigenen Schattenbildes ausgehalten hat. Der Zwerg *Engywuck* erklärt *Atréju* dazu:

> *Jedenfalls, wenn man davor steht, dann sieht man sich selbst – aber eben nicht wie in einem gewöhnlichen Spiegel, versteht sich. Man sieht nicht sein Äußeres, sondern man sieht sein wahres inneres Wesen, so wie es in Wirklichkeit beschaffen ist. Wer da durch will, der muss – um es mal so auszudrücken – in sich selbst hineingehen. […] Habe erlebt, dass gerade solche Besucher, die sich für besonders untadelig hielten, schreiend vor dem Ungeheuer geflohen sind, das ihnen in dem Spiegel entgegen grinste.*[20]

Doch anstelle eines solchen Untieres erblickt *Atréju* zu seiner Verwunderung einen ihm unbekannten, in alte Decken eingehüllten dicken, blassen jungen mit großen, traurigen Augen: *Bastian*.

Noch viele andere Figuren *Phantásiens* ließen sich als Schattengestalten *Bastians* auffassen: *Engywuck* als Repräsentant einer ängstlich-distanzierten Beobachterhaltung, der seine Angst vor dem Sich-ganz-Einlassen als eine zur Objektivität notwendige wissenschaftliche Einstellung tarnt; der Werwolf *Gmork* als die Kraft, die sich als heimlicher, gefährlicher Widersacher gegen konstruktive Entwicklungstendenzen richtet; der Nachtwald *Perelín* als ungezügelte Fantasietätigkeit; der Löwe *Graógramán* als archaische, tödliche Aggression und der Held *Hynreck* und seine Freunde als pubertäre, rauflustige Aufschneiderei.

Da diese Schattenaspekte des Heroischen typische Schwierigkeiten in der Auseinandersetzung mit dem „wahren" Willen darstellen, soll später noch einmal ausführlicher auf sie eingegangen werden. Die Konfrontation *Bastians* mit diesen Schattengestalten führt letztendlich zu einer Stärkung und Entwicklung seiner Persönlichkeit. In die Realität zurückgekehrt, erscheint er mutiger, weniger ängstlich, dafür konsequenter in seinem Verhalten, traut sich körperlich mehr zu und kann Schmerzen besser aushalten.

Die Integration des Schattens hat nicht nur zu seiner eigenen Wandlung geführt, sondern verändert auch seine Umwelt. Als Einzelner muss er diesen Weg auf sich nehmen, stellvertretend auch für ein Kollektiv, dem *Phantásien* fast verloren gegangen ist, und indem er die damit verbundenen Aufgaben für sich löst, löst er sie teilweise für das Kollektiv mit. Es gelingt ihm, seinem Vater und seiner Umwelt etwas von der Wirkung des Wassers des Lebens zu vermitteln. Darin liegt eine der wesentlichen Botschaften des Buches von der *Unendlichen Geschichte*.

Das Zwiegespräch mit der Seele

1. Wie man der Kindlichen Kaiserin einen neuen Namen gibt

Es stellt sich nun die Frage, was es konkret heißen mag, eine Beziehung zu dem eigenen lebensschöpferischen Potenzial herzustellen: Wie findet man einen neuen Namen für die *Kindliche Kaiserin*, wie kommuniziert man mit den unbewussten Seiten der Persönlichkeit und wie gestaltet man deren Impulse und Möglichkeiten in das Leben hinein?

C. G. Jung erzählt in seinen Erinnerungen, wie er bei der Arbeit an seinen unbewussten Fantasien mit seiner Anima – das war sein Name für die *Kindliche Kaiserin* – in Kontakt trat und wozu sie ihm hilfreich war, nachdem er mit ihren negativen Wirkungen umzugehen wusste:

> *Die Zweideutigkeit der Anima, Sprachrohr des Unbewussten, kann einen Mann in Grund und Boden vernichten. Ausschlaggebend ist letzten Endes immer das Bewusstsein, das die Manifestationen des Unbewussten versteht und ihnen gegenüber Stellung nimmt. Aber die Anima hat auch einen positiven Aspekt. Sie ist es, welche die Bilder des Unbewussten dem Bewusstsein vermittelt, und darauf kam es mir hauptsächlich an. Während Jahrzehnten habe ich mich immer an die Anima gewandt, wenn ich fühlte, dass meine Affektivität gestört und ich in Unruhe versetzt war. Dann war etwas im Unbewussten konstelliert. In solchen Augenblicken fragte ich die Anima: „Was hast du jetzt wieder? Was siehst du? Ich möchte das wissen!"*

An dieser Stelle sei vorwegnehmend auf die später beschriebene Methode des Focusing hingewiesen, in der man in ähnlicher Weise mit sich selbst kommuniziert.

Nach einigen Widerständen produzierte sie regelmäßig das Bild, das sie schaute. Sobald das Bild da war, verschwand die Unruhe und die Bedrückung. (Vgl. das „Shift"- Gefühl beim Focusing Anm. des Verf.) Die gesamte Energie meiner Emotionen verwandelte sich in Interesse und Neugier für seinen Inhalt. (Das ist die Einstellung, der wir später bei der „wohlwollenden Achtsamkeit" begegnen werden. Anm. d. Verf.) Dann sprach ich mit der Anima über die Bilder, denn ich musste sie so gut wie möglich verstehen, ebenso wie einen Traum. – Heute brauche ich die Gespräche mit der Anima nicht mehr, denn ich habe keine solchen Emotionen mehr. Aber wenn ich sie hätte, würde ich in gleicher Weise vorgehen. Heute sind mir die Ideen unmittelbar bewusst, weil ich gelernt habe, die Inhalte des Unbewussten anzunehmen und zu verstehen. Ich weiß, wie ich mich den inneren Bildern gegenüber verhalten muss.[49]

Es mag dem Leser sehr eigenartig vorkommen, was Jung hier sagt. Da soll man mit sich selbst oder ganz bestimmten unbewussten Inhalten sprechen wie mit einem anderen Menschen! Aber auch hier sollten wir uns vor Augen halten, dass das im Grunde nichts Ungewöhnliches für uns ist. Tatsächlich tun wir das dauernd. Wir reden in Gedanken ständig mit uns, mit vorgestellten Dialogpartnern, seien es Partner, Freunde, Kollegen oder die Eltern. Im Gespräch mit ihnen geht es um unsere Ängste, Wünsche und Konflikte. Die Gespräche haben eine notwendige psychische Funktion, indem sie uns helfen, Spannungen zu reduzieren, Konflikte zu lösen und neues Verhalten zu erproben. Was C. G. Jung hier tat und was wir ebenso tun können, um in einen besseren Kontakt mit unserer Seele zu treten, ist eine bewusstere und kontrolliertere Form dessen, was wir ohnehin tagtäglich halb bewusst oder unbewusst tun. Wir wollen nun schauen, wie wir uns diesem inneren Dialog nähern können.

Ganz allgemein gilt natürlich, dass jeder einen eigenen Namen für seine *Kindliche Kaiserin* finden muss, dass jeder sein eigenes *Phantásien* aufbauen und seinen eigenen Weg der Wünsche gehen muss, auch wenn sich diese Vorgänge bei vielen Menschen gleichen. Deshalb lässt sich inhaltlich nicht vorhersagen, wie dieser Kommunikationsprozess letztlich auszusehen hat, auf welche Inhalte man stoßen und wie man sie gestalten soll. Aber es gibt Beschreibungen von Methoden, die einem den Zugang zum unbewussten Potenzial ermöglichen können, ohne dass sie die zu machenden Erfahrungen vorwegnehmen und bestimmen.

Einige dieser Methoden sollen im Folgenden dargestellt werden. Sie zeichnen sich alle durch große Einfachheit und Selbstverständlichkeit aus; wenn sie kompliziert, unverständlich oder schwierig erscheinen, sind es vor allem unsere Widerstände und Ängste, die sie so erscheinen lassen. Alle diese Methoden sind deshalb so einfach und selbstverständlich, weil wir sie tagtäglich unbewusst oder halb bewusst anwenden oder sie zumindest als Kind angewendet haben. Sie sind nicht großartig, nicht anstrengend, nicht an irgendwelche Voraussetzungen intellektueller oder moralischer Art gebunden. Sie bringen auch keine wunderbaren, übersinnlichen Resultate hervor, sondern stellen „nur" eine fließende, offene Verbindung zu dem her, der wir schon immer waren.

2. Die wohlgesonnene, zustimmende Achtsamkeit

Ohne eine wohlgesonnene, achtsame Einstellung zu sich selbst wird der ganze Prozess der Selbstrealisation sehr erschwert, wenn nicht gar unmöglich. Eigentlich ist diese Einstellung bereits die Hauptmethode. Wenn es uns gelingt, alles, was in uns ist, was in bestimmten Situationen an Wünschen, Gedanken, Fantasien, Bedürfnissen in uns auftaucht, freundlich wahrzunehmen und ihm zuzustimmen, ohne es zu bewerten oder zu verurteilen, dann ist das die beste Voraussetzung für ein freies Fließen der Kommunikation zwischen den bewussten und den unbewussten Teilen unserer Psyche. Wo aber diese Einstellung nicht ist, werden auch die besten, aufwendigsten und raffiniertesten Methoden wenig erreichen.

Man mag den Eindruck haben, dass diese Haltung für uns selbstverständlich wäre, da wir uns ja selbst doch am meisten lieben; aber dies ist meist nicht der Fall. Viele Menschen sind sich selbst der größte Feind.

Sie zwingen sich zu Lebensformen und Verhaltensweisen, die ihnen im Grunde zutiefst fremd sind und sie krank machen, sie missachten ihre körperlichen, sinnlichen und seelischen Bedürfnisse und führen einen ständigen inneren Kampf gegen sich selbst. Sie erlauben sich nicht, einfach der zu sein, der sie sind. Viele mögen zwar von sich glauben, dass sie in Übereinstimmung mit sich selbst leben, aber es ist nur ein rationalisierter Glaube, sie haben nie nach Innen gefragt, was ihnen wirklich entspricht. Selbst die Menschen, die man berechtigterweise als Egoisten bezeichnet, weil man von ihnen den Eindruck hat, sie täten, was sie wollen, ohne auf Andere Rücksicht zu nehmen, sind meist weit davon entfernt, sich angenommen zu haben. Sich selbst annehmen heißt nämlich, sich selbst zu lieben, liebevoll, zärtlich, behutsam und wohlgesonnen mit sich umzugehen. Und diese positive Selbstliebe strahlt immer wohltuend, erleichternd, beglückend auf andere Menschen aus.

So müssen wir oft erst ganz allmählich, Schritt für Schritt, lernen, uns selbst zuzulassen. Das ist noch relativ leicht, solange man mit dem, was man ist, seinem Idealbild und den gesellschaftlichen Normen entspricht, wird aber um so schwerer, je mehr man von diesen Vorstellungen abzuweichen beginnt. Wie soll man damit umgehen, wenn man in sich bei näherem, ehrlichem Hinschauen „perverse", „abartige", bösartige, verrückte, kriminelle, kindische, unreife und sonstige „unerlaubte" tabuisierte Neigungen wahrnimmt? Wer besitzt dann die nötige Selbstliebe, dem allem zuzustimmen und vor sich und Anderen zu bekennen: „Nichts Menschliches ist mir fremd!"? Meist schieben wir solche Dinge doch schnellstens wieder weg, getreu dem Lindstroemschen Motto: „... dass nicht sein kann, was nicht sein darf." Das ist in vielen Fällen ein großer Irrtum, insofern jene unerlaubten Fantasien und Bedürfnisse eben doch wirken, nur im Geheimen und von dort aus viel destruktiver, und insofern mit dem Verdrängen dieser Bereiche eben auch andere schöpferische Möglichkeiten vom Leben ferngehalten werden.

In der klassischen psychoanalytischen Grundregel Freuds, die für alle tiefenpsychologischen Therapieformen gültig ist, wird der Klient ermutigt, so gut er kann zu versuchen, dem Therapeuten alles mitzuteilen, was ihn bewegt und ihm einfällt, ohne Rücksicht auf Reihenfolge, Logik, Wichtigkeit, Sinnhaftigkeit, Scham und Peinlichkeit. Besonders soll er alle Gefühle und Fantasien zulassen, die in der aktuellen Therapiesituation und in Bezug auf den Therapeuten in ihm aufsteigen. Auf dieses Verfahren der freien Assoziation kommen wir später noch einmal zurück. Hier sei nur darauf hingewiesen, dass es nicht zufällig eine der Hauptmethoden der Tiefenpsychologie ist. Sie stellt den dichtesten, einfachsten, unmittelbarsten Zugang zu sich selbst dar. Jeder aber, der sie bei sich und bei anderen erfahren hat, weiß von den immensen Ängsten und Widerständen, die bei dieser einfachen Prozedur in einem entstehen können. Die aufsteigende Angst beim Zulassen der psychischen Inhalte entspricht der Angst, die wir in früheren Situationen hatten und die dazu führte, dass wir die entsprechenden Seiten unserer Persönlichkeit verdrängten.

3. Die Sandkornmethode: eine geniale Entdeckung Freuds

Erinnern wir uns, wie die Neuerschaffung *Phantásiens* durch *Bastian* beginnt. Die *Kindliche Kaiserin*, jetzt mit ihrem neuen Namen „*Mondenkind*“, legt *Bastian* in der Dunkelheit der Anfangsschöpfung etwas auf seine flache Hand.

> *Es war winzig, wog aber seltsam schwer. Kälte ging davon aus und es fühlte sich hart und tot an. „Was ist das, Mondenkind?“ – „Ein Sandkorn“, antwortete sie. „Es ist alles, was von meinem grenzenlosen Reich übrig geblieben ist. Ich schenke es dir.“ „Danke“, sagte Bastian verwundert. Er wusste wahrhaftig nicht, was er mit dieser Gabe anfangen sollte. Wenn es wenigstens etwas Lebendiges gewesen wäre – Während er noch überlegte, was Mondenkind wohl von ihm erwartete, fühlte er plötzlich ein zartes Kribbeln auf seiner Hand. Er sah genauer hin. „Schau mal, Mondenkind!“ flüsterte er, „es fängt an zu glimmen und zu glitzern! Und da – siehst du – da züngelt eine winzige Flamme heraus. Nein, das ist ein Keim! Mondenkind, das ist ja gar kein Sandkorn! Das ist ein leuchtendes*

> *Samenkörnchen, das zu treiben anfangt!" – „Gut gemacht, mein Bastian!" hörte er sie sagen. „Siehst du, es ist ganz einfach für dich."* [21]

Aus diesem treibenden Keim entsteht dann im weiteren Verlauf der Geschichte der sich unerschöpflich vervielfältigende und immer neue Formen hervorbringende Nachtwald *Perelín*, den wir wiederum als ein Bild der unerschöpflich neue Kombinationen, Symbole und Assoziationen schaffenden unbewussten Psyche auffassen können.

Was für *Bastian* so leicht ist, ist für alle Menschenkinder leicht. Tatsächlich tun wir den größten Teil des Tages nichts anderes, als unsere Assoziationen laufen zu lassen. Nur ein sehr kleiner Teil unserer seelischen Tätigkeit im Wachzustand verläuft unter unserer bewussten Kontrolle. Meist wird uns die ständige assoziative Tätigkeit erst dann bewusst, wenn wir einmal versuchen, uns zu entspannen und „abzuschalten." Sehr zu unserem Leidwesen erfahren wir dann, wie es in unserem Kopf hin und her geht, wie wir uns in alten Situationen wiederfinden oder neue vorwegnehmen, wie immer wieder belastende, konflikthafte Ereignisse lebendig werden, wie wir pausenlos plappern, argumentieren, diskutieren, vom einen zum anderen kommend, nicht endend. Es geht in uns zu wie in einem Baum voller Affen, wie die Inder sagen. Die assoziative Tätigkeit unserer Psyche können wir auch in vielen Gesprächen erfahren, die wir im Freundes- und Bekanntenkreis führen. Wenn das Gespräch nicht thematisch eingeschränkt und gelenkt wird, kommt man dabei unversehens vom Hundertsten zum Tausendsten.

Ein solches ungerichtetes Assoziieren ist rational-logisch eingestellten Menschen verhasst, sie bezeichnen es als gedanklichen Wildwuchs (siehe *Perelín*!), als ein magisch irrationales Denken. Mit ihrem Unbehagen haben sie aber nur teilweise recht. Einerseits ist zwar eine rein assoziative Vorstellungs- und Gedankentätigkeit oft sehr chaotisch, paradox und irritierend, sie führt überall und nirgends hin. Deshalb wirken Menschen, die von solchen Abläufen bestimmt werden, überraschend, unberechenbar, widersprüchlich und irgendwie nicht greifbar.

Im besten Fall sind sie kreativ-anregend, im schlechtesten Fall machen sie einen schier verrückt oder langweilen uns mit einem unablässigen Strom von sich oft immer wieder wiederholenden Gedanken. Aber andererseits kann eben auch in diesem irrational-magischen, assoziativen Vorstellungsfluss das Neue und Unbekannte liegen, die chaotische Fülle des Lebens, die sich entfalten möchte. Nur bedarf es dazu eben auch eines beobachtenden, aufmerksamen Bewusstseins, das die darunter liegenden Sehnsüchte und Wünsche wahrnimmt, ordnet und gestaltet.

Die meisten Kreativitätstechniken nutzen unsere assoziativen Fähigkeiten. Beim klassischen „Brainstorming", das von Alex Osborn entwickelt wurde, wird einer Gruppe von acht bis zwölf Teilnehmern ein Problem vorgelegt, zu dessen Lösung sich die einzelnen Teilnehmer alles Mögliche und Unmögliche einfallen lassen sollen. Gerade letzteres wird besonders betont: Der Fantasie dürfen keinerlei Grenzen gesetzt werden. Je verrückter, skurriler, unlogischer die Einfälle sind, desto besser. Jegliche einschränkende Kritik, sachlich-rationale Beurteilung und Bewertung sind verboten. (Hier begegnen wir wieder unserer oben genannten Grundeinstellung der wohlgesonnenen, zustimmenden Achtsamkeit!) Erst nachdem sich die Ideen erschöpft haben (meist besteht eine Zeitbegrenzung von einer halben Stunde), werden sie näher betrachtet, analysiert und auf ihre Realisierbarkeit hin untersucht.

Auch in dieser letzten Phase muss eine gewisse Behutsamkeit, was Kritik und Bewertung angeht, beibehalten werden, denn die wirklich neuen, schöpferischen Ideen wirken anfänglich immer abwegig, unrealisierbar und verunsichernd. Tief in uns ist ein instinktiver, natürlicher Widerstand gegen etwas wirklich Neues und Anderes, gegen alles, was uns fremd ist. Wenn wir diese Widerstands- und Abwehrfunktion nicht besäßen, gäbe es keine Orientierung und keine Identität für uns.

In der Psychotherapie ist es – besonders in der Anfangsphase – der Therapeut, der mit wohlgesonnener, gleich schwebender Aufmerksamkeit dem Fluss der Assoziationen seines Klienten folgt und sie nach und nach in eine Beziehung zum heutigen wie vergangenen Leben des Klienten zu bringen sucht. In einer späteren Phase beginnt der Klient dann selbst, bewusster und ernsthafter zwischen seinen Einfällen und sich selbst eine Verbindung herzustellen.

Der Psychoanalyse wird gelegentlich vorgeworfen, die Assoziationsmethode richte sich vor allem an den Intellekt und lasse Gefühle und körperliche Empfindungen dabei außer Acht. Dieser Vorwurf beruht auf Unkenntnis der Zusammenhänge und fehlender Eigenerfahrung. Assoziationen von der Art, wie sie für den analytischen Prozess wichtig sind, sind immer von stärksten Gefühlen (Liebe, Angst, Ekel, Trauer) und Körperreaktionen begleitet; die Bewusstmachung unbewusster Inhalte ist immer ein ganzheitliches Erleben und alles andere als eine verstandesmäßige Erklärung. Letztere wird von der Psychoanalyse vielmehr als eine Form der Abwehr des ganzheitlichen Erlebens aufgefasst (Abwehmechanismen).

An dieser Stelle geht es uns aber noch gar nicht darum, die Einfälle, die aufgrund des Assoziationsverfahrens in uns aufsteigen, zu verstehen. Ein zu frühes Verstehen-Wollen hemmt im Gegenteil den Assoziationsfluss. Erst wenn sich genügend Material angesammelt hat, können wir vorsichtig versuchen, ihm einen Namen zu geben, das heißt es verstandesmäßig einzuordnen. *Bastian* gibt dem Nachtwald *Perelín* auch erst dann einen Namen, als der sich genügend entfaltet hat. Es geht hier erst einmal darum, die Fähigkeit des wohlgesonnenen Beobachtens, der freundlichen Achtsamkeit überhaupt zu erwerben. Es geht nur darum, zu schauen, was ist.

In der psychotherapeutischen Arbeit werden hauptsächlich zwei Arten von assoziativem Vorgehen verwendet: die frei fließende, ungebundene Assoziation und die umkreisende, gebundene Assoziation. Beide Formen stellen äußerst hilfreiche Möglichkeiten zur Selbstentdeckung dar und sollen im Folgenden näher beschrieben werden.

3.1 Die freie Assoziation

Das ist die Sandkornmethode *Bastians.* Man fängt mit irgendeinem beliebigen Sachverhalt oder Wort an. Es spielt wirklich absolut keine Rolle, was das für ein Wort ist; es kann, bildhaft gesprochen, ein unbedeutendes Sandkorn sein. Wenn man sich aber darauf ernsthaft assoziativ einlässt, stößt man immer und unfehlbar auf wichtige seelische Inhalte. Nehmen wir beispielsweise das letzte Wort, das hier steht, als Ausgangspunkt der freien Assoziation:

- „Assoziation“ → Verbindung → Vereinigung → Miteinander schlafen … (Hier sind wir bereits in erotische sexuelle Fantasien geraten.)
- Probieren wir es mit dem Wort davor: „freien“ → werben … (Da brauchen wir gar nicht weiterzumachen, das läuft rasch auf das Gleiche hinaus)
- Ein letzter Versuch mit dem Wort davor: „der“ → Mann → Penis … (Na lassen wir das jetzt. Vielleicht sollten wir was anderes tun, als in diesem Buch zu lesen …)

Die freien Assoziationen führen immer mehr oder weniger direkt auf seelische Inhalte hin, die gerade zu diesem Zeitpunkt von einer besonderen emotionalen Bedeutung für den Assoziierenden sind. Dabei kann es sich sowohl um Wünsche, Hoffnungen und Bedürfnisse handeln als auch um Ängste, Hemmungen und Konflikte. Häufig sind sie auch eine Mischung von beidem. Dass man an einem solchen gerade aktualisierten oder „wunden“ Punkt angekommen ist, merkt man daran, dass man an einer Assoziation länger verweilt oder ein Unbehagen verspürt, weiter zu assoziieren, oder einem nichts mehr einfällt.

Alle Störungen des assoziativen Flusses weisen auf einen positiv oder negativ aufgeladenen psychischen Inhalt hin (der tiefenpsychologische Ausdruck dafür ist „Komplex“), der mit der Assoziation, die zur Störung führte, in einer engen Verbindung steht. Darauf beruhen unter anderem auch der von C. G. Jung entwickelte Assoziationstest und der daraus abgeleitete Lügendetektor.

Die Fähigkeit zur freien Assoziation lässt sich überall und jederzeit üben. Es erleichtert einem vielleicht den Einstieg, wenn man sich etwas entspannt hinsetzt, aber unbedingt nötig ist das nicht. Denken wir nur daran, dass wir sowieso ständig assoziieren – im Gehen, Stehen, Sitzen, Sprechen, Lesen, Zuhören. Das einzig Besondere daran ist jetzt, dass wir den Assoziationen wohlgesonnen und achtsam folgen, anstatt sie wie gewöhnlich halb bewusst ablaufen zu lassen.

3.2 Die gebundene Assoziation

Bei dieser Form lenkt man den Assoziationsfluss kreisförmig um einen bestimmten Inhalt herum und verhindert, dass er sich zu weit vom Ausgangspunkt entfernt. Dies ist eine Art meditativer, kontemplativer Betrachtung eines vorgegebenen Sachverhaltes.

Dann stellen wir das Sandkorn in den Brennpunkt unserer Aufmerksamkeit und fragen uns: „Was fällt mir alles zu dem Sandkorn ein? Welche Erfahrungen, Gedanken und Gefühle verbinde ich mit ihm? Das kann dann so aussehen:

- „Sandkorn“ → Sandkornmethode → Assoziationsverfahren → Spielfreude;
- „Sandkorn“ – knirscht zwischen den Zähnen → Sand im Getriebe → Ärger;
- „Sandkorn“ → Sanduhr → Tod → Angst;
- „Sandkorn“ → Strand → Liebe → Lust;
- „Sandkorn“ → Samenkorn → Fruchtbarkeit → Potenzgefühl;
- „Sandkorn“ → Sand durch die Finger fließen lassen → angenehme Kitzel- und Streichelempfindung → Freude.

Es könnten einem auch verschiedene Redensarten einfallen wie: „Große Dinge haben einen kleinen Anfang“ oder: „Wie Sand am Meer.“ Weil auf diese Weise ein symbolischer Sachverhalt mit verschiedenen Assoziationen und mit Vergleichen angereichert und erweitert wird, hat C. G. Jung diese Assoziationsform „Amplifikation“ genannt.

Wenn man über entsprechende Kenntnisse oder Informationsquellen verfügt, kann man auch über seine persönlichen Assoziationen hinausgehen und untersuchen, welche Bedeutung der umkreiste Sachverhalt in der Gesellschaft, in der Geistes-, Kultur- und Religionsgeschichte der Menschheit hat und in welchen Zusammenhängen er dort auftaucht. Die Gefahr dabei ist allerdings, dass man den persönlichen Bezug aus den Augen verliert. Die Amplifikation ist immer dann von besonderem Nutzen, wenn man deutlicher spüren und erfassen möchte, was einem ein bestimmter Sachverhalt, ein Thema, ein Ereignis, eine Situation oder ein Symbol eigentlich bedeuten.

Eine besonders gut ausgearbeitete und gegliederte Form der umkreisenden, gerichteten Assoziation hat E. T. Gendlin unter dem Begriff „Focusing“ entwickelt. Sie lässt sich zwar nicht in wenigen Worten genau erklären, soll aber hier doch kurz zusammengefasst werden, um den Leser neugierig zu machen, ihn zu motivieren, sie bei Gendlin selbst nachzulesen und dann zu üben.[38]

4. Focusing: Nach Innen fragen und lauschen

4.1 Sich anmuten lassen

Nachdem man sich für ein Problem (das kann ein seelisches oder körperliches Symptom, ein belastendes, unerklärliches Gefühl, eine künstlerische oder wissenschaftliche Frage, ein Alltags- oder Geschäftsproblem sein) entschieden hat, das man in den Brennpunkt (Fokus) seiner wohlwollenden Achtsamkeit stellen will, beginnt man damit, dass man sich in entspanntem Zustand zunächst einmal von diesem Problem oder der Frage anmuten lässt. Man lässt sie einfach als Ganzes auf sich wirken, ohne ihr vorschnell eine bestimmte Form oder eine bestimmte Antwort zu geben.

Diese Phase ist schwierig, weil wir dazu neigen, die frustrierende Spannung, die sich aus der Ungelöstheit und Offenheit einer Frage ergibt, durch eine schnelle Antwort zu überwinden. Es ist ein wesentliches Kriterium des schöpferischen Prozesses, dass Unbestimmtheit, Widersprüchlichkeit und Unklarheit lange genug ausgehalten werden können. Das gilt auch für das Focusing. Man lässt die Frage und ihr Umfeld, in dem sie steht, einfach eine Zeit lang als Ganzes auf sich wirken, ohne gleich zergliedernd und analysierend in sie einzudringen. Das ist etwa so, als versuche man, die „Aura“ des Problems zu erfassen.

Nehmen wir beispielsweise an, wir stellen uns die Frage, wieso wir in Gegenwart eines bestimmten Menschen immer so unsicher werden. Wir wollen mithilfe des Focusing herausfinden, was das für ein Gefühl ist, das uns unsicher macht. An das Aussehen der Person, ihr Verhalten, ihren Ausdruck, ihre Kleidung, den Inhalt des Gesprächs, die Situation, in der die Begegnung stattfand. Die Gesamtheit all dieser einzelnen Eindrücke, die wir ja meist gar nicht so einzeln und getrennt wahrnehmen, ergibt eine bestimmte Wirkung, eine Ausstrahlung, eine „Aura", die diese Person für uns in dieser Situation hat.

Versuchen wir nun, diese Aura, die in der ganzen Situation herrschende Atmosphäre, den Gesamteindruck zu spüren. Es stellt sich begleitend eine gewisse körperliche Empfindung, eine Art Spannung ein, die ein Ausdruck aller an dieser Frage beteiligten Stimmungen und Gefühle ist. Weil sie noch so vage, unklar und unbestimmt ist, ist sie uns eher unangenehm. Gendlin nennt diesen Moment „felt sense", was so viel wie eine erst körperlich empfundene Bedeutung des infrage stehenden Problems meint.

4.2 Einfälle aufsteigen lassen

Erst wenn sich der „felt sense" deutlich eingestellt hat, kann man zum nächsten Schritt übergehen, der in einer Art umkreisender Assoziation besteht. Welche Gedanken, Gefühle und Bilder entsprechen diesem „felt sense"? Durch welche Begriffe, Eigenschaften und Symbole lässt er sich am besten beschreiben? Hier setzt eine Art inneres Suchen nach dem treffenden Ausdruck ein, das wir alle kennen, wenn wir uns an irgendetwas erinnern wollen oder etwas auszudrücken versuchen, das uns gewissermaßen „auf der Zunge liege, sich aber noch nicht sagen lässt. Wir probieren dann vielleicht verschiedene Worte oder Metaphern (das ist so ähnlich wie ...) aus, bis wir das Gefühl haben: „ja, jetzt stimmt es, das ist genau, was ich sagen wollte!" Dieses Suchen nach dem passenden, ganzheitlichen Ausdruck nennt Gendlin „einen Griff finden (an dem sich das Problem handhaben, das heißt bewusst machen lässt).

4.3 Einsicht gewinnen

Wenn man durch ein ständiges Hin- und Hergehen und Vergleichen zwischen dem vagen, körperlichen Grundgefühl („felt sense") und den gefundenen Begriffen und Bildern eine Übereinstimmung erreicht hat, tritt spontan ein Gefühl der Erleichterung ein. Man atmet innerlich und äußerlich auf, man freut sich, dass man „es" gefunden hat, es ist ein „Aha!"-Erlebnis. Gendlin nennt es „shift", was eine Art innere, körperlich-seelische Bewegung meint, gewissermaßen eine erleichternde Aufwärtsbewegung eines unbewussten Inhalts in die Bewusstwerdung hinein. Daraus entstehen Lust und Befriedigung, die mit jeder schöpferischen Leistung im Kleinen wie im Großen verbunden sind. Jede neue Beantwortung einer Frage, jede Selbsterkenntnis und jede Bewusstmachung, und sei sie noch so klein, ist ein schöpferischer Akt.

„Einen Griff finden" könnte in unserem obigen Beispiel etwa folgendermaßen aussehen: Nachdem wir uns auf das ganzheitliche Erleben der Beziehungssituation zwischen dem verunsichernden Menschen und uns selbst eingestellt haben, fragen wir uns, was das genau für ein Gefühl ist, das wir hier haben. Zum Beispiel: „Ich fühle mich irgendwie ängstlich ... Die andere Person kommt mir mächtig, übermächtig vor ... Sie kommt mir, obwohl sie nur genauso groß ist wie ich, fast doppelt so groß vor ... ja, es ist, als fühlte ich mich wie ein kleines, dummes Kind, das befürchtet, etwas gefragt zu werden, was es nicht zu beantworten weiß."

Wenn wir den Eindruck haben, dass die gefundene Beschreibung unser Erleben treffend wiedergibt, dann können wir uns etwas entspannen, die gewonnene Einsicht genießen und anschließend in gleicher Weise weiterfragen, zum Beispiel: „Was genau erzeugt in mir bei dieser Person den Eindruck, ein kleines Kind zu sein?"

Wieder stellen wir uns auf den Gesamteindruck ein, jetzt besonders auf den von der Übermächtigkeit der anderen Person, und fühlen nach: „Da geht etwas von dem Gesicht aus ... die Augen ... nein, eher die Mundwinkel, die sind kaum merklich herabgezogen, ja, so verächtlich, wirken auf mich wie der reinste Spott und Hohn ... Aber da ist noch etwas ... die Stimme? Ja, die ist so leise, bedächtig, bedrohlich leise, lauernd, prüfend und jetzt – das ist es! – die harte Betonung der Endkonsonanten, dieses „t“, das fast wie ein strafender Peitschenknall wirkt, der mir durch Mark und Bein geht, mich zusammenfahren lässt, mir das Gefühl gibt, wieder irgendetwas falsch gemacht zu haben, und mich zu Ordnung, Disziplin und Kontrolle zwingt.“

Wenn sich an dieser Stelle der erleichternde „shift“, das Gefühl „Ah, das ist es!“ einstellt, dann können wir wiederum nach einer kleinen Erholungspause weiterfragen: „An wen erinnert mich diese Person?“ oder „Was kann ich tun, um mich von diesem beeinträchtigenden Gefühl zu befreien?“ Gleichgültig, wie die Frage ist, immer warten wir erst auf den „felt sense“, das vage, körperliche Bedeutungsgefühl, bevor wir weitergehen. Es ist so, als würden wir unseren Körper oder unser inneres Selbst fragen und uns von ihm eine Antwort auf einer nonverbalen Ebene – eben durch diesen „felt sense“ – geben lassen und uns dann um die Übersetzung dieser Antwort auf die Bewusstseinsebene bemühen. Es ist ein Dialog mit unserer inneren unbewussten Weisheit.

4.4 Der Dialog mit den inneren Teilpersönlichkeiten

Manche Menschen finden es hilfreich, diese innere Weisheit zu personifizieren, das heißt, sie sich als eine menschliche oder übermenschliche Persönlichkeit vorzustellen, der sie dann einen Namen geben und mit der sie dann ganz so kommunizieren wie mit einem äußeren Partner oder Freund. C. G. Jung hat, wie wir vorne gesehen haben, seine innere Kommunikationspartnerin Anima genannt und ihr sicherlich auch noch einen persönlicheren Namen gegeben. Er verstand sie als eine Vermittlerin zwischen seinem Ich-Bewusstsein und den ihm unbewussten psychischen Inhalten. Es scheint recht sinnvoll zu sein, bestimmte Grundhaltungen und Tendenzen unserer Seele mit einem Namen zu versehen und mit ihnen nötigenfalls ins Gespräch zu kommen. Da wir ja ohnehin ständig in intensivem Selbstgespräch mit den verschiedensten Gedankenpartnern sind, hilft uns die Benennung, die einzelnen Stimmen voneinander zu unterscheiden, sie damit besser zu erkennen und einen distanzierteren Standpunkt zu ihnen zu gewinnen. So können wir unserem inneren Kind, dem Alten Weisen, der „Großen Mutter", dem Weiblichen, dem Männlichen, dem Angsthasen, dem mutigen Abenteurer, dem Sexomanen, dem Pessimisten, dem Optimisten, dem Kreativen, dem Zwanghaften, dem Hysteriker, dem Nörgler, dem Tyrannen, dem Rechthaber, dem Diplomaten, dem Witzbold, dem Faulenzer, dem Bewunderungssüchtigen und so weiter jeweils einen passenden Namen geben, sie zu Hilfe rufen, wenn wir ihren Trost und Beistand brauchen, und uns mit ihnen kritisch auseinandersetzen, wenn sie uns das Leben wieder einmal schwer machen.

Sobald wir beginnen, die Vorgänge, die ablaufen, wenn wir uns nach innen wenden, in bildliche Form zu kleiden und zu personifizieren, wird aus dem Focusing eine Imagination, die von C. G. Jung als eine sehr direkte Form der Auseinandersetzung mit unseren unbewussten Seiten angesehen wurde.

4.5 Focusing und das Yin-Yang-Modell

Es ist interessant, zu sehen, wie der Prozess des Focusing unserem Tai-Chi-Kreismodell, das wir vorne im Kapitel über das Polaritätsprinzip und im Kapitel über die dynamische Beziehung zwischen Ich-Bewusstsein und Selbst kennengelernt haben, entspricht. Tatsächlich ist das Focusing als Methode gar nichts wirklich Neues und Unbekanntes, sondern wird von uns allen instinktiv bei vielen Problemlösungen mehr oder weniger bewusst angewendet. Es folgt weitgehend den allgemeinen Stadien kreativer Prozesse.

1. Die Such- und Problemvorbereitungsphase, in der die eigentliche Fragestellung herausgearbeitet wird und alle Informationen gesammelt werden, die mit dem Problem im Zusammenhang stehen. Es ist die Phase, in der man sich emotional mit dem ganzen Problem identifiziert und auf der bewussten Ebene intensiv nach einer Lösung sucht. Das würde der Anfangsphase des Focusing, der Herstellung des „felt sense", entsprechen.

2. Die Inkubationsphase. Hier hat sich die Problemlösungssuche weiter intensiviert, man hat die meisten üblichen Antworten kennengelernt, ist unbefriedigt und sucht nach einer neuen Antwort. Man ist innerlich unruhig, in Spannung, erlebt Stimmungsschwankungen, Gereiztheit und Desorientiertheit. Man geht mit dem Problem schwanger, ohne eine Lösung zu wissen. Das entspricht im Focusing der Phase, in der man nach einem „Griff" sucht, der dem unklaren Körpergefühl den richtigen Namen geben soll.

3. Die Lösungs- oder Erleuchtungsphase. Hier taucht plötzlich die Lösung auf, das „Aha"-Erlebnis, meist spontan, unvermutet, bei unerwarteter Gelegenheit und unscheinbarem Anlass. Das entspricht dem erleichternden „shift" des Focusing.

4. Die Realisierungsphase. Die gefundene Lösung wird ausgearbeitet und in Realität umgesetzt.

Die Anwendung des Focusing ist aber keineswegs nur auf die Lösung schwieriger Probleme beschränkt, sondern kann sehr wirksam dazu eingesetzt werden, unser alltägliches Leben bewusster zu gestalten, uns und unsere wirklichen Bedürfnisse besser kennenzulernen und Hindernisse, die ihrer Verwirklichung im Wege stehen, zu überwinden. So können wir uns beispielsweise bei der Auswahl unserer Kleidung, unserer Nahrung oder unserer Freizeitbeschäftigung immer wieder fragen, was wir denn eigentlich zutiefst wirklich wollen, was uns jetzt zu diesem Zeitpunkt entspricht, und auf die Reaktion warten, die von unserem Körper und aus unserem Inneren kommt. Aber auch bei plötzlichen Stimmungswechseln, bei Gereiztheit, Frustrationen, aggressiven Gefühlen und Streitereien können wir focussieren, um herauszufinden, was die Auslöser sind. Das Focusing ist eine sehr brauchbare und unmittelbare Methode, Kontakt zu sich und seinem Selbst herzustellen.

Der Leser mag sich nun fragen, ob wir denn, nachdem wir das grundlegende Prinzip der freien Assoziation in der *Unendlichen Geschichte* in der Erzeugung des Nachtwaldes *Perelín* entdeckt haben, darin auch die umkreisende, gebundene Assoziation und das Focusing irgendwo wiederfinden können. Tatsächlich wird etwas Ähnliches von Michael Ende sehr schön beschrieben im Bilde des *Tausend Türen Tempels.*

4.6 Der Tausend Türen Tempel

Der Löwe *Graógramán* erzählt *Atréju* von diesem Ort:

> *„Höre, Herr", sprach Graógramán leise, „es gibt in Phantásien einen Ort, der überall hinführt und von überall erreicht werden kann. Dieser Ort wird der Tausend Turm Tempel genannt. Niemand hat ihn je von außen gesehen, denn er hat kein Äußeres. Sein Inneres aber besteht aus einem Irrgarten von Türen. Wer ihn kennenlernen will, der muss sich hineinwagen." – „Wie kann man das, wenn man sich ihm von außen gar nicht nähern kann?" – „Jede Tür", fuhr der Löwe fort, „jede Tür in ganz Phantásien, sogar eine ganz gewöhnliche Stall- oder Küchentür, ja, sogar eine Schranktür kann in einem bestimmten Augenblick zur Eingangspforte in den Tausend Türen Tempel werden. Ist der Augenblick vorüber, so ist sie wieder, was sie vorher war. Darum kann niemand je zum zweiten Mal durch dieselbe Tür gehen. Und keine der tausend Türen führt dorthin zurück, wo man herkam. Es gibt keine Rückkehr."* [22]

Ganz ähnlich erlebt es derjenige, der sich dem Strom der Assoziationen und Fantasien ausgesetzt hat. Wenn er sich in der rechten Verfassung befindet, dann kann jeder beliebige Ausgangspunkt, sei es ein Bild, ein Gedanke, ein Gegenstand, zur Eintrittspforte in ein magisches Theater werden. Jede einzelne auftauchende Assoziation kann wieder selbst zu einer unendlichen Fülle von neuen Assoziationen Anlass geben, die sich alle mehr oder weniger ähneln können, aber sich doch niemals wiederholen.

Wir können diese unerschöpfliche Variabilität auch in unserem Traumleben beobachten. Jede Nacht haben wir drei bis fünf Träume, die immer anders sind. Zwar können sich bestimmte Motive und Ereignisse wiederholen, aber kaum in einer identischen Weise, sondern immer in gewissen Variationen. Und wer sich einmal auf einen schöpferischen Prozess eingelassen hat – auch dafür steht der *Tausend Türen*

Tempel – weiß, dass er selbst, wenn der Prozess einmal beendet ist, nicht mehr der gleiche ist wie zuvor.

Und nun kommt ein wichtiger Punkt: Aus dem *Tausend Türen Tempel* findet man nur heraus, so erfahren wir von *Graógramán*, wenn man einen wirklichen Wunsch hat. Wer den nicht habe, der müsse so lange in diesem Irrgarten herumirren, bis er wisse, was er sich wünsche. Und das könne manchmal sehr lange dauern. Das ist genau das, was wir oben gesagt haben. Das Fantasieren bringt wenig, wenn es nur ein spielerischer Selbstzweck bleibt und nicht zu uns und unserem Leben in Beziehung gesetzt wird.

Damit klingt auch wieder die Gefahr an, dass man sich in seinen Fantasien und Träumen verliert. Diese Gefahr ist besonders dann gegeben, wenn das Fantasieren hauptsächlich eine Flucht in die berühmt-berüchtigte Wunsch- und Traumwelt ist, ein Ersatz für äußeres Leben, das man nicht zu leben imstande ist. Weil man nicht getragen ist von dem Wunsch, sein alltägliches äußeres Leben durch die Einbeziehung von Kreativität und Fantasie zu erneuern, sondern dieses äußere Leben flieht, deshalb findet man auch nicht aus dem *Tausend Türen Tempel* oder auch aus *Phantásien* heraus. Die Fantasien müssen eben immer wieder mit dem konkreten Leben verbunden werden.

Auch *Bastian* irrt eine Weile in den sechseckigen Räumen herum, geht einmal durch die eine Tür, ein anderes Mal durch die andere. Er trifft seine Entscheidungen nach Gutdünken, wird von keinen konkreteren Vorstellungen geleitet, bis er weiß, wen er eigentlich sucht: *Atréju.* Sogleich werden seine Entscheidungen zielstrebiger, und bald darauf hat er einen Ausgang aus dem *Tausend Türen Tempel* gefunden:

> *Er stand gerade in einem Raum, dessen Licht grünlich war. Drei der sechs Wände waren mit Wolkenformen bemalt. Die Tür zur Linken war aus weißem Perlmutter, die zur Rechten aus schwarzem Ebenholz. Und plötzlich wusste er, was er sich wünschte: Atréju! – Die perlmutterne Tür erinnerte Bastian an den Glücksdrachen Fuchur, dessen Schuppen wie weißes Perlmutter glitzerten, also entschied er sich für diese. Im nächsten Raum gab es zwei Türen,*

deren eine aus Gras geflochten war, die andere bestand aus einem Eisengitter. Bastian wählte die aus Gras, weil er an das Gläserne Meer, Atréjus Heimat, dachte. – Im darauf folgenden Raum fand er sich vor zwei Türen, die sich nur dadurch unterschieden, dass die eine aus Leder war, die andere aus Filz. Bastian ging natürlich durch die aus Leder. Wieder stand er vor zwei Türen. Die eine war purpurrot und die andere olivgrün. Atréju war eine Grünhaut, und er trug einen Mantel aus dem Fell der Purpurbüffel. Auf der olivgrünen Tür waren einige einfache Zeichen mit weißer Farbe gemalt, so wie Atréju sie auf Stirn und Wangen hatte, als der alte Caíron zu ihm gekommen war. Dieselben Zeichen waren aber auch auf der purpurroten Tür, und davon, dass auf Atréjus Mantel solche Zeichen gewesen wären, wusste Bastian nichts. Also musste es sich da um einen Weg handeln, der zu einem anderen, aber nicht zu Atréju führte.[23]

Diese Stelle wurde hier so ausführlich zitiert, weil sie eine gute Illustration des Vorgangs ist, den wir beim Focusing kennengelernt haben. Nachdem man sich auf eine Frage oder einen Wunsch innerlich so eingestellt hat, dass man ihn körperlich spüren kann („felt sense"), versucht man ja, einen treffenden Ausdruck für das Gefühl zu finden.

Dabei geht man ständig zwischen dem Gefühl und den einfallenden Bildern, Begriffen und Metaphern hin und her, man schaut und prüft, welche am besten passen. Auf diese Weise umkreist man das nur vage empfundene Gefühl so lange, bis man ihm ganz nahe gekommen ist und weiß, was es ist.

Die dabei angewendete Methode ist die des Vergleichs und des Ausschlusses des nicht so ganz Passenden. Sie ähnelt dem Spiel, das wir aus der Kindheit kennen. Hierbei sollten wir einen versteckten Gegenstand finden, und wir wurden durch Zurufen von „warm" oder „kalt" zum Ziel gelotst. Wenn wir von einer Sache nicht wissen, wie wir sie beurteilen sollen, hilft es uns, wenn wir Alternativen zum Vergleich heranziehen. Diese sollten zwar einiges gemeinsam haben, sich aber doch auch deutlich genug voneinander unterscheiden.

Auch gehen wir häufig so vor, wenn wir nicht genau wissen, was wir wollen. Wir konfrontieren uns mit Alternativen und fragen uns, welche von beiden wir bevorzugen. Mithilfe solcher Ja-Nein-Reaktionen kommen wir dann unserem halb bewussten Wunsch immer näher.

5. Das Bergwerk der Bilder: Traumarbeit

Als *Bastian* alle seine Erinnerungen an seine menschliche Existenz bis auf seinen Namen verloren hat, kommt er ins *Bergwerk der Bilder.* Dort arbeitet *Yor,* der blinde Bergmann. Ganz *Phantásien* ruht auf den Grundfesten von Träumen, die von den Menschen vergessen wurden. *Yor* fördert sie behutsam zutage, sichtet und ordnet sie. Um zum Wasser des Lebens und damit zurück zur Menschenwelt finden zu können, braucht *Bastian* die Erinnerung an eine Person, die er zu lieben vermag. Er muss sich mit *Yor* tief ins *Bergwerk der Bilder* begeben, dort in mühsamer, geduldiger Arbeit Traumbilder heben und findet endlich nach langer Zeit ein von ihm vergessenes Traumbild, das seinen Vater zeigt. Obwohl er seinen Vater nicht als Vater erkennt, fühlt er doch eine starke Zuneigung zu ihm. Mithilfe dieses Traumbildes gelangt *Bastian* schließlich zu den Wassern des Lebens.

Wir mögen uns vielleicht fragen, was es bringen soll, sich mit den merkwürdigen, fantastischen Bildern und Geschehnissen, die sich in der Nacht in ihrer Seele abgespielt haben, näher zu beschäftigen. Eine häufige Meinung ist ja: „Träume sind Schäume“ (was zum Teil ja auch stimmt, Träume sind oft von einer überschäumenden Emotionalität und Kreativität und Fabulierlust). Menschen scheinen sich auch darin zu unterscheiden, wie häufig und intensiv sie sich an ihre Träume erinnern. Manche glauben gar, sie würden überhaupt nicht oder nur ganz selten träumen.

Experimentelle Untersuchungen der Schlaf-Traum-Forschung haben hingegen schon lange gezeigt, dass alle Menschen unter normalen Bedingungen jede Nacht vier bis fünf kürzere oder längere Traumphasen haben. Es ist sehr zu vermuten, dass dieses Traumleben eine regulierende, ordnende und Lernprozesse fördernde Funktion für den Menschen hat. Werden wir regelmäßig am Träumen gehindert, können sich psychische Störungen entwickeln.

Auch wenn sich die verschiedenen Traumforscher bis heute keineswegs einig über die Bedeutung der Träume sind, so lässt sich zumindest so viel sagen, dass wir sie sehr gut dazu verwenden können, uns mit uns selbst und unserer seelischen Innenwelt in Kontakt zu bringen. Ein hoher Prozentsatz unserer Träume spiegelt wahrscheinlich unsere mehr oder weniger unbewussten Bedürfnisse, Hoffnungen, Sehnsüchte und Wünsche, unsere Ängste, Konflikte, Stimmungen, unsere unbewältigten Tageserlebnisse und Frustrationen, aber auch unser ungelebtes Leben, unsere Begabungen und schöpferischen Möglichkeiten wider, allerdings in bildlicher, symbolischer und meist sehr dramatisierender Weise wider. Was auch immer sie letztlich bedeuten: Sie sind erstaunlich kreativ und können uns auf neue, überraschende Ideen bringen.

Die meisten Menschen sind sehr überrascht, wenn sie ihre Stimme erstmals auf Tonband oder sich selbst auf dein Video-Bildschirm sehen. Normalerweise nehmen wir uns selbst nicht aus einem etwas objektiveren Abstand wahr, wir sind immer zu sehr im Geschehen drin. Der Bildschirm aber zeigt uns in einer neuen, ungewohnten Perspektive von außen. Die Traumbeobachtung hat eine ähnlich objektivierende und distanzierende Wirkung wie eine Videoaufzeichnung, denn sie führt uns unbekannte und unvertraute Erfahrunge, Eigenschaften, Gefühle und Verhaltensweisen von uns selbst vor, mit denen wir uns auseinandersetzen können.

5.1 Keine Angst vor Träumen!

Die Möglichkeit, Träume zur Selbsterkenntnis zu benutzen, ist dadurch gegeben, dass sie unsere seelischen Vorgänge in einer überzeichneten und dramatisierten Form darstellen. Was in unserem Wachbewusstsein ein angestauter Alltagsärger durchschnittlicher Art ist, kann im Traum als mörderische Tat dargestellt werden, weil ein Großteil der Kontrollen, Hemmungen und Abwehrvorgänge, die wir im Wachbewusstsein zur Verfügung haben, im Traumleben aufgehoben ist.

Das Traumland ist in gewisser Hinsicht das Kinderland der Seele. Im Traumzustand befinden wir uns auf einem „primitiveren“, kindlichen Bewusstseinsniveau, in dem sich ganz besonders unsere Ängste, Triebe, Affekte, Gefühle und Wünsche stärker und unmittelbarer als im Wachzustand ausleben. Durch diese aus der Sicht unseres Erwachsenenbewusstseins gesehene dramatische Überzeichnung lassen sich die seelischen Vorgänge natürlich besser wahrnehmen, ähnlich wie in einem Mikroskop. Allerdings ist dies auch einer der Gründe, warum wir uns scheuen, mit unseren Träumen ernstlich zu arbeiten.

Wir dürfen nicht den Fehler machen, die Traumereignisse mit unserem Wachbewusstseinszustand eins zu eins gleichzusetzen und sie unmittelbar so auf uns zu übertragen, als seien sie objektive Wirklichkeiten. Das entspräche dem alten Aberglauben, dass Träume immer die Wahrheit sagten oder immer zukünftige Ereignisse prophezeiten. Wir sollten eine Art Vergrößerungsfaktor – sagen wir von etwa 1:10 bis 1:100 in Rechnung stellen, das heißt berücksichtigen, dass unsere Traumerlebnisse häufig die psychischen Vorgänge überdimensioniert und symbolisiert abbilden, und uns klar darüber bleiben, dass sie, von seltenen Ausnahmen abgesehen, keine „objektiven“ Wahrheiten, sondern unsere subjektive Fantasie- und Assoziationstätigkeit darstellen. Träume stellen unsere mehr oder weniger bewussten subjektiven Gefühle, Gedanken und Einstellungen, die wir über uns und die Welt haben, in bildhaft-symbolischer Form dar, plus gewisse korrigierende oder ergänzende Reaktionen unserer Psyche auf eben diese Haltungen. Sie spielen auch Problemlösungen und Handlungsentwürfe für die Zukunft durch und weisen auf bisher ungelebte schöpferische Möglichkeiten hin.

Wenn wir nun von einer mörderischen Tat träumen, dann heißt das keineswegs, dass wir in unserem Wachbewusstsein ebenso skrupellos jemanden umbringen könnten wie im Traum. Es weist zwar auf einen starken aggressiven Affekt hin, der uns möglicherweise am Vortage nicht so richtig bewusst geworden ist, aber nicht darauf, dass wir eigentlich ein Mörder sind. Ein Kind, das schon bei einer vom Erwachsenenstandpunkt relativ geringfügigen Frustration in mörderische

Wut verfallen kann und in diesem Moment seine Mutter, seinen Vater oder seinen Spielkameraden am liebsten töten würde, bezeichnen wir auch nicht als einen Mörder, weil wir wissen, dass es noch nicht genügend Kontroll- und Verarbeitungsmechanismen erworben hat, um mit seinem Affekt besser umgehen zu können. Im Traum regredieren wir in mancherlei Hinsicht auf die Ebene des Kindheitsbewusstseins, und wir sollten deshalb mit uns entsprechend verständnisvoll umgehen. Dennoch aber kann uns gerade die Beschäftigung mit unseren Träumen zeigen, wozu wir potenziell in der Lage wären, wenn wir nicht die reiferen Affekt-Verarbeitungsmechanismen des Erwachsenen zur Verfügung hätten oder wenn diese Mechanismen aufgehoben würden oder versagten. Auf diese Weise gewinnen wir einen Einblick in jene archaischen, archetypischen Schattenaspekte unseres Wesens, die wir mit allen Menschen teilen.

5.2 Warum wir nicht alle Mörder sind, auch wenn wir davon träumen

Es ist ein gefährliches Missverständnis, alle körperlich-seelischen Funktionen, Inhalte und Fantasien mit dem Ich oder unserer bewussten Persönlichkeit gleichzusetzen. Wir haben ja schon gesehen, dass unser Ich -Bewusstsein im Kräftespiel der psychischen Mächte vor allem eine Vermittler- und Diplomatenrolle inne hat. Es ist für uns einfach bekömmlicher, wenn wir die verschiedenen Einflussgrößen, denen wir ausgesetzt sind, zwar bestens kennen, uns aber nicht mit allen identifizieren. Nur so können wir mit ihnen diplomatisch umgehen. Wir sollten zum Beispiel zwar wissen, dass in unserem psychophysischen Organismus ein gewaltiges Potenzial an archaischen aggressiven und sexuellen Triebkräften vorhanden ist, aber nicht glauben, diese Triebkräfte selbst zu sein. Dadurch überfordern wir uns und verfallen schlimmstenfalls einer Depression oder einem Größenwahn. Unerfahrene Traumdeuter neigen beispielsweise dazu, alle Traumereignisse subjektivstufig aufzufassen in dem Sinne, dass sie alles, was der Traum darstellt, auch tatsächlich seien. Sie stellen sich dann solche Fragen wie: „Wo bin ich ein

Mörder ... Wo bin ich die Atombombe ... Wo bin ich das Krebsgeschwür, von dem ich geträumt habe?"

Natürlich haben alle Traumbilder irgendwie mit uns zu tun, sie drücken aus, was uns assoziativ beschäftigt, und sie suchen wohl auch nach Antworten und Lösungsmöglichkeiten auf unsere Konflikte. Auf dieses „irgendwie" aber kommt es an. Es gibt viele Gründe, weshalb ich zum Beispiel von einer Atombombe träumen kann: Vielleicht habe ich große Angst vor ihr, vielleicht bin ich fasziniert von ihrer numinosen Gewalt, oder vielleicht beeindruckt mich die Macht, die von ihr ausgeht. Keiner von uns kann ihrer Wirklichkeit entgehen, und wir alle beschäftigen uns mit ihr in unserem Denken und unserer Fantasie. Daraus aber abzuleiten, dass ich als Individuum ebenso destruktiv bin wie die Atombombe, stellt eine Überforderung und Anmaßung dar.

Sicherlich gibt es Figuren und Symbole in unseren Träumen, die bestimmte Seiten und Eigenschaften unserer unbewussten Persönlichkeit darstellen, und es ist notwendig, sie als solche zu verstehen. Es gibt aber sicherlich auch Bilder und Fantasien in der menschlichen Seele, die kosmische Dimensionen haben, bei denen es für unsere psychische Gesundheit entscheidend wichtig ist, von ihnen zwar zu wissen, sich aber nicht mit ihnen zu identifizieren. Die im letzten Kapitel beschriebene Methode der Benennung solcher Persönlichkeitsaspekte und das Sprechen mit ihnen ist dafür sehr hilfreich. Welche gefährlichen Folgen es haben kann, sich mit Fantasiebildern zu identifizieren, soll später noch anhand der Erlebnisse des *Bastian* in *Phantásien* erörtert werden.

5.3 Traumarbeit als schöpferischer Prozess

Traumarbeit ist kein einfaches Orakelspiel mit klaren Ja-Nein-Antworten oder eindeutigen Deutungen, die sich aus Büchern herauslesen lassen. Traumarbeit ist ein schöpferischer Prozess, aus dem wir so viel gewinnen, wie wir in ihn investieren. Um seine Traumarbeit nicht vorschnell durch frühere Erfahrungswerte, vorgefasste Ansichten und rationale Deutungen festzulegen, pflegte C. G. Jung, bevor er einen Traum untersuchte, zu sich selbst zu sagen: „Ich habe nicht die geringste

Ahnung, was der Traum bedeutet." Dann erst versuchte er, sich dem Traum so unbefangen und unvoreingenommen wie möglich zu nähern.

Viele Träume bleiben dunkel, unverständlich, sind so vieldeutig und vielschichtig, dass wir zu keinen klaren Einsichten kommen können. Dann bleibt nicht mehr übrig, als sie nach sorgfältiger Betrachtung einfach abzulegen und vielleicht, wenn es ein starker und emotional wichtiger Traum war, ihn im Gedächtnis zu behalten und später wieder einmal auf ihn zurückzukommen.

Andere Träume schildern Belanglosigkeiten und banale Alltagshandlungen. Bei einiger Geduld allerdings stoßen auch wir – wie *Bastian* im *Bergwerk der Bilder* – auf einen sehr bedeutsamen und wichtigen Traum, der uns stark anspricht und ein klares Licht auf unsere Persönlichkeit und ihr schöpferisches Potenzial wirft. Ein solcher Traum belohnt dann unseren Arbeits- und Zeitaufwand und ist ein Geschenk unserer Seele an uns.

Am Beispiel des Traumbildes von *Bastian* soll nun gezeigt werden, wie wir mit Träumen umgehen können, wobei nur die einfachsten Methoden dargestellt werden. Andere und ergänzende Methoden finden sich allgemein verständlich in zahlreichen Werken der Analytischen Psychologie[55] und auch im Anhang.

Das vergessene Traumbild von *Bastian*:

> *Auf der zarten Marienglastafel [...] war sehr klar und deutlich ein Mann zu sehen, der einen weißen Kittel trug. In der einen Hand hielt er ein Gipsgebiss. Er stand da, und seine Haltung und der stille, bekümmerte Ausdruck in seinem Gesicht griffen Bastian ans Herz. Aber das, was ihn am meisten betroffen machte, war, dass der Mann in einen glasklaren Eisblock eingefroren war. Ganz und gar von allen Seiten umgab ihn eine undurchdringliche, aber vollkommen durchsichtige Eisschicht.*[24]

5.4 Träume merken

In der Regel reicht der engagierte Wunsch aus, seine Träume zu behalten, damit wir uns zunehmend häufiger an sie erinnern. Dabei hilft es, abends vor dem Einschlafen daran zu denken, dass man sich an seinen Traum erinnern will, Papier und Bleistift bereitzulegen und morgens nach dem Aufwachen erst noch ein wenig in Schlafhaltung liegenzubleiben und einer Traumerinnerung nachzuspüren.

Die Traumerinnerung sollte dann möglichst gleich, zumindest in ausreichenden Stichworten, niedergeschrieben werden, weil sie sich sonst schnell verflüchtigt. Am besten ist natürlich das regelmäßige Führen eines Traumbuches, in das alle Träume mit dazugehörigen Einfällen und Vortagesbezügen eingetragen werden und parallel dazu das Führen eines Tagebuches, in dem alle emotional wichtigen Tagesereignisse, -gedanken, -gefühle und -fantasien aufgeführt würden. Für die meisten Menschen ist das allerdings ein Aufwand, den sie nicht leisten wollen.

5.5 Träume in die Gegenwart bringen und Einzelheiten klären

Es ist förderlich, den Traum noch einmal in die Gegenwart zu bringen, ihn laut zu erzählen oder auch einer anderen Person zu berichten, so, als würde man ihn gerade träumen. Das bringt uns den Traum emotional näher.

Häufig ist es auch lohnend, vertieft nach Einzelheiten und Gefühlen, die in der ersten Erinnerung und Aufschrift vage oder unklar geblieben sind, zu fragen. Es ist oft so, dass sich hinter verschwommenen Begriffen und Lücken in der Darstellung Daten und tabuisierte Gefühle verstecken, die für die Traumarbeit wichtig sind.

Wenn zum Beispiel *Bastians* Traum so erinnert und erzählt worden wäre: „Ich sehe einen unbekannten Mann in einem weißen Kittel, der irgendetwas in der Hand hat, bekümmert dasteht und in einem Eisblock eingefroren ist", dann wäre es gut, danach zu fragen, was der Mann denn in der Hand hat und welche Gefühle der Träumer bei diesem Bild erlebt. Wenn der Träumer nicht recht weiß, was das für ein Gegenstand ist, dann kann man ihn fragen, was es denn in seiner Fantasie am ehesten sein könnte. Mit den dann kommenden Einfällen muss man allerdings recht behutsam umgehen, weil zu vermuten ist, dass sie für den Träumer unangenehm und konfliktbeladen sind. Wenn er also jetzt sagte: „Es könnte sich am ehesten um ein Gipsgebiss handeln, ich weiß auch nicht, wieso mir das so vorkommt, dann kann man davon ausgehen, dass ihm das Bild des Gipsgebisses aus irgendeinem Grunde unangenehm ist, weil er es im Traum nicht erinnern oder nicht mitteilen wollte. Was das Unangenehme daran ist, lässt sich dann nur mit seiner Hilfe, seinen weiteren Einfällen und dem Zusammenhang im Traum erarbeiten. Ähnlich ist es mit nicht mitgeteilten Gefühlen.

5.6 Die Hauptmotive herausfinden

Die eigentliche Traumarbeit beginnt damit, dass wir uns fragen, was uns denn an dem Traum auffällt, was uns überraschend, merkwürdig und vom Wachbewusstsein des Träumers abweichend vorkommt und an welchen Stellen die stärksten Gefühle sitzen. Was ist das zentrale Thema, welcher zentrale Konflikt stellt sich dar, wie sie das Ergebnis, die Lösung des Traumes aus?

Nehmen wir an, wir wüssten nichts von *Bastians* Vergangenheit und hätten nur die obige Traumbeschreibung, dann würden sich doch – bei einer konstruktiv neugierigen Grundhaltung – für uns vier Fragen aufdrängen: Was bedeutet der Mann in dem weißen Kittel mit dem Gipsgebiss in der Hand? Wieso schaut er so bekümmert? Was bedeutet es, dass er in einem Eisblock eingefroren ist? Wieso hat der Träumer so intensive Gefühle für ihn?

In vielen therapeutischen Traumbesprechungen ist es einfach auch aus Zeitgründen unumgänglich, sich auf einige wesentliche Traumelemente zu beschränken. Es ist nur bei sehr kurzen Träumen wie dem des *Bastian* möglich, auf alle Traumteile einzugehen.

5.7 Traumsymbole assoziativ umkreisen

Wenn man sich auf einen Traumaspekt geeinigt hat, kann man sich die klassische analytische Frage vorlegen: „Was fällt Ihnen dazu ein?" oder moderner: „Was kommt Ihnen dazu?" Es geht jetzt darum, sich auf ein bestimmtes Traumelement einzustellen und es nach Art des Focusing auf sich wirken zu lassen, es mit seinen Gefühlen, Erinnerungen, Assoziationen und Fantasien zu umkreisen, bis sich ein Gefühl der Stimmigkeit, der Übereinstimmung zwischen Bild, Gefühl und Verstehen einstellt.

Bastian würde vielleicht unter anderen Umständen als denen der *Unendlichen Geschichte* einfallen, dass der Mann ihn an seinen Vater erinnert, der ja Zahntechniker ist. Ihm würde das große Zimmer einfallen, das als Labor eingerichtet ist und in dem der Vater immer arbeitet; ihm würden die vielen Gipsabdrücke menschlicher Gebisse einfallen, die er dort immer gesehen hat; ihm würde einfallen, dass der Vater, wenn *Bastian* aus der Schule nach Hause kommt, ihm häufig aus seinem Labor entgegentritt, im weißen Kittel und mit einem Gipsabdruck in der Hand, und ihn mit stillem, traurigem Gesicht begrüßt (vgl. 3, S. 35). *Bastian* würde vielleicht spüren, wie sehr ihn die Traurigkeit seines Vaters belastet, dass er sich irgendwie mitschuldig daran fühlt, und wie sehr er sich wünscht, der Vater würde ihn freudig begrüßen, mit ihm über die Schule sprechen oder ihm etwas von seiner Arbeit zeigen.

Auf die Frage, was denn das Eingefrorensein des Vaters im Eisblock symbolisieren könnte, würde ihm wahrscheinlich einfallen, dass von seinem Vater seit dem Tod von *Bastians* Mutter eine so gefühlskalte Distanz ausgeht, dass er irgendwie unerreichbar, fern, unlebendig und wie erstarrt ist:

> *Bastian erinnerte sich, dass der Vater früher gern Späße mit ihm getrieben hatte. Manchmal hatte er sogar Geschichten erzählt oder vorgelesen. Aber das war seit damals vorbei. Er konnte mit dem Vater nicht sprechen. Es war wie eine unsichtbare Mauer um ihn,*

durch die niemand dringen konnte. Er schimpfte nie und lobte nie. Auch als Bastian sitzengeblieben war, hatte der Vater nichts gesagt. Er hatte ihn nur auf diese abwesende und bekümmerte Art angesehen, und Bastian hatte das Gefühl gehabt, überhaupt nicht da zu sein. Dieses Gefühl hatte er meist dem Vater gegenüber. Wenn sie zusammen abends vor dem Fernsehapparat saßen, dann merkte Bastian, dass der Vater gar nicht zuschaute, sondern mit seinen Gedanken weit, weit fort war, wo er ihn nicht erreichen konnte. Oder manchmal, wenn sie beide ein Buch hatten, sah Bastian, dass der Vater überhaupt nicht las, weil er stundenlang auf ein und dieselbe Seite blickte, ohne umzublättern." [25]

Und schließlich, wenn es ihm gelänge, sich seiner Gefühle seinem Vater gegenüber bewusst zu werden, dann würde er etwas von den Ursachen seiner Krankheit, die ja zugleich die Krankheit *Phantásiens* ist, verstehen.

Während Bastian das Bild betrachtete [...], erwachte in ihm die Sehnsucht nach diesem Mann, den er nicht kannte. Es war ein Gefühl, das wie aus weiter Ferne herankam, wie eine Springflut im Meer, die man anfangs kaum wahrnimmt, bis sie näher und näher kommt und zuletzt zur gewaltigen, haushohen Woge wird, die alles mit sich mit und hinwegschwemmt. Bastian ertrank fast dann und rang nach Luft. Das Herz tat ihm weh, es war nicht groß genug für eine so riesige Sehnsucht. [26]

Der Traum vom eingefrorenen Vater stellt also zusammengefasst die ganze aktuelle seelische Problematik *Bastians* dar. Die ungestillte Liebessehnsucht, die mangelnde Bestätigung, Wärme, Zuneigung und Anteilnahme des Vaters und das fehlende väterliche Vorbild lassen *Bastians* inneres Leben versiegen und seine weitere seelische Entwicklung zum Stillstand kommen. Gerade für einen zehnjährigen jungen wie *Bastian*, der sich im Vorfeld der Pubertät befindet, ist das Vorbild des Vaters von großer Bedeutung. Aber die daraus resultierende Krankheit

Bastians ist zugleich auch die Krankheit seines Vaters, und indem er sich auf die Suche nach den Wassern des Lebens macht und dort die Distanz überwindende Kraft der Liebe erfährt, erlöst er den Vater aus seiner emotionalen Erstarrung und taut ihn mit der Glut seiner Liebessehnsucht aus seinem eingefrorenen Zustand auf.

Für das Thema der Traumarbeit wird uns hier noch einmal vor Augen geführt, wie einengend eine Betrachtungsweise sein kann, in der alle Traumteile nur als eigene Persönlichkeitsanteile verstanden werden. Gewiss ließen sich auch einige Einsichten gewinnen, wenn *Bastian* sich beispielsweise fragen würde, wo er denn selbst der eingefrorene Vater sei, aber eine solche Frage würde ihn doch weit überfordern und ihm letztlich das Gefühl vermitteln, auch noch für die Situation des Vaters verantwortlich zu sein. Sinnvoll wäre hingegen die Frage, was denn die Traurigkeit seines Vaters mit ihm zu tun hat, welche Wirkungen sie auf ihn hat.

Wir leben ja nicht nur in einer subjektiven Innenwelt, sondern sind ständig in Kontakt mit Objekten der Außenwelt, die auf uns einwirken. Unsere Träume spiegeln also auch, wie wir unsere Mitmenschen erleben. Vieles von dem, was wir an ihnen erleben, hat mit ihnen und ihren Problemen zu tun. Wir registrieren häufig unbewusst sehr fein, was mit unseren Mitmenschen los ist, und diese Wahrnehmungen kommen dann auch in unseren Träumen zum Ausdruck. Deshalb muss immer von Fall zu Fall sehr sorgfältig gefragt werden, ob wir ein Traumbild mehr nach außen hin, das heißt in Bezug auf unsere Wahrnehmung der Umwelt und der Mitmenschen, oder mehr in Bezug auf unsere eigene Persönlichkeit, verstehen wollen. Je realitätsnäher, aktueller und vertrauter Personen und Handlungen im Traum sind, desto eher sollten sie auch als solche berücksichtigt werden.

Eine ähnlich schwierige Unterscheidungsfrage ist die zwischen einer mehr konkreten und einer mehr symbolischen Auffassungsweise. In *Bastians* Traum wäre es sicherlich überzogen – obwohl durchaus möglich – das Gipsgebiss des Vaters oder seinen weißen Kittel allzu sehr symbolisch zu deuten, einfach weil es Bilder aus *Bastians* Alltagserfahrung sind. Vater, weißer Kittel und Gipsgebiss in der Hand stellen für

Bastian eine reale Erfahrungseinheit dar. Das Eingefrorensein im Eisblock hingegen ist offensichtlich ein symbolisches Bild, das auch als solches behandelt werden muss.

5.8 Umgang mit Symbolen

Oft reicht es aus, sich zu fragen, was denn dieses oder jenes Motiv symbolisch bedeute. Weil wir alle ein gewisses Verständnis und Interesse für bildhaftes, gleichnishaftes Denken haben, wie wir es aus Rätseln, Witzen, Aphorismen, sprichwörtlichen Redensarten, Fabeln und Parabeln kennen, fällt es uns meist nicht schwer, mögliche Bedeutungen eines Symbols zu erahnen.

Das Umsetzen eines Symbols in Sprache allerdings kann uns dann schon größere Schwierigkeiten bereiten, weil bekanntlich manches Bild mehr sagt als tausend Worte. Wenn wir über einen Menschen hören, er sei wie ein Eisblock, dann verstehen wir meist unmittelbar, was damit gemeint ist, auch wenn wir es nicht ganz leicht in Worte fassen können. Im Sinne einer ganzheitlicheren Bewusstmachung ist es aber notwendig, dass man sich um eine möglichst treffende Umschreibung des Symbols bemüht, wie wir es beim Focusing kennengelernt haben. Sonst können wir unsere Einsicht nicht genügend ins Leben umsetzen.

Viele Traumsymbole sind persönliche Symbole, schöpferische Spontanprodukte der Seele des Träumers und nur aus dessen persönlicher Erfahrungsgeschichte zu verstehen. Deshalb steht die Frage, was einem denn ein bestimmtes Traumsymbol persönlich bedeutet, immer an erster Stelle.

Nun entspricht die Struktur unserer Psyche aber auch weitgehend der unserer Mitmenschen, sie ist Ausdruck einer langen evolutionären Entwicklung, die sich u. a. auch in unserem genetischen Code niedergeschlagen hat. Wir alle haben ähnliche Bedürfnisse, geraten in ähnliche Konflikte, machen ähnliche Lebensphasen durch und suchen nach ähnlichen Lösungen, sodass sich daher auch die Träume ähneln müssten. Tatsächlich gibt es Traumsymbole und Traummotive, die vielen Menschen bekannt sind und auf eine gleiche Thematik hindeuten. C. G. Jung hat sie als archetypische Symbole und Motive bezeichnet. Ihre allgemeinen Bedeutungen lassen sich in Symbollexika nachlesen oder aus anderen Informationsquellen zusammentragen (siehe z. B. www.symbolonline.de).

Man geht hierbei der Frage nach, welche Bedeutung und welchen Stellenwert das Motiv in unserer Gesellschaft und Kultur hat. In welchen Formen und Zusammenhängen taucht es bei uns auf? Wie wird es in den öffentlichen Medien aktuell behandelt, wie in der Literatur-, Kunst-, Kultur-, Sitten- und Religionsgeschichte, wie in der Ethnologie, in der Mythologie, in Märchen und Sagen? Gibt es entsprechende Redensarten dazu und wie wird es in Witzen und Anekdoten behandelt? Dieses Vorgehen ist immer dann sinnvoll, wenn es sich um ein archetypisches Symbol handelt und der Träumer keinen ausreichenden eigenen persönlichen Bezug zu ihm herstellen kann.

Seine Gefahr liegt darin, dass die Traumarbeit in eine unpersönliche Sphäre hineingehoben wird und dadurch einem Ausweichen vor der Auseinandersetzung mit der eigenen Lebensgeschichte und Aktualität dienen kann. Außerdem sind die allgemeinen Bedeutungen von Symbolen meist sehr komplex und widersprüchlich, sodass man sich leicht jene Bedeutung heraussuchen kann, die einem gerade am besten liegt.

Um dieser Gefahr zu entgehen, ist es manchmal besser, unverständliche Symbolbilder erst einmal so auf sich wirken zu lassen, wie sie sind. Sie können gemalt, getont, getanzt oder gespielt werden. Man kann eine Fantasiegeschichte, ein Gedicht oder ein Ritual daraus machen. Entscheidend ist nicht der künstlerische, ästhetische Wert, nicht die Technik, sondern nur die emotionale Hingabe an das Symbol und die von ihm angeregten Fantasien.

Eine weitere Hilfe besteht darin, sich mit dem Symbol probeweise und in der Fantasie zu identifizieren. Diese Technik wird vor allem in der Gestalttherapie geübt und ermöglicht es, hautnah und erlebnisintensiv an das Symbol heranzukommen. Man versucht, sich dabei in das Symbol – gleichgültig, ob es eine menschliche Figur, ein Tier oder ein Gegenstand ist – einzufühlen und ihm Stimme zu verleihen. Man fantasiert darüber, wie man sich als das Symbol fühlt, was es denkt, was in ihm vorgeht, was die Geschichte und aktuelle Situation des Symbols ist, was es als seine wichtigste Aufgabe ansieht, was es tun will oder muss, was ihm Freude macht, worunter es leidet. Man kann mit ihm auch einen Dialog führen und es alles fragen, was man von ihm wissen möchte, zum Beispiel warum es da ist und warum es sich so verhält. Auch kann man die verschiedenen Symbole miteinander sprechen lassen. Der Fantasie sind auch hier keine Grenzen gesetzt.

5.9 Das Verhalten der Traum-Persönlichkeit untersuchen

Neben der Frage nach dem „Was" des Traumes, seinen Hauptmotiven und Hauptsymbolen, ist auch die Frage nach dem „Wie", nach dem Verhalten des Träumers im Traum, von besonderer Wichtigkeit. Das könnte darüber Aufschluss geben, wie er auch sonst im alltäglichen Leben mit seinen Ängsten, Problemen, Konflikten, Gefühlen und seinen Mitmenschen umgeht.

Sind wir im Traum nur abseitsstehende Beobachter des Geschehens, oder gehen wir darauf zu, greifen wir aktiv ein? Setzen wir uns auseinander, oder vermeiden wir etwas und fliehen wir? Auf welche Weise lösen wir unsere Traumprobleme? Welcher Stimmung sind wir? Welche Orientierungs-Funktionen setzen wir ein: Denken, Fühlen, Wahrnehmung, Intuition? Verhalten wir uns eher introvertiert oder extravertiert? Häufig können wir im Traum auch schon Verhaltensweisen zeigen, die uns im Alltag noch nicht gelingen. Dann deuten sie eine entsprechende Wandlungsmöglichkeit von uns an.

Im vergessenen Traum *Bastians* von seinem eingefrorenen Vater ist er nur ein Beobachter, der seinen Vater nicht zu befreien versucht. Das deutet offenbar *Bastians* damalige Unfähigkeit und Hilflosigkeit an, die eisige Distanz seines Vaters zu überwinden. Durch seine Abenteuer in *Phantásien* – Fantasien haben wir ja unter anderem als die Ebene des Imaginations- und Traumbewusstseins angesehen – übt *Bastian* neue Verhaltensweisen ein, die er dann teilweise auch später in seiner Alltagswelt zu realisieren vermag. Vermutlich würde er in einem späteren, ähnlichen Traum nicht mehr nur der passive Beobachter und Erleider

der Situation sein, sondern versuchen, seinen Vater mit allen Mitteln aus dem Eis zu befreien.

5.10 Träume in Beziehung zum aktuellen Leben setzen

Wenn wir uns in einigen der angegebenen Weisen auf unseren Traum eingelassen haben, dann müssen wir natürlich auch fragen, was er denn mit unserem aktuellen Leben zu tun haben könnte. Gibt es im Traum Motive, Personen, Gefühle und Ereignisse, die eine Beziehung mit Ereignissen und Situationen aufweisen, die uns gestern oder vorgestern bewegt haben? Welche Einsichten vermittelt mir der Traum über mich, meine Persönlichkeitsstruktur, meine Eigenschaften und Einstellungen? Welche praktischen Aufgaben und Konsequenzen ergeben sich aus ihm? Habe ich bisher etwas falsch gemacht, eine unpassende Einstellung gehabt? Welche Haltung von mir will der Traum ausgleichen und korrigieren? Weist er mich auf neue Einstellungen und Verhaltensweisen hin? Drücken sich in ihm nicht zugelassene Wünsche und Bedürfnisse aus? Wie zeigt er mir mein ungelebtes Leben? Wo deutet er Entwicklungsmöglichkeiten, Begabungen und schöpferisches Lebenspotenzial an, das ich bisher nicht genutzt habe?

Wenn wir uns solche abschließenden Fragen vorlegen, dann sollten wir uns nicht gleich wieder verteidigen oder rechtfertigen, sondern versuchen, uns ein wenig von unseren Auffassungen zu distanzieren und unvoreingenommen auf den Traum zu schauen. Auch wenn der Traum noch so banal oder irrational erscheint, so entstammt er doch unserer Seele und gibt nur das wieder, was wirklich in uns los ist.

Der Traum macht uns nichts vor, er lügt uns nicht an, sondern spricht nur immer wieder auf die ihm eigene bildhafte, dramatische Weise von unserer seelischen Realität. Deshalb sollten wir es uns nicht durchgehen lassen, unseren Traum durch irgendeine Rationalisierung („Träume sind ja nur Schäume“ oder „Der Traum bedeutet einfach nichts anderes als das und das“) abzuwerten.

Wenn wir tatsächlich immer nur unscheinbare Träume haben oder uns an überhaupt keine Träume erinnern, dann könnten wir uns eben auch einmal die Frage stellen, ob unser Leben vielleicht nicht ebenso unscheinbar ist wie unser Traumleben, oder ob wir an unserer seelischen Innenwelt nicht schon genauso unser Interesse verloren haben wie an unserer Traumwelt.

6. Die Kunst der Imagination

6.1 Unsere alltäglichen Selbstgespräche

Bei der Traumarbeit und dem Focusing hatten wir schon gesehen, dass es auch möglich ist, mit den seelischen Inhalten in einen direkten Dialog zu treten, so als handele es sich bei ihnen um eigenständige Persönlichkeiten.

Diese Tatsache hat uns möglicherweise überrascht. Mit sich selbst und mit imaginären Gestalten der Seele zu sprechen, das kommt uns doch sehr merkwürdig vor, und es erinnert uns an die Halluzinationen psychisch kranker Menschen. Tatsächlich handelt es sich dabei um die gleichen Vorgänge, wenn auch mit einem wichtigen Unterschied: Während der psychotisch gestörte Mensch seine Halluzinationen und Wahnerlebnisse für ganz reale objektive Ereignisse der Außenwelt hält oder zumindest von ihnen so beeinträchtigt wird, dass ihm das Leben in der Außenwelt sehr erschwert wird, bleibt bei den angegebenen Übungen die Trennung zwischen Innen- und Außenwelt erhalten. Wir bleiben uns im Klaren darüber, dass es sich bei den Gestalten, mit denen wir reden, um Produkte unserer bildhaften Fantasie handelt und dass wir unbewussten Inhalten auf diese Weise ermöglichen, für uns fassbarer und bewusster zu werden.

Im Grunde genommen praktizieren wir diese Übungen tagtäglich, nur sind wir uns dessen wenig bewusst. Wir alle sind Meister in der Kunst des inneren Dialoges. Was wir Denken nennen, ist nämlich meist ein inneres Sprechen. Menschen, die ihr Denken gut geübt haben und bei denen es sehr flüssig und diszipliniert vonstattengeht, merken verhältnismäßig wenig vom Sprechcharakter ihres Denkens. Andere aber können am besten dann denken, wenn sie ihre Gedanken aussprechen oder schriftlich niederlegen. Hier wird die enge Beziehung zwischen Denken und Sprechen deutlich. Auch bei stärkeren Konflikten können wir unseren alltäglichen inneren Dialog offensichtlicher erfahren. Dann argumentieren und diskutieren wir mit den verschiedensten inneren Partnern auf heftigste Weise so lange, bis sich unsere Gefühle beruhigt haben und das seelische Gleichgewicht wiederhergestellt ist. Manchmal sind wir dabei so sehr in diesen inneren Dialog-Prozess verwickelt, dass wir unsere Umwelt vergessen, gestikulieren und wirklich laut und heftig reden.

Denken und inneres Sprechen sind außerdem differenziertere und abstraktere Formen unseres Handelns. Mit ihrer Hilfe vermögen wir nur „in Gedanken“ nach Konfliktlösungen zu suchen, Verhaltensweisen auszuprobieren und einzuüben und neue Möglichkeiten auszumalen. Verhalten, inneres Sprechen und Denken sind deshalb eng miteinander verbunden und gehen in unserem Leben ständig nahtlos ineinander über.

6.2 Die Vorteile bildhaften Denkens

Jetzt stellt sich die Frage, wieso es sinnvoll sein kann, „höhere“, abstraktere Formen des Denkens auf das „primitivere“ Niveau des anschaulich-bildhaften Denkens zurückzuführen, wie wir es machen, wenn wir imaginieren. Die Hauptgründe dafür liegen in der ganzheitlicheren Erlebensweise und den bewusstseinsentwickelnden Möglichkeiten des bildhaften Denkens.

Ein wesentliches Merkmal des abstrakten Denkens oder der Vernunft ist die Abspaltung des Gefühls. Dadurch wird das Denken ja erst zu diesem wertvollen Instrument objektiver Erkenntnis und Einsicht. Dieser Vorzug ist aber auch zugleich eine große Schwäche im persönlichen und zwischenmenschlichen Bereich. Ohne die Wahrnehmung unserer Gefühle verlieren wir den Kontakt zu uns und unseren Mitmenschen. Auch kann uns das abstrakte Denken dazu verleiten, eben weil es wenig von Gefühlen berührt wird, vor uns selbst auszuweichen und uns über uns selbst etwas vorzumachen. Eine der Hauptfunktionen unseres Denkens liegt nämlich keineswegs im Finden objektiver Einsicht, sondern in der Selbsttäuschung. Wir Missbrauchen unsere Denkfähigkeit meist auf sehr raffinierte Weise dazu, uns Erklärungen und Scheinargumente dafür zu liefern, wieso wir uns richtig verhalten haben und warum wir uns nicht zu verändern brauchen. Wir benutzen das Denken hauptsächlich zur Regulierung unseres seelischen Gleichgewichts, unseres Selbstwertgefühls und unserer Identität und gar nicht so sehr, um wirklich neue Erkenntnisse zu gewinnen.

Das bildhafte Denken im Gegensatz zum abstrakten Denken berührt unser Gefühl viel mehr. Wir werden von ihm ganzheitlicher angesprochen. Ein Bild sagt nicht nur mehr als tausend Worte, sondern es lässt uns auch mehr fühlen. Es ist erlebensnäher. Es macht einen großen Unterschied, ob wir nüchtern-sachlich über Aggressivität nachdenke und über sie allgemein theoretisch philosophieren, oder ob sie uns im Traum- oder Fantasiebild des Mörders oder des Krieges direkt vor Augen geführt wird. Indem uns das Bild unsere Eigenart anschaulich-plastisch darstellt, werden wir in höherem Maße emotional gefordert und können ihrer Wirklichkeit nicht mehr so leicht aus dem Wege gehen. Deshalb haben manche Menschen auch einen ausgesprochenen Widerwillen gegen Traum- und Imaginationsarbeit. Sie können dann ihre seelischen Innenwirklichkeit, die ihnen dort so dramatisch-drastisch gezeigt wird, nicht mehr so gut verdrängen.

Neben dem Vorteil des ganzheitlicheren Erlebens hat das bildhafte Denken noch eine bewusstseinsentwickelnde Funktion. Viele Bereiche und Eigenschaften unserer Persönlichkeit sind uns unbekannt. Wir haben keine Begriffe für sie und wissen deshalb auch nichts bewusst von ihnen. Manche von ihnen spüren oder erahnen wir vage und undeutlich, können sie aber nicht benennen. Hier hilft uns das Bild. Es vermag uns etwas zu veranschaulichen, was wir noch gar nicht anders fassen können.

Das Bild hat dann eine Mittlerfunktion zwischen unbewussten Inhalten und dem bewussten Verstehen. Einem Mann, der überhaupt nicht verstehen kann, wieso seine Beziehungen zu Frauen immer scheitern, und der überhaupt nicht fühlt, was wirklich in ihm vorgeht, wenn er mit einer Frau zusammen ist, kann seine insgeheime Angst vor der unbewusst empfundenen Übermacht des „Weiblichen“ vielleicht erstmals fassbar werden, wenn in seinen Träumen bedrohliche Urwelttiere wie Riesenschlangen, Drachen, Kraken oder Spinnen auftauchen, die ihn verfolgen und zu töten drohen. Zwar weisen solche archaischen Bilder meist darauf hin, dass die durch sie ausgedrückten psychischen Inhalte noch sehr bewusstseinsfern sind, aber immerhin erhalten die unbewussten Angstinhalte doch durch das Bild eine Form und Gestalt, mit der man irgendwie umgehen kann.

Gegen eine namenlose Angst kann man nichts tun, sie lauert überall und kann einen in jedem Augenblick überkommen. Gegen eine Angst hingegen, die sich im Bilde einer Schlange oder eines Drachen zeigt, lässt sich etwas mehr tun, auch wenn es nur ein Weglaufen ist. Die Angst wird, wenn wir so sagen wollen, im Bilde gebannt, verliert von daher ihre Übermächtigkeit und wird einer Bearbeitung eher zugänglich. Deshalb wurden seit Urzeiten Bädern und Namen schützende, bannende und Macht verleihende Wirkungen zugeschrieben.

Durch das Zulassen bildhaften Denkens ermöglichen wir es unbewussten Inhalten, sich in das Gewand eines symbolischen Bildes zu kleiden und dadurch unserem Verstehen näherzukommen. Beim Focusing haben wir das ja auch schon kennengelernt. Indem wir ein zunächst vages körperliches Empfinden, das wir von einem Problem haben, assoziativ umkreisen und nach geeigneten Bildern und Begriffen suchen, die die Körperempfindung bestmöglich beschreiben, wird uns ein unbewusster Inhalt allmählich bewusst.

6.3 Die Methode der Imagination

Der Imagination basiert auf der assoziativen, sprachlich-dialogischen Tätigkeit unseres Denkens, die ständig in uns abläuft. In der Imagination beobachten wir diese Tätigkeit und erlauben ihr, sich mithilfe unserer Fantasie bildhaft auszudrücken. Wir können – wieder wie beim Focusing – mit jedem Sachverhalt beginnen, der uns irgendwie beschäftigt, sei es ein Gefühl, eine Körperempfindung, ein Gedanke oder eine

Fantasie. Oder wir können, wie im Kapitel zur Traumarbeit angeregt, ein Traumsymbol nehmen, das uns besonders fesselt. Von diesem Inhalt wie von einem Kristallisationskern ausgehend, lassen wir nun unserer Fantasie freien Lauf. Etwas Ähnliches hatten wir bei der Sandkornmethode schon kennengelernt.

Nehmen wir als kleines Übungsbeispiel *Bastians* Traum vom eingefrorenen Vater. Nachdem wir uns ein wenig entspannt und uns auf die imaginative Tätigkeit eingestellt haben, stellen wir uns einmal vor, wir wären in *Bastians* Situation. Wir würden vor einem unbekannten Menschen stehen, dem gegenüber wir eine starke Liebessehnsucht verspüren und der in einem Eisblock eingefroren ist ...

Wir versuchen, uns so intensiv wie möglich diese Situation vorzustellen, unsere Gefühle und Gedanken wahrzunehmen ...

Wie würden wir uns nun verhalten? ...
Würden wir den Menschen aus seinem Eis befreien wollen? ...
Wie würden wir das machen? ...

Stellen wir uns dann vor, es wäre uns gelungen, den Menschen aus dem Eis zu befreien, ihn aufzutauen, zum Leben zurückzubringen und mit ihm zu sprechen.

Was für eine Geschichte würde er uns erzählen? ...
Was würden wir weiterhin mit ihm tun? ...
Erfinden wir noch das Ende der Geschichte.

Wenn Sie einige Minuten innegehalten haben und den Anregungen gefolgt sind, haben Sie eben eine kleine Imagination gemacht. Es ist wirklich nicht schwer. Wir müssen uns nur gestatten, alle Ideen und Einfälle zuzulassen, die kommen wollen.

Anfangs werden wir geneigt sein, die Einfälle noch sehr nach Logik und Moral zu ordnen und zu kontrollieren. Dann sieht die Imagination eher wie ein vernünftiges und gesteuertes Gespräch aus. Man hat den Eindruck, der ganze Ablauf ist irgendwie verkrampft, künstlich und vom Kopf her gemacht. Je mehr man aber zu seinen Fantasien ja sagen kann, auch wenn sie chaotisch, peinlich und fremdartig sind, desto mehr kommt der imaginative Prozess in Fluss.

6.4 Die „magische" Ebene der Imagination

Jeder, der solche Übungen längere Zeit macht, wird feststellen, dass sie ihm zunehmend leichter fallen und dass sich in gleichem Maße die auftauchenden Inhalte in charakteristischer Weise zu verändern beginnen. Während zu Beginn einer Imagination vielleicht noch Worte, Begriffe oder sogar noch abstrakte Denkabläufe im Vordergrund stehen, die sich möglicherweise auch wenig von unserem gewohnten, bewussten Denken unterscheiden, lösen sich bei zunehmender Vertiefung des Assoziationsprozesses die kausal-logischen Verknüpfungsstrukturen auf. Das geordnete Denken beginnt allmählich zu assoziativ zu fließen und anderen, urtümlicheren Abläufen Platz zu machen. Die Begriffe und Vorstellungen werden gefühlsgeladener, die Einfälle folgen immer mehr den Prinzipien der Analogie und des magischen Denkens. Seelische Inhalte werden jetzt statt durch logische Beziehungen häufiger durch ihre Ähnlichkeit, ihr zeitliches und räumliches Nebeneinander-Angeordnetsein miteinander verknüpft und können sich gegenseitig vertreten und ersetzen. Das eine kann für das andere stehen. Gleichzeitig werden die Inhalte zunehmend komplexer, bildhafter und symbolischer. Entsprechend der grundlegenden Tendenz der Psyche, innere Vorgänge in anschauliche Bilder zu übersetzen, werden aus Gedanken und Gefühlen jetzt Figuren und Gestalten.

Schließlich gewinnen diese eine gewisse Autonomie. Man hat nicht mehr den Eindruck, dass die Gestalten sich entsprechend dem eigenen bewussten Wollen und Fantasieren verhalten, sondern dass sie einem wie im Traum als Wesen gegenübertreten, die mit einem eigenen Willen und einem eigenen Bewusstein ausgestattet sind. Das Ausmaß der Autonomie der unbewussten Inhalte ist ein Zeichen der Regressionstiefe des Ich-Bewusstsein. Das macht diese Erfahrung für uns manchmal so bedrohlich und gefährlich, aber auch so faszinierend. Obwohl wir bei genauer Beobachtung täglich feststellen können, wie wir von Gefühlen, Gedanken, Fantasien und Verhaltensweisen gelenkt werden, die wir gar nicht bewusst beabsichtigt haben, werden wir in unserer Selbstherrlichkeit doch ziemlich gekränkt, wenn wir Bekanntschaft mit solchen autonomen und manchmal gar nicht kontrollierbaren Seelenteilen machen. Sie können uns so erschrecken, dass wir die imaginative Ebene schleunigst verlassen und uns niemals wieder in sie hineinwagen.

C. G. Jung berichtet das amüsante Beispiel eines Mannes, der sich in einer Imagination versuchte und dabei das Bild eines auf einem Felsen stehenden Steinbocks erlebte. Als dann dieser Steinbock ein wenig seinen Kopf bewegte, geriet der Mann so in Panik, dass er mit der Imagination nichts mehr zu tun haben wollte. Die Autonomie seelischer Inhalte war für diesen Mann offenbar unerträglich.

Die Autonomie der seelischen Inhalte kann sich in den verschiedensten Formen zeigen: in visuellen Bildern und Symbolen, in innerem Hören von Stimmen und Tönen, in automatischem, halbbewusst-unbewusstem Sprechen, Schreiben und Malen, in körperlichen Bewegungen und im Tanzen. Es kann praktisch über alle Sinnes- und Ausdrucksorgane und über die verschiedensten Kommunikationsmedien ablaufen. In den meisten Fällen handelt es sich aber um visuelle und akustische Wahrnehmungen sowie um motorische Bewegungen des Körpers.

Auf der Ebene der autonomen Gestalten beginnt nun die tiefere Arbeit der Imagination, weil deren Autonomie darauf hinweist, dass es sich um unbewusste Inhalte handelt, die uns noch sehr fremd sind. Das eigentliche Ziel der Imagination ist ja, unbewusste Seiten und Aspekte durch einen dialogischen Auseinandersetzungsprozess in unser Bewusstsein zu integrieren, das heißt, von ihnen zu wissen und zu lernen und konstruktiv mit ihnen umzugehen.

Intensive Imaginationen ähneln weitgehend dem Traumgeschehen. Der Imaginierende bewegt sich in einer Landschaft und begegnet Gestalten, die einen hohen Realitätscharakter haben. Wie im Traum können sich vollständige Geschichten, Dramen und Epen abspielen. Ein wesentlicher Unterschied zum Traum besteht aber darin, dass sich der Imaginierende seines spezifischen Zustandes bewusst ist, sodass er größere Freiheitsgrade in seinem Verhalten hat. Deshalb kann er sich zielstrebiger und konsequenter mit unbewussten Inhalten auseinandersetzen. Er kann Verhaltensalternativen ausprobieren, die er im Traumzustand nicht versuchen würde.

Wenn es auch für den imaginativen Prozess eher hinderlich ist, wenn er durch eine deutende und verstehende rationale Haltung begleitet wird, so darf auf letztere doch nicht grundsätzlich verzichtet werden, zumindest nicht nach der imaginativen Übung. Die Bildgestaltungen unserer Seele sind Fantasieprodukte, die, auch wenn sie sich als noch so selbstständige Wesenheiten darstellen, erst durch unsere Aufmerksamkeit ihr Leben und ihr besonderes Aussehen erhalten. Indem wir ihnen Interesse zuwenden, liefern wir ihnen die zum Leben notwendige Energie. Die ihnen eigene natürliche Tendenz, weitere Energie und Aufmerksamkeit auf sich zu ziehen und an sich zu binden, kann allmählich zu einem Energiemangel in anderen Lebensbereichen führen. Dann werden wir immer mehr von Fantasien als dem Land der wunderbaren unbegrenzten Möglichkeiten fasziniert und verlieren so das Interesse an der äußeren Lebenswirklichkeit.

Deshalb müssen wir die investierte Energie immer wieder zurückholen, indem wir uns fragen, was denn die Imaginationserfahrungen auf einer mehr rationalen Verstehensebene bedeuten, auf welche Einstellungen und Eigenschaften sie uns hinweisen und wie wir sie nötigenfalls im Alltag verwirklichen können. Auch lässt sich die Energie dadurch zurückgewinnen, dass wir die Imaginationserfahrung auf einer künstlerischen Ebene verarbeiten, also zum Beispiel malen, schreiben oder tonen.

Tiefreichende Imaginationen sollten nicht über längere Zeit aus spielerischem Selbstzweck oder nur aus Neugierde unternommen werden, weil ihnen diese Gefahr der Verselbstständigung innewohnt. Wenn sie aber mit einem Problem verbunden werden, an dem man arbeiten möchte, wenn man sie als Hilfsmittel auffasst, sich über bestimmte Sachverhalte der eigenen Seele bewusster zu werden, wenn man seine kritische Haltung nicht aufgibt und immer die Frage nach der Verwirklichung im Alltag stellt, dann brauchen wir sie nicht zu fürchten.

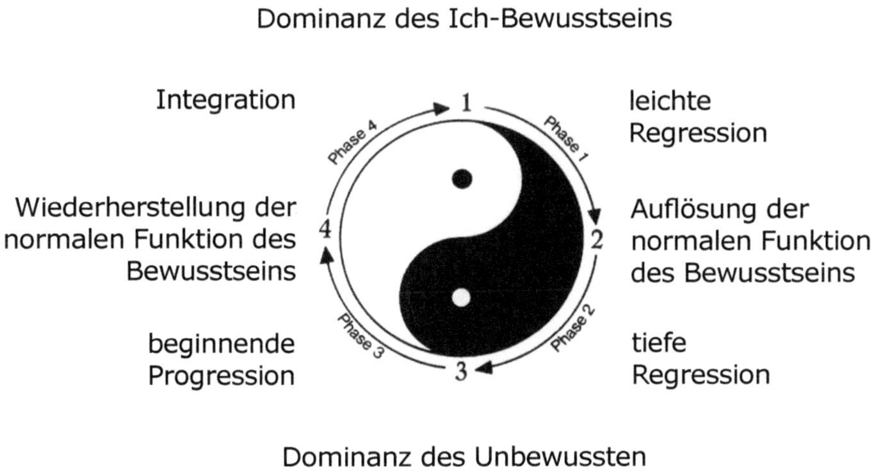

Abb. 3: Phasen der Imagination

Imaginationen an sich sind nicht gefährlich. Die Kräfte und Tendenzen, die sich in ihnen spiegeln, sind ohnehin in unserer Seele wirksam, ob wir von ihnen wissen oder nicht. Sie werden nur dann gefährlich, wenn wir ihnen übermäßige Energie zukommen lassen, sei es durch ein zu starkes fasziniertes Interesse oder durch unnötige, abergläubische Furcht.

Das Wort „Imagination" mag den Eindruck erwecken, dass es sich bei ihr hauptsächlich um visuelle, also gewissermaßen vom inneren Auge plastisch wahrgenommene Bilder handelt. Obwohl das in vielen Fällen so ist, können es aber genauso gut Denkvorstellungen, Ahnungen, Gefühle, stimmliche und körperlich-motorische Abläufe sein. Manche Menschen reden nur mit ihren inneren Fantasiegestalten, ohne sie zu sehen, andere sehen sie sehr farbig und detailliert vor sich, wieder andere schreiben unbewusst-automatisch. Es gibt eben viele Möglichkeiten, um nach *Phantásien* zu kommen.

Jeder aber, der sich ernstlich auf Imaginationsprozesse zum Zwecke der Selbsterfahrung und Bewusstseinserweiterung einlassen möchte, sollte sich aber erst einmal gründlich informieren, sich von einem erfahrenen Phantásienreisenden anleiten und anfangs begleiten lassen, bis er gelernt hat, konstruktiv mit dieser so hilfreichen Methode umzugehen.

Im deutschsprachigen Raum sind besonders das „Katathyme Bilderleben“ oder „Symboldrama“ nach Hanscarl Leuner als das ausgefeilteste und am besten untersuchte Imaginationsverfahren und die Aktive Imagination nach C. G. Jung üblich.[51] Aber auch in der Oberstufe des Autogenen Trainings, in der Gestalttherapie, im Psychodrama und in der Verhaltenstherapie (hier allerdings mehr im Sinne eines geistigen Verhaltenstrainings) werden imaginative Methoden eingesetzt.

Abschließend seien die verschiedenen „Tiefen“-Grade der genannten Methoden noch einmal kurz an dem uns nun schon vertrauten Tai-Chi-Kreismodell dargestellt (vgl. Abb. 3).

Der obere Punkt 1 speziell und die weiße Fläche allgemein bezeichnen jetzt wieder das Ich-Bewusstsein in seiner klarsten Ausprägung, der untere Punkt 3 und die schwarze Fläche stehen für die uns unbewussten Bereiche unserer Seele und des Selbst.

In der Phase 1, die den Beginn des regressiven Vorgangs darstellt und von Punkt 1 zu Punkt 2 verläuft, lässt sich das Ich zunehmend auf seine Assoziationen ein, behält aber noch weitgehend seine Kontroll- und Lenkungsfunktion, indem es den Grad der Regressionstiefe, die Art und die Form der aufsteigenden Inhalte steuert.

Phase 1 stellt den Bereich einer leichten bis mittleren Regression oder Trance dar. Es ist die Regressionstiefe, mit der in den verschiedenen tiefenpsychologischen Therapieformen durchschnittlich gearbeitet wird (zum Beispiel bei der freien Assoziation oder bei der Traumbearbeitung) und die für das Ich am wenigsten bedrohlich ist.

Punkt 2 unseres Modells stellt nun eine kritische Schwelle dar, in der die Dynamik der unbewussten Bereiche über die Steuerungsfunktion des Ich überhand zu nehmen beginnt. Die Überschreitung dieser Schwelle gleicht einem Sprung in den Abgrund, weil sich das Ich-Bewusstsein jetzt weitgehend den Wirkungen unbewusster Dynamik aussetzt.

Phase 2, die von Punkt 2 zu Punkt 3 verläuft (maximale Regression, minimale bewusste Steuerung), ist die Phase tieferer bis tiefster

Regression, in der das Ich-Bewusstsein zwar seine Wahrnehmungs- und Beobachtungsfunktion aufrechterhält, die psychischen Inhalte aber wie selbstständige Wesenheiten erscheinen. Das ist die Ebene, auf der sich unsere Träume oder sehr tiefe Imaginationen abspielen und frühkindliche und transpersonale Erfahrungen gemacht werden können.

Punkt 3 bezeichnet den Ort maximaler Regression und minimaler Steuerung, gleichzeitig aber auch den Wendepunkt, an dem sich die Regression allmählich in die Progression wandelt. In Phase 3 beginnt das Ich-Bewusstsein wieder „aufzutauchen“, das heißt, die „höheren“ Ich-Bewusstseins-Funktionen sichten, ordnen und reflektieren das Erlebte.

Punkt 4 wiederum deutet nun an, dass das durch den regressiven Introversionsvorgang mit Erfahrungen und Einsichten bereicherte Ich wieder dominant wird, seine Lenkungs- und Steuerungsfunktion wieder voll übernimmt und nun vor der Aufgabe steht, die bewusst gewordenen Inhalte in das Leben zu integrieren. Phase 4 bezeichnet dann diesen Integrationsvorgang.

Gefahren auf der Suche nach dem Wasser des Lebens

1. Der Zauberlehrlingseffekt

Mehrfach schon wurde auf gewisse Probleme hingewiesen, die in der Begegnung mit unbewussten Inhalten der Psyche auftreten können. Wir sahen, dass *Phantásien* zu einer Flucht- und Suchtwelt werden kann, in die man sich vor den Konflikten des Alltags zurückzieht, begleitet von zunehmender sozialer Isolierung und Vereinsamung. Es können geistige Verwirrungen und Ich-Auflösungserscheinungen auftreten, deren Ursache in einer labilen Persönlichleitsstruktur liegen; es können sich größenwahnsinnig-manische und depressive Symptome entwickeln, wenn man sich nicht genügend von den unbewussten Inhalten zu unterscheiden vermag und sich mit ihnen identifiziert.

Diese Gefahren hängen unter anderem damit zusammen, dass unser Ich-Bewusstsein im Grunde ein recht fragiles Gebilde ist, das in seiner Funktion sehr leicht irritiert und gestört werden kann. Das können wir bei physiologischen Zuständen wie Stress, Übermüdung und Erschöpfung und bei stärkeren Affekten wie Scham, Angst, Kränkung, Wut und Liebe leicht beobachten. Wir alle kennen auch solche Situationen, in denen wir von einer Idee oder einem Gedanken so „besessen" sind, dass wir wie im Traum herumlaufen, geistesabwesend sind und uns schlecht auf unsere Aufgaben konzentrieren können.

Ähnlich kann das Ich-Bewusstsein in Mitleidenschaft gezogen werden, wenn stark verdrängte, unbewusste Inhalte mit Hilfe einer der genannten Methoden plötzlich aktiviert werden. Besonders problematisch in dieser Hinsicht sind solche imaginative Verfahren, die eine tiefe Regression hervorrufen, wie zum Beispiel über längere Zeit durchgeführte freie Assoziationen, Imaginationen und die in neuerer Zeit wieder beliebt gewordenen Hypnose- und Trancetechniken.

Hinter einem zu leichtsinnigen Herumexperimentieren mit diesen Methoden steht meist Unkenntnis von der Macht unbewusster psychischer Inhalte, von der Notwendigkeit gesunder Abwehr- und Widerstandsmechanismen gegen diese Inhalte und von der Zerbrechlichkeit der Ich-Struktur. Sehr schnell kann es einem dabei wie dem Zauberlehrling in Goethes Ballade gehen, der aus Unerfahrenheit die Geister, die er rief, nicht mehr los wurde. Diese „Geister" brauchen sich dann keineswegs in ständigen Halluzinationen zu äußern, sie können subtiler im Haus unserer Persönlichkeit herumspuken, zum Beispiel als Benommenheit, Konzentrationsstörung, Zerfahrenheit des Denkens, Gedächtnisschwäche, Launenhaftigkeit, Stimmungsschwankungen, psychovegetative Reaktionen, Fehlleistungen und alle möglichen anderen psychischen Symptome.

Diese Warnung gilt besonders für Menschen mit einer labilen, sensiblen, intuitiven, stark introvertierten oder hysterischen Persönlichkeitsstruktur, die sich ohnehin häufig für Themen aus dem Bereich des Psychischen interessieren. Auch sollten Menschen mit psychischen Störungen vorsichtig sein und tiefergehende Erkundungen *Phantásiens* nur unter fachkundiger Begleitung antreten.

Das beste Mittel gegen den „Zauberlehrlingseffekt" ist das bannende Machtwort, also die rational-begriffliche Benennung und Erkenntnis der psychischen Inhalte und deren Konfrontation mit der äußeren alltäglichen Realität. „Geister" bevorzugen bekanntlich das Dunkel (der Unwissenheit und Unbewusstheit) und scheuen das helle Licht (der Bewusstheit und des Alltags).

Durchschnittlich gesunde Menschen mit einer durchschnittlich stabilen Ich-Struktur und guten sozialen Beziehungen unterliegen diesen Gefahren weitaus weniger, weil ihre seelischen Regulationsmechanismen so gut funktionieren, dass sie nach einer bestimmten Zeit des Verweilens in *Phantásien* von sich aus das Bedürfnis haben, in die Alltagsrealität zurückzukehren und ihre neuen Ideen dort umzusetzen. Sie wollen ihr Leben nicht im Bereich des Nur-Möglichen belassen, sondern wollen es ganz, innen und außen, leben. Man kann es schon bei vielen gesunden Kindern beobachten, dass sie ihre Ideen sofort ausprobieren wollen. Bei *Bastian* ist es anders. Aufgrund seiner negativen Umwelterfahrungen und seiner fehlenden sozialen Kontakte scheut er sich natürlich davor, den unbequemen Weg der Überprüfung seiner Fantasien an der äußeren Realität zu gehen. Das könnte ihm ja erneutes Versagen und weitere Misserfolge einbringen. Deshalb ist für ihn die Versuchung so groß, sich ganz in seine phantásischen Größenfantasien und Träume zu verlieren, nachdem er seine Anfangsängste vor *Phantásien* überwunden hat. Wir wollen ihm jetzt auf seinem Weg noch etwas folgen und sehen, welchen weiteren Gefährdungen er sich aussetzt, bis er endlich zu seinem *Wahren Willen*, findet.

2. Die Hybris

Kaum hat *Bastian* den so lange hinausgezögerten Sprung nach *Phantásien* gewagt und seinen ersten fantastischen Schöpfungsakt vollbracht, da beginnt er sich auch schon an seinen neuen Fähigkeiten zu berauschen. Ganz sanft, unmerklich, wird er vom Größenwahn gepackt. Genau genommen ist es aber die *Kindliche Kaiserin*, die ihn zu diesem Größenwahn verführt. Sie begrüßt ihn als ihren Retter und Helden, und als er ihr ehrlich gesteht, dass er deshalb so lange gewartet hat, ihr einen neuen Namen zu geben, weil er sich vor ihr wegen seiner gar nicht heldenhaften Erscheinung schämte, da lässt sie ihn in ihre Augen schauen und er sieht sich in ihnen, wie sie ihn sieht:

> *Und nun sah er im Goldspiegel ihrer Augen, erst noch klein und wie aus weiter Ferne, eine Gestalt, die nach und nach größer und immer deutlicher wurde. Es war ein Knabe, etwa in seinem Alter, doch war er schlank und von wunderbarer Schönheit. Seine Haltung war stolz und aufrecht, sein Gesicht edel, schmal und männlich. Er sah aus wie ein junger Prinz aus dem Morgenland. Sein Turban war aus blauer Seide, ebenso die silberbestickte Jacke, die er trug, und die bis zu den Knien reichte. Seine Beine steckten in hohen, roten Stiefeln aus feinem, weichen Leder, deren Spitzen waren aufgebogen. Auf seinem Rücken hing von den Schultern bis zum Boden ein silberglitzernder Mantel nieder, der einen hoch aufgestellten Kragen hatte. Das schönste an diesem*

Jungen waren seine Hände, die feingliedrig und vornehm und doch zugleich ungewöhnlich kräftig wirkten. – Hingerissen und voll Bewunderung blickte Bastian dieses Bild an. Er konnte sich kaum sattsehen. Er wollte gerade fragen, wer dieser schöne junge Königssohn sei, als ihn wie ein Blitzstrahl die Erkenntnis durchzuckte, dass er es selber war – Es war sein eigenes Spiegelbild in Mondenkinds Goldaugen! – Was in diesem Augenblick mit ihm geschah, ist mit Worten sehr schwer zu beschreiben. Es war ein Entzücken, das ihn aus sich selbst forttrug wie in einer Ohnmacht, weit fort, und als es ihn wieder absetzte und er ganz in sich zurückgekehrt war, fand er sich als jener schöne Junge wieder, dessen Bild er erblickt hatte.[27]

In gewisser Hinsicht beneidenswert, dieser *Bastian*! Ist es nicht das, was wir uns als Kinder und als Erwachsene immer zutiefst gewünscht haben: dass uns einer anschaut und in uns den großartigsten, wunderbarsten, schönsten und liebenswertesten Menschen sieht, den es für ihn gibt? Ein solcher Blick, immer wieder einmal geschenkt, könnte uns verwandeln und die Fülle unserer Möglichkeiten ins Dasein bringen.

Hier liegt das Geheimnis des Glücks der Liebe: dass wir für eine Zeit lang der wichtigste Mensch auf der Welt sind – zumindest für einen Menschen – und dass wir dem geliebten Menschen das gleiche Gefühl zurückschenken. Glücklich und gesegnet der Säugling, der in den Armen und an der Brust seiner Mutter liegen kann, ihre wohltuende, zärtliche Wärme spürt und ihren stolzen, strahlenden Blick empfängt, der ihm sagt: „Du bist mein Ein und Alles! Ich bin so glücklich, dass es dich gibt! Ich liebe dich so, wie du bist. Ich möchte für dich das Beste." Ein solches Kind wäre ein Glückskind, das mit Vertrauen, Optimismus und Lebenslust in die Welt hineinginge wie ein strahlender Held, wüsste es sich doch getragen von der Liebe, die ihm die Weit entgegenbringt, weil sie ihm von seiner Mutter, die seine ursprüngliche Welt war, entgegengebracht wurde.

Für die meisten von uns bleibt eine solch tiefgreifende Liebeserfahrung immer nur eine letzte, unerfüllbare Sehnsucht. Die

Realität der Elternliebe und späteren Partnerliebe sieht anders aus. Wie leicht wird aus dem beglückenden „Mein Ein und Alles" und dem verheißungsvollen „Ich will ja nur dein Bestes" ein unmerkliches und deshalb unentrinnbares Gefängnis der geheimen Unterdrückung, Missachtung und des Anpassungszwangs. Diesem liebevollen tödlichen Gefängnis zu entkommen ist meist nur unter größten Schuldgefühlen möglich, denn dies hieße, demjenigen Menschen gegenüber unsere Dankesschuld nicht einzulösen, der offenbar einen Teil seines Lebens für uns „aufgeopfert" hat und dessen Sinnerfüllung wir waren.

Auch die Bewunderung der *Kindlichen Kaiserin* hat für *Bastian* ein heimliches Gift. Als *Bastian* sie fragt, wie viele Wünsche er denn freihabe, antwortet sie ihm arglos: „So viele du willst – je mehr, desto besser, mein *Bastian.*" Sie sagt ihm nichts davon, dass jeder Wunsch, den er äußert, einen Teil seiner Erinnerung an seine Herkunft und die Welt, aus der er ursprünglich kommt, auslöscht und dass jeder Erinnerungsverlust umgekehrt seine Wunschkraft schwächt, bis er sich gar nichts mehr wünschen kann. Sie fragt nicht danach, was aus *Bastian* wird, wenn er seine Erinnerung vollständig verloren hat. *Bastian* hatte Vorgänger, die den Rückweg aus *Phantásien* nicht mehr fanden, weil sie von der *Kindlichen Kaiserin* vor der Gefahr der Wunschmacht nicht gewarnt worden waren. Der *Kindlichen Kaiserin* geht es nicht um *Bastian*, sondern es geht ihr um die Wiederherstellung ihrer Macht und ihres phantásischen Reiches.

Das ist ein wichtiger Punkt für alle intensiveren Formen der Selbstfindung: Wer sich mit einer der genannten Assoziations-, Meditations- oder Imaginationsmethoden auf seine unbewussten Seiten einzulassen beginnt, kann nicht wirklich wissen, was dabei am Ende herauskommt. Dem Strom der unbewussten Fantasien ist es in gewisser Weise gleichgültig, ob sie von einem stabilen Persönlichkeit integriert werden können oder nicht. Sie sind auch von unpersönlicher Natur, wie ein Fluss, dessen Wasser man schöpfen kann, um sich zu erfrischen, in dem man aber auch ertrinken kann. So kommt alles darauf an, mit welcher Einstellung und mit welchen Motiven man seine Suche beginnt. Je mehr sie einer Realitätsflucht oder einer Bestätigung unserer Größenfantasien dienen, desto mehr werden wir dem Zauber und der verführerischen Macht der *Kindlichen Kaiserin* verfallen.

2.1 „Und jedem Anfang wohnt ein Zauber inne …"

In gewissen Grenzen ist es unvermeidbar, dass wir, wenn wir neue, bewusstseinserweiternde Ideen und Erfahrungen gemacht haben, einer Hybris verfallen. „Und jedem Anfang wohnt ein Zauber inne …", so dichtete Hermann Hesse. Diesem Zauber des Anfangs verdanken wir unsere Motivation, unsere Begeisterungsfähigkeit und unsere Unternehmungsfreude. Im Anfang erahnen wir eine Fülle neuer Lebensmöglichkeiten, die, wenn sie auch noch so schwer zu realisieren scheint, unserer Hoffnung Auftrieb gibt. In jedem Anfang scheint etwas von unserer tiefen Sehnsucht nach dem schöpferischen, ganzheitlichen Leben, nach Neuwerdung, nach dem umfänglichen Menschen in uns enthalten zu sein. Jeder Anfang verheißt uns, dass wir dieser geheimen Sehnsucht einen kleinen Schritt näher kommen, dass wir endlich jenes Leben finden, das unseren innersten Wünschen entspricht.

Weil wir auf neue Ideen, Einsichten und Erfahrungen unbewusst die Hoffnung des Ganzheitlichen projizieren, erheben sie immer den Anspruch des Absoluten und End-Gültigen. Das lässt sich in gesellschaftlichen Moden, Zeitströmungen und Ideologien wie auch an wissenschaftlichen Theorien nachweisen. Meist ist mit ihnen die Hoffnung einer endgültigen Wahrheit oder endgültigen Lösung eines alten Problems, einer alles erneuernden Revolution oder gar eines neuen Zeitalters verbunden.

Jede neue schöpferische Leistung erzeugt im Menschen eine kleinere oder größere Hybris. Ohne dieses Gefühl des Großartigen, Besonderen und Einzigartigen könnte sich die Idee gar nicht ausbreiten, könnte sie gar keine dynamische Kraft entfalten. In der Hybris steckt die, wenn auch noch so ferne und noch so heimliche, Ahnung der Gottebenbildlichkeit. In ihr klingt die luziferische Verführung zum Sündenfall an: „Ihr werdet sein wie Gott." Das verleiht ihr diese ungeheuer ansteckende Energie zum Positiven wie zum Negativen, wie die Menschheitsgeschichte immer wieder gezeigt hat.

Das Gleiche gilt auch für den Prozess der Identitätsfindung. Da jeder Schritt in Richtung einer bewussteren Identität eine schöpferische Leistung ist, in der ein unbewusster seelischer Inhalt der bewussten Persönlichkeit zugänglich wird, ist auch jeder Persönlichkeits-Entwicklung ein gewisses Ausmaß an Hybris eigen.

Nach tiefenpsychologischer Auffassung bezeichnet der christliche Mythos vom Sündenfall den Ausgangspunkt der individuellen Ich-Bewusstseins-Entwicklung. Die Verführung der Schlange symbolisiert die Verführung zur Ich-Bewusstseins-Differenzierung. In jedem Fortschreiten des Ich-Bewusstseins lebt dementsprechend auch die oben erwähnte Verheißung Luzifers, gottgleich zu werden. So ist der „Gotteskomplex" ebenso wie der Narzissmus ein Grundkomplex jedes individuellen Menschen. Er ist und bleibt der geheime Motor seines Wollens und Verhaltens. Wie wir schon hinsichtlich der Beziehung zwischen dem Ich-Bewusstsein und dem Selbst gesehen haben, kann man ihn nicht wirklich auflösen und überwinden, sondern nur relativieren.

Kehren wir nun aber wieder zu *Bastian* zurück und verfolgen wir noch ein wenig die Etappen seiner Hybris. Michael Ende hat die allmähliche Entwicklung der Größenfantasien, ihre Ursachen und ihre Phänomenologie in der *Unendlichen Geschichte* so differenziert dargestellt, dass es sich lohnen würde, auf jede der einzelnen Geschichten einzugehen. Hier wollen wir uns aber nur auf einige besonders wesentliche Punkte konzentrieren. Jeder, der sich seiner kindlichen und erwachsenen Größenfantasien noch einigermaßen bewusst ist, wird beim Lesen der *Unendlichen Geschichte* leicht noch andere hier nicht erwähnte Aspekte finden.

2.2 *Hybris, Löwenwut und Wunderpotenz*

Bastian ist aufgrund seines tiefen Minderwertigkeitsgefühls natürlich besonders empfänglich für die Größenfantasien, die in ihm von der *Kindlichen Kaiserin* angeregt werden. Kaum hat er sich in einen wunderschönen Prinzen verwandelt, wünscht er sich noch dazu Stärke, Zähigkeit, Härte, Kühnheit und Mut. Er macht sich zum Herrscher des Dschungels. Dann will er dem gefährlichsten Geschöpf *Phantásiens* begegnen. Er begegnet ihm in Gestalt des Löwen *Graógramán*, dem *Bunten Tod*, dem Feuer- und Flammenwesen, in dessen vernichtender Aura sich kein lebendes Wesen aufhalten kann. Sein Dasein genügt, selbst die gewaltigsten und furchtbarsten Wesen auf tausend Meilen im Umkreis zu einem Häuflein Asche verbrennen zu lassen. Seine Wirkung gleicht also einer ungeheuren atomaren Explosion.

Wir hatten anhand eines Traumbeispiels gesehen, welche archaische Wut in uns entsteht, wenn unsere grundlegenden Bedürfnisse nach Liebe, Wärme und Wertschätzung nicht erfüllt werden. Da die Identifizierung mit Größenfantasien von uns immer besonders dann vollzogen wird, wenn wir unter starken Selbstunwertgefühlen leiden, und da diese Unwertgefühle mit starken Aggressionen gegen alle die Beziehungspersonen verbunden sind, die uns verachtet, abgelehnt und beschämt haben, sind ausgeprägte Größenfantasien auch immer von übermäßigen, verdeckten oder offenen Aggressionen begleitet.

Wir brauchen uns nur einmal einen Tobsuchtsanfall unserer Kindheit vor Augen zu führen, bei dem wir voll wahnsinnigen Zorns ganz außer uns waren und mit unserem ganzen Wesen reine, nackte Wut verkörperten. Dann bekommen wir eine Ahnung davon, was auch heute in uns Erwachsenen an latenten aggressiven Energien vorhanden und wirksam sein kann.

Meist dauert es im Selbstfindungsprozess recht lange, bis man wirklich in Fühlung mit seiner verdrängten Aggressivität kommt.

Ein ungemein vitaler, großer, athletischer Mann von fünfundzwanzig Jahren reagierte auf Frauen immer wie ein kleiner, schüchterner junge und errötet schuldbewusst, wenn ihm ein Fehler oder eine kleine Schwäche vorgeworfen wird. In dem Maße, in dem ihm sein untertäniges, angepasstes Verhalten bewusst wurde und er fühlte, wie demütigend es für ihn immer gewesen ist, wie ein braver Bub artig dazustehen und kritisiert zu werden, begann seine Aggression schier ins Unermessliche anzusteigen. Viele Monate lang konnte er die ungeheure Wutspannung in sich kaum aushalten. Er war aber kontrolliert und differenziert genug, sie nur in relativ unschädlichen Formen auszuleben. Seine Fantasien aber reichten fast nicht aus, um all die aufgestaute Wut zu bewältigen. „Ich könnte platzen wie eine Riesenbombe, schreien, toben, alles zertrümmern. Ich könnte alles kurz und klein schlagen. Nichts könnte ausreichen, um meine Kraft und Wut zu stillen. Ich kann stundenlang rennen, Bodybuilding machen, im Auto rasen: Nichts beruhigt mich. Ich könnte mit hundert Frauen, nein, mit allen Frauen der Welt, Streit auf einmal anfangen, dann würde ich allmählich beginnen, mich wohlzufühlen. Ich würde sie niederschreien, zusammenschlagen, alle vergewaltigen."

Wir sehen hier deutlich, wie eng Größenfantasien und ungelebte Aggression miteinander verbunden sind.

Bastian begegnet also im Löwen *Graógramán* seinen eigenen riesenhaften Hass-, Wut- und Zerstörungsgefühlen.

Der Löwe hat natürlich, wie jedes Symbol, verschiedene Bedeutungen. Sehr häufig wird er in Verbindung zur Sonne gebracht – wie zum Beispiel im Tierkreiszeichen Löwe, das nach astrologischer Auffassung von der Sonne „regiert" wird – was dann auf seine Feuer- und Lichtnatur und die Helle des Tagesbewusstseins hinweist. Wie die Sonne kann der Löwe Licht, Feuer und Wärme spenden, aber auch alles Leben vernichten, zum Beispiel in der Wüste, wo die Sonne „gnadenlos brennt". Der Löwe steht deshalb einerseits für heroisches Bewusstsein, für Helligkeit, Klarheit, Macht und Stärke und andererseits für zerstörerische Wildheit und Aggression.

Besonders mit diesem letzten Aspekt bekommt es *Bastian* zunächst zu tun. Aber dank des Schutzes von *Auryn* gelingt ihm eine erstaunliche Wandlung und Integration dieser ungeheuren Energie. Er reitet auf dem Löwen – das Reiten ist seit Urzeiten ein Bild der Beherrschung und Lenkung animalisch-archaischer Triebkräfte – er lässt sich von dessen Kraft und Geschwindigkeit berauschen – das ist ja auch heute für viele Männer ein Ersatz für nicht gelebte konstruktive Aggressivität, Sexualität und Ekstase – und erfährt das Geheimnis des Löwen: Sein allnächtlicher Tod gibt dem Nachtwald *Perelín* Raum zum Wachsen, und seine tägliche Wiederauferstehung begrenzt das ungezügelte, alles verschlingende Wachstum des Waldes. *Bastian* erfährt also die Notwendigkeit der Aggression zur Abgrenzung und Eindämmung chaotischen Lebens, wird vom Löwen auf die Gefahren des ungesteuerten Macht-Wünschens aufmerksam gemacht und erhält schließlich von ihm das Schwert *Sikánda*.

Dieses Wunderschwert ist nun ein Symbol der transformierten und integrierten Löwen-Energie. Anstatt wie *Graógramán* alles prinzipiell zu zerstören, was in seine Nähe kommt, wird das Schwert nur dann aktiviert, wenn es der Situation angemessen ist oder eine Notwehrsituation vorliegt. *Sikánda* ist nicht prinzipiell destruktiv, ebenso wenig wie eine integrierte Aggressivität destruktiv ist. Es hat die Fähigkeit, zu trennen, zu unterscheiden, zu klären, in einen Sachverhalt einzudringen, um dessen innerstes Wesen zu offenbaren und zu verstehen.

Natürlich kann man *Sikánda* auch als ein phallisches Symbol, als ein Wunschbild allmächtiger männlicher Potenz sowohl im engeren, penisbezogenen wie im weiteren Sinne der überlegenen Stärke und Geschicklichkeit auffassen. Als solches spielt es in den Größenfantasien von Jungen und Männern eine nicht unerhebliche Rolle. Wenn wir es auf die Sexualität des erwachsenen Mannes beziehen, dann könnten viele Männer von ihm eine Menge lernen. Es würde ihre Sexualität und die ihrer Partnerinnen sicherlich befreien und entlasten, wenn es ihnen gelänge, der Weisheit ihres Penis ähnlich zu vertrauen wie dem Schwert *Sikánda* und zum Beispiel nur dann mit einer Frau zu schlafen, wenn es in Übereinstimmung mit ihren wahren Gefühlen, den Gefühlen ihrer Partnerin und der gesamten Beziehungssituation steht. Statt dessen ziehen sie ihr Phallus-Schwert häufig gegen seinen „wahren" inneren Willen, um sich das Gefühl von Stärke und Potenz zu geben, und fügen damit ihrer eigenen Seele sowie der der Partnerin Wunden bei.

Doch noch einmal zurück zu *Graógramán*. Ein noch junger Mann mit ausgeprägten Unsicherheitsgefühlen und entsprechenden archaischen Aggressionsfantasien, besonders Frauen gegenüber, stand ebenso wie *Bastian* vor der Aufgabe, konstruktiver mit seinen Aggressionen umzugehen, damit sie ihm ermöglichten, sich von dem lähmenden

Einfluss seiner Mutter zu lösen, seine Bequemlichkeitshaltung aufzugeben und sich mutig an die Bewältigung seiner Kontaktängste zu machen. Er hatte folgenden Traum:

> *In einem Raum ist ein Löwe, der mich anfaucht. Ich streichle ihn, weil ich weiß, dass ich dadurch seine Aggression verringern kann. Er nimmt meine Hand in sein Maul und droht, draufzubeißen. Obwohl ich Angst habe, versuche ich, ganz ruhig zu bleiben, und spreche ihm gut zu. Dabei streichle ich ihn mit der anderen Hand. Ich sage ihm, dass er sehr stark sei und mich jederzeit umbringen könne, wenn er wolle, dass er es aber nicht wolle, weil er nichts davon habe. Je mehr er zuzubeißen droht, desto intensiver streichle ich ihn.*

Diesem Mann blieb, da er nicht wie *Bastian* unter dem Schutz des *Auryn* steht, nichts anderes übrig, als den Löwen zu streicheln, ihm zu schmeicheln und gut zuzureden in der Hoffnung, dass ihn auf diese Weise seine archaische Aggression nicht überwältigten. Da er diese auf seine Mitmenschen projizierte, glaubte er, sich immer sehr vorsichtig, freundlich und einschmeichelnd verhalten zu müssen, um nicht deren Aggression und Ablehnung, die für ihn eine existenzielle Bedrohung darstellt, hervorzurufen. Er musste einen einen langen Weg gehen, bis er den Löwen in sich selbst zu erkennen und Freundschaft mit ihm zu schließen vermochte als Ausdruck seiner Fähigkeit, mit seiner Aggression sicher und angemessen umgehen zu können.

2.3 Hybris, heroisches Bewusstsein und das „Große Weibliche"

Eben erkannten wir schon, dass Hybris und heroisches Bewusstsein im Grunde untrennbar miteinander verbunden sind. Das heroische Bewusstsein hat immer etwas Hybrides an sich, in positiver wie negativer Hinsicht, denn es wird getragen von den Fantasien der Größe, Stärke, Macht, des Kampfes, des Erfolges, der Einmaligkeit. Wir haben gesehen, dass die Entwicklung des Menschen ganz allgemein immer auch mit Hybris verbunden ist. Im positiven Falle führt die Hybris zu erhöhtem Selbstwertgefühl und verstärktem Selbstvertrauen, zu Lebensmut, Lebenslust und Lebensfreude, zu Wohlwollen und Toleranz anderen Menschen gegenüber, zu größerer Aktivität, zu größerer Leidens-, Angst- und Frustrationstoleranz, zu verstärkter Zielstrebigkeit, Ausdauer und Geduld, im negativen Falle aber zu einer Selbstüberhebung und Selbstüberschätzung, zu Arroganz, Blasiertheit und unangemessenem Stolz, die intolerant, unmenschlich, machtbesessen und grausam machen. Der negativ-hybride Mensch hält sich dann für einen „höheren", „besseren", „reiferen" und „entwickelteren" Menschen, und aus dieser Besonderheit und Einzigartigkeit heraus glaubt er, sich Sonderrechte gestatten zu dürfen.[54]

Die Gefahren und den Umgang mit dem negativ-heroischen Bewusstsein behandelt eine andere fantastische Geschichte, nämlich das Märchen vom „Tapferen Schneiderlein". In diesem Märchen muss sich das Schneiderlein den verschiedensten Versuchungen des heroischen Bewusstseins stellen (zum Beispiel in Form der Größenfantasie „Siebene auf einen Streich", des Wettkampfes mit dem Riesen, des Riesenbettes, der Überwindung der Riesen, der Gefangennahme des Einhorns und anderen). Indem es sich seiner Eigenart, seiner Schwäche und seines Humors bewusst bleibt, kann es diese inflationären Mächte seiner Seele meistern.

Weil diese Thematik anhand des Märchens schon ausführlicher erörtert wurde[53], sollen hier nur ergänzend auf zwei Aspekte hingewiesen werden, die in der *Unendlichen Geschichte* mit viel Humor persiflierend dargestellt werden: die Abhängigkeit des heroischen Bewusstseins von der Aufwiegelung und Bewunderung durch das Weibliche und die Einseitigkeit des heroischen Bewusstseins, die es zu einem ganzheitlichen, schöpferischen Leben untauglich macht.

Nachdem *Bastian* sich selbst zu einem kühnen Helden hochfantasiert hat, ist es nur natürlich, dass die ganze Heldenthematik nun explizit in den Mittelpunkt der Handlung rückt. Was sind Heldentaten schon wert, wenn niemand da ist, der sie bewundert und bestaunt? Also muss eine Arena her, in der sich der größte aller Helden nach überlegenem Wettkampf von der begeisterten Menge bejubeln und feiern lässt. Was *Bastian* sich da an Heldenhaftem ausfantasiert, das sind auf die Spitze getriebene Glanztaten, die vermutlich die meisten jungen und Männer insgeheim sehr gut kennen (ob Mädchen und Frauen solche extremen Größenfantasien im Leistungsbereich auch häufig so nötig haben, weiß ich nicht zu beantworten. Vermutlich neigen sie eher dazu, diese an Männer zu delegieren).

Da wird selbst noch der stärkste, schnellste und ausdauerndste Held *Hynreck*, der die drei besten Helden *Hykrion*, *Hysbald* und *Hydorn* (man beachte die Vorsilbe *Hy*, die die Hybris anklingen lässt) gleichzeitig besiegt, lässig und spielerisch von *Bastian* überwunden. Sein Pfeil trifft und spaltet den Pfeil *Hynreck*s, den dieser himmelhoch geschossen hatte; mit dem Florett spießt *Bastian* ein hochgeworfenes gemischtes Kartenspiel komplett und in geordneter Reihenfolge auf, während *Hynreck* nur eine Karte, das Herz As, zu stechen vermag; ein Gewicht, das *Hynreck* mit Mühe langsam hochstemmt, wird von *Bastian* samt *Hynreck* leicht in die Höhe gehoben. Schließlich fordert *Bastian Hynreck* auf, mit ihm durch den alles auflösenden Tränensee *Murhu* zu schwimmen, was dieser nicht wagt und sich deshalb in verzweifelter Wut mit seinem Schwert auf *Bastian* stürzt. Im selben Augenblick fährt das Schwert *Sikánda* wie ein Blitzstrahl aus seiner verrosteten Scheide in *Bastians* Hand und beginnt zu tanzen.

> *Was nun geschah, war so unerhört, dass keiner der Zuschauer es je in seinem Leben wieder vergaß. Zum Glück konnte Bastian den Schwertgriff in seiner Hand nicht loslassen, und so musste er jeder Bewegung folgen, die Sikánda von sich aus vollführte. Zunächst zerschnitt das Schwert, Stück für Stück, Held Hynrecks prachtvolle Rüstung. Die Fetzen flogen nur so nach allen Seiten, doch seine Haut wurde nicht einmal genetzt. Held Hynreck wehrte sich verzweifelt und schlug um sich wie ein Verrückter, aber Sikándas Blitzen zuckte um ihn herum wie ein Feuerwirbel und blendete ihn, sodass keiner seiner Stiche traf. Als er schließlich nur noch in der Unterwäsche dastand und immer noch nicht*

aufhörte, auf Bastian einzuschlagen, zerschnitt Sikánda sein Schwert buchstäblich in kleine Scheiben, und zwar mit solcher Geschwindigkeit, dass dessen Klinge noch für einen Moment als Ganzes in der Luft schwebte, ehe sie klingend wie ein Haufen Münzen, zu Boden fiel. Held Hynreck starrte mit aufgerissenen Augen auf den nutzlosen Griff, der ihm in der Hand verblieben war. Er ließ ihn fallen und senkte den Kopf. Sykánda fuhr in seine rostige Scheide zurück, und Bastian konnte es loslassen – Ein Aufschrei der Begeisterung und Bewunderung erhob sich tausendstimmig aus der Menge der Zuschauer. Sie stürmten den Platz, ergriffen Bastian, hoben ihn hoch und trugen ihn im Triumph herum. Der Jubel wollte kein Ende nehmen.[28]

Das ist der geheime oder auch offensichtliche Kern des heroischen Bewusstseins, den man kennen muss, wenn man heroisches Bewusstsein verstehen will, wie es sich in der männlichen Welt mit seinem Leistungs- und Machtprinzip, seinem Rivalitäts- und Erfolgsdenken und seinen ständigen Wettkämpfen zeigt: die Sehnsucht nach dem totalen Sieg, der totalen Überlegenheit, der totalen Bewunderung und dem Totalen überhaupt. Das Wort „total" löst im heroischen Bewusstsein eine tief gehende Faszination und Sehnsucht aus. Es verheißt, alles im Griff und unter Kontrolle zu haben, sich aller Lebensbereiche bemächtigen zu können. Vermutlich mischt sich dahinein die Urangst vor Ohnmacht, Beschränktheit und Endlichkeit, vor seiner Auslöschung und seinem Tod. Im totalen Erleben wird der Heros zu einer Macht, die selbst den Tod überwindet und sich damit verewigt.

Aber wie ist das mit der Bewunderung? Von wem will der Heros eigentlich bewundert werden? Für die Männerwelt, der man ja ein heroisches Bewusstsein hauptsächlich nachsagt, ist das offensichtlich: Es ist die Frau, das Weibliche, die „Große Göttin" und die „Große Mutter", deren bewundernder und bestätigender Blick gesucht wird, die man begehrt und mit der man sich sexuelle verbinden wioll. Vom Helden *Hynreck* hören wir, dass sein hauptsächliches Ziel darin besteht, die Liebe der von ihm angebeteten Prinzessin *Oglamár* zu gewinnen.

Bastian hatte sofort bemerkt, dass Held Hynreck bis über beide Ohren in die junge Dame verliebt war. Er seufzte ab und zu an Stellen, wo es gar nichts zu seufzen gab und blickte seine Angebetete immer wieder mit traurigen Augen an. Und sie tat, als ob sie es nicht bemerkte. Wie sich herausstellte, hatte sie nämlich bei irgendeiner Gelegenheit das Gelübde abgelegt, nur den größten aller Helden zum Mann zu nehmen, den, der alle anderen besiegen konnte. Mit weniger wollte sie sich nicht zufriedengeben. Das war Held Hynrecks Problem, denn wie sollte er ihr beweisen, dass er der Größte war? [29]

Hinter dem unstillbaren Bedürfnis des heroischen Mannes nach Bewunderung steht häufig dieses Bild des alles verheißenden Blickes des „Großen Weiblichen", steht die Sehnsucht, von diesem „Großen Weiblichen", dem Ursprung und Ziel, dem Anfang und Ende des Lebens auserwählt, geliebt und aufgenommen zu werden.

Held *Hynreck* sucht nach seinen Taten immer wieder den bewundernden Blick seiner Dame *Oglamár*, und auch *Bastian* sehnt sich zutiefst nach dem verzaubernden Blick der *Kindlichen Kaiserin*, der „wie ein leuchtender Schatz in seinem Herzen" (3, S. 350) liegt. Natürlich spielt hier auch wieder der für unsere Gesellschaft und Kultur so bestimmend gewordene Mythos von Ödipus herein, der sich mit seiner eigenen Mutter verbindet.

Aber der Blick des „Weiblichen" bedeutet noch mehr. Er spiegelt die geheime Suche des heroischen Mannes nach seiner ihm unbewussten weiblichen Ergänzung, seiner Anima. Je mehr sich ein Mann durch erzieherische, gesellschaftliche Einflüsse mit einseitig heroischen Werten identifiziert, desto mehr muss er andere Aspekte seiner Persönlichkeit abspalten. Dadurch wird er zu einer fragmentarischen Persönlichkeit, die ein befriedigendes, freudvolles Leben nicht zu leben imstande ist. Alle jene Aspekte und Qualitäten, die ihm zu einem erfüllten, ganzheitlichen Leben fehlen, wie Liebe, Sinnlichkeit, Körperlichkeit, Fantasie, Intuition, Hingabe, Ekstase und Transzendenz, erscheinen dann zusammengefasst in seiner Anima. Sie treten ihm dann von außen auf dem Wege der unbewussten Projektion in Gestalt der zu verteufelnden oder aufs Höchste zu verehrenden Frau entgegen.

C. G. Jung schreibt über die Anima des Mannes, dass sie in ihm als alterloses Seelenbild allgegenwärtig sei. Deren Projektion könne nur dann aufgelöst werden, wenn der Mann ihren projektiven Charakter erkenne und sich bewusst werde,

> *... dass jede Mutter und jede Geliebte die Trägerin und Verwirklicherin dieser gefährlichen Spiegelung ist, welche dem Wesen des Mannes zutiefst eignet. Sie gehört zu ihm, sie ist die Treue, die er gegebenenfalls um des Lebens willen nicht immer haben darf; sie ist die unumgänglich nötige Kompensation für Wagnisse, Anstrengungen, Opfer, die alle mit Enttäuschung enden, sie ist die Tröstung gegenüber all der Bitternis des Lebens und zugleich mit alldem ist sie die größte illusionserregende Verführerin zu eben diesem Leben, und zwar nicht etwa nur zu dessen vernünftigen und nützlichen Aspekten, sondern auch zu dessen furchtbaren Paradoxen und Zweideutigkeiten, in denen sich Gut und Böse, Erfolg und Verderben, Hoffnung und Verzweiflung die Waage halten. Als seine größte Gefahr fordert sie Größtes vom Manne, und, wenn er ein solcher ist, erhält sie es auch.*[40]

So befindet sich der heroische Mann in einer tragikomischen Situation: Seine heroische Rolle verlangt von ihm, dass er alles „Weibliche“ in sich selbst verdrängt, gleichzeitig aber verzehrt er sich danach und opfert sich für dieses „Weibliche“. Gerade wegen dieser Verdrängung des „Weiblichen“ verfällt er ihm immer wieder außen und innen. Er fristet schließlich, wenn ihm seine existenziell bedeutsame Aufgabe genommen wird, für das „Weibliche“ zu leben, zu kämpfen und zu sterben, ein Dasein, das gar nicht mehr heroisch ist, sei es als Pantoffelheld oder als ein dem Suff, dem Spiel und der Passivität verfallener alternder Heros.

Deshalb gerät der Held *Hynreck* in eine tiefe Depression und Existenzkrise, als er von seiner Dame *Oglamár* aufgrund seines blamablen Abschneidens im Kampf mit *Bastian* verlassen wird. Und die Helden

Hykrion, *Hysbald* und *Hydorn* sitzen viel später, nachdem von ihnen nichts Heldenhaftes mehr gefordert wird, in den tiefsten Stockwerken des *Elfenbeinturms* Tag und Nacht in einem Weinkeller, trinken, würfeln, grölen dumme Lieder oder streiten sich.

Frauen, die sich „weiblichen" Instinkt bewahrt haben, wissen etwas von dieser geheimen Beziehung zwischen dem „Großen Weiblichen" und dem von ihr abhängigen Heros und verstehen es zuweilen „hexenhaft", den Helden im Manne für ihre heimlichen Ziele einzuspannen.

Die spätere Begegnung *Bastians* mit *Xayíde* vermittelt uns einige Lektionen dieser uralten Kunst. Mithilfe eines raffiniert eingefädelten Manövers lässt sie sich von *Bastian* „besiegen", „ergibt" sich seiner Stärke und Heldenhaftigkeit, um auf diese Weise seinen Größenwahn weiter nähren zu können und ihre eigenen machtsüchtigen Ziele zu erreichen. Verständlicherweise wird eine Frau, die etwas von dieser großen Macht des „Weiblichen" über den Heros spürt, alles vermeiden, was den Mann zur Bewusstwerdung seiner eigenen „Weiblichkeit" führen könnte, denn dadurch würde sich ihr Einfluss vermindern. Sie wird im Gegenteil sein heroisches Bewusstsein, sein Macht- und Erfolgsstreben fördern und wird „weibliche" Funktionen und Fähigkeiten von ihm fernhalten, indem sie sie selbst übernimmt.

So notwendig für die Befreiung des Weiblichen in unserer männlich geprägten und heroisch orientierten Gesellschaft die Veränderung des Bewusstseins des Mannes ist, so notwendig ist auch die Bewusstseinsveränderung der Frau, und dies nicht nur im Hinblick auf eine Neubelebung des Matriarchats, sondern auch im Hinblick auf die Wahrnehmung des unbewussten Heroischen in ihr selbst. Die Unbewusstheit dieser eigenen heroischen Seite gegenüber lässt viele Frauen heroische Einseitigkeiten beim Manne und in unserer Gesellschaft insgeheim unterstützen und lässt manche Frauen gerade dem verfallen, was sie vielen Männern vorwerfen: militante Aggressivität, extremisierende Schwarz-Weiß-Malerei, Intoleranz, Männerfeindlichkeit. Wir müssen wahrnehmen lernen, dass die Beziehung zwischen Mann und Frau ein subtiles Beziehungs-System ist, an dessen Aufrechterhaltung beide Seiten sowohl aktiv wie passiv beteiligt sind.

Held *Hynreck* jedenfalls scheint etwas von diesem Beziehungsspiel begriffen und einen Teil seiner Anima-Projektion zurückgenommen zu haben. Wie wir lesen, gelingt es ihm, seine Dame *Oglamár* aus der Gewalt des eigens für ihn geschaffenen Drachen *Smärg* zu befreien. Er bringt sie zu ihrem Vater zurück, obwohl sie jetzt gerne bereit gewesen wäre, ihn zu heiraten. Aber jetzt hat er keine Lust mehr.

2.4 Hybris, Ohnmachts- und Messiaskomplex

Im weiteren Verlauf der *Unendlichen Geschichte* erleben wir, wie der Größenwahn *Bastians* immer beängstigendere Ausmaße annimmt. Neben der dem Größenwahn ohnehin innewohnenden Tendenz, sich weitestgehend auszudehnen, und neben der Verführungskunst der hexenhaften Anima *Xayíde* ist dafür noch ein drittes Element verantwortlich, das wir hier dem Sprachgebrauch der Tiefenpsychologie entsprechend als „Verkehrung ins Gegenteil" bezeichnen wollen. *Atréju* als der Schattenbruder *Bastians* und als positives Heldenprinzip, das nicht der Hybris verfällt, hat bald bemerkt, dass *Bastian* seine Heldenhaftigkeit nicht eigener Stärke, sondern seiner Wunsch- und Einbildungskraft und der Macht des Amuletts *Auryn* verdankt. Er erinnert *Bastian* auch an dessen wirkliche, dicke und blasse Gestalt, die er im *Zauber-Spiegel-Tor* gesehen hat, und etabliert damit in *Bastian* einen nagenden Zweifel an seiner eigenen Großartigkeit.

Man könnte ja nun wie *Atréju* hoffen, dass dieser Zweifel *Bastian* wieder zu einer bescheideneren und realitätsangemesseneren Haltung zurückfinden lassen würde, aber das Gegenteil ist der Fall. Der geheime Zweifel aktiviert noch ausgeprägtere Größenfantasien. Das entspricht dem genannten Abwehrmechanismus der Verkehrung ins Gegenteil. Um den Zweifel an einer unserer Persönlichkeit unangenehmen Gegebenheit zu überwinden, machen wir häufig verstärkte Anstrengungen in einer entgegengesetzten Richtung. So können wir unsere unbewusste Aggression durch verstärkte Liebesbeteuerungen, unsere sexuellen Triebe durch verstärkte geistig-platonische Bestrebungen oder unsere Schwäche und Ohnmacht durch heroisches Imponiergehabe vor uns selbst zu tarnen versuchen. Die kritische Haltung *Atréjus* ist ein schmerzhafter Dorn in der selbstunsicheren Persönlichkeit *Bastians*, sodass *Atréju Bastian* indirekt zu immer grandioseren Selbstbeweisen antreibt.

Ein tapferer, starker Held zu sein ist ihm deshalb nicht genug. Er wird zu einem Kulturstifter, der den *Amargánthern* ihre Herkunft erklärt, ihrer Existenz damit Bedeutung und Sinn verleiht und ein riesiges literarisches Werk hinterlässt; er wird zum Erlöser der hässlichsten Wesen *Phantásiens*, der *Acharai*, ohne sich allerdings der unheilvollen Wirkungen seines Erlösungswerkes bewusst zu sein, und dann glaubt er, nach Anstiftung durch *Xayíde*, endlich seinen *Wahren Willen* gefunden zu haben.

> *So vieles hatte er nun erlebt, Ängste und Freuden, Traurigkeit und Triumphe, er war von einer Wunscherfüllung zur nächsten geeilt und keinen Augenblick zur Ruhe gekommen. Nichts von allem hatte ihn ruhig und zufrieden gemacht. Aber Weisesein, das hieß, erhaben sein über Freude und Leid, über Angst und Mitleid, aber Ehrgeiz und Kränkung. Weisesein bedeutete, über allen Dingen stehen, nichts und niemand hassen oder lieben, aber auch die Ablehnung oder die Zuneigung anderer vollkommen gleichmütig hinzunehmen. Wer wahrhaft weise war, der machte sich aus nicht mehr was, der war unerreichbar und nichts konnte ihm mehr was anhaben. Ja, so zu sein, das war wirklich wünschenswert! Bastian war überzeugt, damit bei seinem letzten Wunsch angekommen zu sein, jenem letzten Wunsch, der ihn zu seinem Wahren Willen fahren wurde, wie Graógramán gesagt hatte. Jetzt glaubte er, verstanden zu haben, was damit gemeint war. Er wünschte sich, ein großer Weiser zu sein, der weiseste Weise in ganz Phantásien.*[30]

Dieser Wunsch *Bastians* und die darauf folgende Begegnung mit den drei *Tief Sinnenden* vom Sternenkloster *Gigam*, dem Ort der Weisheit, wo die Mönche der Erkenntnis wohnen, stellt einen ziemlichen Seitenhieb auf die Welt- und Lebensfluchttendenzen mancher öst-westlicher Philosophie und manches religiösen Asketismus dar, die häufig die wahre Natur ihres ehrgeizigen Bestrebens, das „Ich" zu überwinden, nicht wahrnehmen. Diese wahre Natur liegt in einem sehr subtilen und aufs Feinste wegrationalisierten Bedürfnis, das wir bereits als das heroische Bedürfnis erkannten, nämlich trotz und gerade wegen aller Ich-Überwindung dieses Ich mächtig, unsterblich und ewig zu machen. Könnte die Vereinigung mit dem Göttlichen und Unendlichen, das Aufgehen im Nirwana, was immer wir uns auch darunter vorstellen, uns auch heimlich dazu dienen, unsere eigene Persönlichkeit zu glorifizieren? Uns als die „wahrhaft" und „endgültig" und „absolut" Erwachten und Erleuchteten?

Gegen solche Versuche, letzte Weisheit und kosmisches Allbewusstsein zu erlangen, ist wenig einzuwenden, nur sollte man sich dabei nichts vormachen und etwa meinen, es ginge einem zum Beispiel um die Verherrlichung Gottes und seiner Schöpfung. Wer dabei verherrlicht werden soll, ist ziemlich offensichtlich. Die Fantasie der Ich-Überwindung ist möglicherweise eine sehr raffinierte und getarnte Form des Egoismus. Oft ist sie zudem noch, wie bei *Bastian* auch, motiviert durch die Angst vor dem realen, materiellen Leben mit seinen Anforderungen, Konflikten und Leiden.

Die Offenbarung und Erleuchtung, die *Bastian* den drei *Tief Sinnenden* vermittelt, hätte ihn selbst mit einem Schlage aus seiner Hybris befreien können, wenn ihn paradoxerweise nicht gerade sein größenwahnsinniger Wunsch, der weiseste aller Weisen zu sein, blind für die einfache Weisheit gemacht hätte, dass alle seine hybriden Vorstellungen von seiner Bedeutsamkeit und Großartigkeit nichts anderes als Fantasieprodukte der Psyche sind, die seit Urzeiten die unendliche Geschichte der menschlichen Irrungen und Wirrungen geschrieben hat.

Statt den Speicher des Schulhauses als seinen Ursprungsort wahrzunehmen und zu erkennen, dass es eigentlich das Buch mit der *Unendlichen Geschichte* als Sinnbild der Fantasietätigkeit der unbewussten Psyche ist, das ihm die Reise nach *Phantásien* ermöglicht hat, verliert er die Erinnerung an sein Schülerdasein, vergisst, dass er immer Lernender und Schüler des Lebens bleibt, und vergisst die Umstände, die ihn überhaupt nach *Phantásien* brachten. Und schließlich erliegt *Bastian* der Versuchung des Größenwahns unter der suggestiven Macht der Einflüsterungen *Xayíde*s ganz. Sie sagt ihm, dass er der berechtigte Nachfolger der *Kindlichen Kaiserin*, der eigentliche Schöpfer *Phantásiens*, sei:

> *„Erschreckt dich dieser Gedanke so sehr?" flüsterte Xayíde „Sie hat dir das Zeichen ihrer Vollmacht gegeben. Sie hat dir ihr Reich überlassen. Du wirst nun der Kindliche Kaiser sein, mein Herr und Meister. Und es ist dein gutes Recht. Du hast Phantásien nicht nur gerettet, indem du kamst, du hast es doch geschaffen! Wir alle – auch ich selbst – sind nur deine Geschöpfe! Du bist der Große Wissende, warum erschreckt es dich nun, auch die Allmacht zu ergreifen, die dir doch nach allem gebührt?" – Und während Bastians Augen mehr und mehr in einem kalten Fieber zu glänzen begannen, erzählte ihm Xayíde von einem neuen Phantásien, von einer Welt, die bis in alle Einzelheiten nach Bastians Belieben zu gestalten war, in der er nach Willkür schaffen und vernichten konnte, in der es keine Schranken und Bedingungen mehr gab, wo jedes Geschöpf, ob gut oder böse, schön oder hässlich, töricht oder weise, einzig seinem Willen entsprungen war, und er erhaben und rätselhaft über allem thronte und die Geschichte lenkte in ewigem Spiel. „Erst dann, schloss sie zuletzt, „bist du wahrhaftig frei von allem, was dich beengt, und frei zu tun, was du willst. Und wolltest du nicht deinen Wahren Willen finden? Das ist er!"* [31]

Gottgleicher, allmächtiger, allwissender Wundertäter, Retter, Erlöser und Schöpfer: dies alles in einer Person sein zu wollen, das hat sich bei *Bastian* spätestens da deutlich angekündigt, als er nach *Amarganth* auf einer Mauleseslin hineinreitet in blasphemischer Anspielung auf Jesu Ritt auf der Eselin. Gottgleichheit, das ist die luziferische Verheißung des „Sündenfalls, das ist die tiefe Triebfeder der Ich-Entwicklung und in einem gewissen Sinne auch ihre Bestimmung. Tatsächlich hat sich die christliche Botschaft von der Inkarnation Gottes im Menschen in ihrer furchtbaren Ambivalenz schon längst erfüllt.

Nach tiefenpsychologischer Auffassung ist das Selbst des Menschen, über dessen letzte und wahre Natur wir nichts wissen können, die Quelle aller seiner religiösen Ziele und Erfahrungen, die Quelle aller seiner Gottesbilder und -vorstellungen. Dieses Selbst – oder in altertümlicher, projizierter Begrifflichkeit: Gott/Teufel – ist von allem Anfang und zu jeder Zeit im Menschen wirksam. Das Ich-Bewusstsein ist der sich selbst bewusst gewordene Aspekt des Selbst, also auch, so ketzerisch dies klingen mag, „göttlicher" Natur, ja sogar die bisher höchste Selbstmanifestation des Göttlichen überhaupt.

Die Fantasie der Gottebenbildlichkeit liegt dem Menschen deshalb so nahe, weil sie der Wirklichkeit entspricht. Ich-Komplex und Gottes-Komplex sind in gewisser Hinsicht ein und dasselbe. Erklärungen, die den Gotteskomplex des Menschen auf bestimmte gesellschaftliche und soziale Einflüsse zurückführen möchten und sich womöglich erhoffen, ihn durch Veränderung dieser Außeneinflüsse aufzulösen, greifen deshalb zu kurz. Sie übersehen, dass die Ich-Bewusstseins-Struktur an sich „göttlich" ist und deshalb immer wieder, in gröberer oder subtilerer Weise, dem „Gottes-Komplex" verfallen wird.

Das menschheitsbedrohende Problem liegt hierbei nicht im Gotteskomplex des Menschen an sich, sondern darin, dass er sich zum einen mit sehr einseitigen, teilweise sehr naiven Gottesbildern identifiziert, und zum anderen, dass er sich überhaupt mit diesen Bildern seiner Seele identifiziert. Würde der Mensch sich der ganzen Paradoxie und Zweideutigkeit des „Göttlichen" bewusst sein und nicht nur jenes Kleinkinderbild vom gütigen, alles verstehenden und allmächtigen lieben Gott verehren, von dem die teuflischen Aspekte abgespalten sind, würde er also den dunklen Schatten des patriarchalen Gottes integrieren, dann müsste er neben der Allmacht auch die Ohnmacht, neben der verzückten Herrlichkeit auch das unermessliche Leiden, neben der kosmischen Über-Bewusstheit auch die dumpfe, tödliche Unbewusstheit und neben der allumfassenden Liebe auch die grenzenlose Destruktivität des Göttlichen erfahren. Angesichts dieser ungeheuerlichen Paradoxie würde er vielleicht das Angebot der Gottähnlichkeit dankend ablehnen und sich mit der Rolle des kleinen, menschenähnlichen Menschen, der die Götter Götter sein lässt, freudigst begnügen. Der Gotteskomplex des Menschen würde sich selbst heilen, wenn er sich seiner ganzen Göttlichkeit nur wirklich bewusst wäre.

2.5 Die Symptome und die Überwindung der Hybris

Nachdem wir *Bastian* auf seinem gefährlichen Weg der Selbstüberhebung gefolgt sind, sei nun gefragt, in welchen Formen sich die Hybris bei uns bemerkbar macht und wie wir ihr zu unserem Besten begegnen können. Jedem Anfang, jeder neuen Einsicht und Erkenntnis und jeder Bewusstseinserweiterung, so haben wir gesehen, ist ein gewisses Maß an Hybris eigen. Ihre positiven Wirkungen liegen in einer verstärkten Zuversicht, Begeisterungsfähigkeit und Tatkraft, ihre negativen Wirkungen in einer unangemessenen Selbstüberschätzung mit all den Wünschen und Fantasien, die wir bei *Bastian* gesehen haben. Wenn die Hybris in vielen Fällen zur Regulierung des Selbstwertgefühls auch notwendig ist, zum Beispiel, um in der Kindheit psychisch überhaupt überleben zu können, fordert sie von uns später doch meist einen sehr hohen Preis an innerer Not, Zerrissenheit und Selbstdestruktion.

Aber nur in den sehr schweren, pathologischen Fällen werden die größten der Größenfantasien auch für Wirklichkeiten gehalten, und einer glaubt dann wirklich, er sei der liebe Gott. Beim durchschnittlichen Menschen werden diese Größenfantasien von der Realität des Lebens schnell zurechtgestutzt. Die „kleineren" Größenfantasien hingegen, wenn sie ein gewisses anregendes Maß übersteigen und für wirklich gehalten werden, sind für den Durchschnittsmenschen wesentlich gefährlicher, da sie zu Charakterhaltungen und Einstellungen führen, die ihm und anderen das Leben unnötig erschweren, ihn und andere krankmachen können, ohne dass er die genaue Ursache hierfür wahrzunehmen vermag. Leichtere Formen von negativen Größenfantasien sind deshalb so schwer anzugehen, weil man mit ihnen identifiziert ist und dadurch tatsächlich glaubt, man sei so, wie man es sich einbildet. Deshalb kommt man gar nicht auf die Idee, sie kritisch zu hinterfragen.

Selbstunsichere Menschen zum Beispiel werden, sehr zu ihrem Leidwesen, von ihren Mitmenschen häufig als arrogant und überheblich angesehen, weil sie sich aus ihrer Kontaktangst heraus zurückhaltend und distanziert verhalten. Sie sind von einem solchen Urteil sehr betroffen, nehmen sie doch gerade keinen Stolz, sondern nur Angst und Hemmungen bei sich wahr. Bei näherem Hinschauen könnten sie aber doch eine geheime Überheblichkeit erkennen, die ihnen sagt, im Grunde seien sie jemand ganz besonderes. Ihre Schwäche wird zur Tugend des Besserseins, ihre Unfähigkeit in eine anzustrebende Stärke umgedeutet.

Ein Mann erklärte auf die Frage, wie er mit der Frustration fertig werde, wenn er wieder einmal nicht gewagt habe, mit anderen Leuten zu reden: „Ich sage mir, dass mich die Leute eigentlich gar nicht wirklich interessieren, weil sie nicht meinem Niveau entsprechen und sie auch nicht über ausreichende Kenntnisse verfügen, damit das Gespräch für mich interessant ist."

Eine Frau interpretierte sich ihre Angst vor dem Nein-Sagen und dem Ansprüche-Stellen als selbstlose Hingabe im Dienste der Nächstenliebe, wodurch sie in ihrer Umgebung als außergewöhnliche Frau erschien, und wieder ein anderer Mann verglich sich in seiner Leidensfähigkeit mit Jesus. Wenn schon sein Leben nicht großartig war, dann wollte er wenigstens im Leiden großartig sein.

Die typischsten Anzeichen einer unbewussten Identifizierung mit unrealistischen Größenfantasien sind folgende: das Identifiziertsein mit einseitigen Idealen, mit Vollkommenheits- und Perfektionsvorstellungen-, übermäßige Ernsthaftigkeit und Wichtigkeit, Rechthaberei, Dogmatismus, Fanatismus; Neigung, andere mit der eigenen subjektiven „Wahrheit" beglücken zu wollen; Ansprüchlichkeit, Betonung von Ehre, Stolz und Würde; die vielen vorher genannten negativheroischen Werte, zum Beispiel von Größe, Macht und Alles-im-Griff-haben-Wollen; Empfindlichkeit, Kränkbarkeit, Reizbarkeit und Humorlosigkeit.

Die meisten Menschen, die mit psychologischem Wissen in Kontakt kommen und die ersten Schritte zur Selbsterkenntnis machen, sei es im

Rahmen einer Analyse, einer Selbsterfahrungsgruppe oder durch Literaturstudium, verfallen fast unweigerlich einem Teil der oben beschriebenen Symptome. Sie halten die neu gewonnenen Einsichten sogleich für den Stein der Weisen, glauben, alles zu wissen und alles verstanden zu haben, und beginnen in ihrer anfänglichen Begeisterung sogleich, andere Menschen zu missionieren. Solche Symptome, die auf Halb- oder Unwissen beruhen, finden sich häufig auch in religiösen und esoterischen Kreisen. Deren oft spekulative Theorien lassen ja viel Raum für Größenfantasien, sodass man sich leicht für einen „Eingeweihten", „Erleuchteten" oder „Auserwählten" aufgrund eines vermeintlichen Geheimwissens oder einer vermeintlich hohen Herkunft aus früheren Leben halten kann. Eine solche Hybris legt sich dann meist, wenn der Prozess der Selbsterkenntnis genügend weit fortgeschritten ist und es einem dämmert, dass man immer weniger über sich und die Natur der Seele weiß.

Die genannten hybriden Eigenschaften beeinträchtigen nachhaltig die Entfaltung der Persönlichkeit und des schöpferischen Lebens. Zum Beispiel verhindern sie eine wirkliche Lernfähigkeit und ein empfangsbereites Offensein für das Neue, weil das immer mit dem Eingeständnis des Anfängerseins und des Nicht-Wissens verbunden ist. Hierzu ist aber ein Mensch, der sich für überlegen halten muss, kaum in der Lage.

Ein intelligenter Mann litt unter starken Frustrationen, wenn er sich mit den Kollegen verglich, die erfolgreicher, aber durchaus nicht intelligenter als er waren. In seinem heimlichen Größenwahn, in dem er sich als besonders begabt und genial empfand, fühlte er sich von deren besseren Leistungen sehr gekränkt und verunsichert. Er konnte es sich aber auch nicht zugestehen, mühsame Kleinarbeit und alltägliche Routine zu machen, weil er glaubte, dass dies seine Begabung vor den anderen infrage stelle. So geriet er in den so häufigen Teufelskreis von Größenwahn und Misserfolg, der in vielen Fällen mit einem jähen Sturz aus den so trügerischen Höhen vermeintlicher genialer Begabung endet.

Nach all dem, was wir heute über die Struktur des Bewusstseins und des Ich wissen, müssen wir zugeben, dass es eines der erstaunlichsten und bewundernswertesten Phänomene des uns bisher bekannten Universums ist. Es ist, wenn wir so sagen wollen, vermutlich die bislang höchste Manifestation des Göttlichen im Menschen. Weil wir unser Ich und unser Bewusstsein jeden Tag so selbstverständlich erleben, halten wir sie für ebensolche einfachen und selbstverständlichen Phänomene. Wir können nicht wahrnehmen, welche höchstkomplexen Informationsverarbeitungs-, Steuerungs- und Regelungsprozesse auf den verschiedensten Ebenen des Organismus ablaufen müssen, damit in unserem Bewusstsein ein Welt- und Selbsterleben in der dreidimensionalen Form, wie wir sie kennenm entstehen kann.

Erst heute, nachdem wir versuchen, geistig-psychische Vorgänge mit Hilfe von Computern nachzubilden, sind wir in der Lage, die geniale Funktion des Organismus und seiner Ich-Bewusstseins-Struktur gebührend würdigen zu können. Und je mehr unsere diesbezüglichen Erkenntnisse voranschreiten, desto mehr schwinden unsere vor Jahrzehnten noch gehegten hybriden Vorstellungen, in naher Zukunft auch nur annäherungsweise eine der Komplexität der menschlichen Intelligenz und Bewusstheit entsprechende elektronische Computerstruktur entwickeln zu können. Wir erkennen heute klarer denn je, dass Ich und Bewusstsein nicht autonome, ursächliche Größen sind, sondern von diffizilen Verarbeitungsvorgängen abhängen, deren letztes Produkt sie sind. Ich und Bewusstsein sind Spielbälle sowohl von größtenteils unbewusst bleibenden bio-chemischen und psychischen Prozessen wie auch von Außenwelteinflüssen und haben von daher die wenigste Veranlassung, sich selbst für die großen Macher zu halten.

Zwar könnte sich jedermann / jedefrau aufgrund seiner Alltagserfahrung und ohne Computerwissen von der Abhängigkeit, Beeinflussbarkeit und Störbarkeit des Ich-Bewusstseins leicht überzeugen – zum Beispiel bei Stimmungs- und und Befindlichkeitsschwankungen, bei Kränkungen, Ängsten und Frustrationen – aber aufgrund prinzipieller Schwierigkeiten und raffinierter Abwehrmechanismen bleibt gerade die Abhängigkeit und Ohnmacht unseres Ich-Bewusstseins von den es hervorrufenden Prozessen unsichtbar.

In einer bestimmten Phase unseres evolutionären Prozesses scheinen wir für ein optimales Funktionieren auf die Illusion der Mächtigkeit, Großartigkeit und Autonomie unseres Ich-Bewusstseins angewiesen zu sein. Erst später, nachdem ein ausreichendes Maß an Ich-Stabilität vorhanden ist, können wir es zulassen, das Ich in einem Selbsterkenntnisvorgang wieder zu relativieren und ihm jenen Platz zuzuweisen, der ihm gebührt, nämlich ein Diener und Werkzeug der Schöpfung zu sein.

Aus dieser relativierten Haltung heraus erwächst ein Gefühl von Dankbarkeit, Demut und Freude, ein durchschnittlich gut funktionierendes Ich-Bewusstsein zu besitzen und damit für die Dauer einer kurzen Lebensspanne bewusst an dem großen Wunder des Seins teilhaben zu dürfen. Und es erwächst daraus ein Gefühl der Verantwortung und Verpflichtung, mit diesem Ich und dem uns anvertrauten Organismus, der Ich-Erleben und Bewusstsein erst ermöglicht, so gut und wohlwollend wie möglich umzugehen.

Hybride und größenwahnsinnige Vorstellungen bedeuten nun aber gerade kein gutes Umgehen mit uns selbst und anderen Menschen, weil sie einfach nicht den wirklichen Verhältnissen entsprechen. Sie überfordern uns, verleiten uns zu falschen, krankmachenden Auffassungen und rufen Missverständnisse, Vorurteile, Intoleranz und Gewalttätigkeit hervor. Die meisten seelischen Erkrankungen sind mit mehr oder weniger offensichtlichen Größenfantasien verbunden.

Wie schon der Werwolf *Gmork Atréju* gesagt hatte, führen die unerkannten phantásischen Gestalten dazu, dass die Menschen sich in eine Welt trügerischer Wahngebilde verstricken. Die weiteren Folgen davon sind Schwierigkeiten mit der Realitätsanpassung oder sogar Realitätsverlust, Manie und Depression, Selbstüberschätzung und Gewalttätigkeit.

Alle diese Symptome machen das Leben schwerer, depressiver, leidvoller als es sein müsste, nehmen dem Leben den Zauber, das Spielerische und Schöpferische, die Freude. Deshalb ist der Weg der Erlösung von unserem Größenwahn der Weg der Befreiung. Das ist aber, wie man im Anschluss an öst-westliche Religionsvorstellungen missverstehen könnte, keine Erlösung vom Ich, sondern eine Erlösung des Ich von Identifizierungen und Vorstellungen, die seiner Natur nicht entsprechen und ihm nicht zuträglich sind. Durch diesen Befreiungsweg wird das Ich nicht zerstört, sondern es wird lediglich entlastet und dadurch einfacher, klarer, entspannter, lebendiger und offener.

Wie man seine Wünsche verwirklicht

1. Die Macht und Magie der Wünsche

Bisher haben wir uns mit einigen Grundprinzipien, mit typischen Motiven und Symbolen, mit Methoden, Ängsten und Gefahren, die mit dem Selbst-Verwirklichungsprozess verbunden sind, beschäftigt. Immer wieder haben wir gesehen, dass es nicht ausreicht, die auf diesem Wege gewonnenen Einsichten nur zu haben. Sie müssen auch gelebt werden. Wenn nun die Begegnung und Auseinandersetzung mit den unbewussten Bereichen unserer Persönlichkeit schon ein schöpferischer Prozess für sich ist, so ist auch die Umsetzung ins alltägliche Leben ein schöpferischer Vorgang, der seine Zeit braucht und seine Gesetzmäßigkeiten hat. Deshalb wollen wir uns hier speziell der Frage zuwenden, wie man seine Ideen und Fantasien verwirklicht. Die ganz entscheidende Kraft hierbei ist die Wunschkraft, der Entschluss, ob wir die Realisierung bestimmter Vorstellungen wirklich wollen oder nicht.

Zu den Standardfragen bei der Erhebung der Lebens- und Krankheitsgeschichte in der Psychotherapie gehört die Frage nach ihren Wünschen: „Wenn Sie drei Wünsche frei hätten, wie würden die heißen? Die Frage nach den Wünschen kann deshalb so aufschlussreich sein, weil sich in ihnen die Lebens-, Leidens- und Konfliktsituation, das ungelebte Leben, das Entwicklungspotenzial und die Motivation des Klienten zur Behandlung abbilden kann.

Ein 40jähriger Klient, der als Junggeselle mit seiner Mutter zusammenlebte, antwortete auf diese Frage ganz spontan: „Ich möchte, dass meine Mutter lange lebt." Mit diesem einzigen Satz hat er seine ganze Problematik ausgedrückt. Zunächst fällt auf, dass er keinen auf sich bezogenen Wunsch äußert, sondern auf das Wohlergehen seiner Mutter bedacht ist. Es wirkt so, als müsste er seine eigenen Wünsche zurückstellen, um erst einmal für die Mutter da zu sein, und tatsächlich ist es auch das gewesen, was er sein ganzes Leben unbewusst getan hat: Er war der Lebenssinn seiner Mutter und hat diese Funktion getreulich erfüllt. Er hat auf all die Wünsche verzichtet, die ihn zu einem selbstständigen und selbstverantwortlichen Erwachsenen hätten werden lassen, und mit einer starken Zwangsstörung bezahlt.

Diese Loyalität zur Mutter hat ihm natürlich auch die entsprechend großen, sehr verführerischen Vorteile gebracht, die für solche Mutter-Sohn-Bindungen typisch sind: Er wird versorgt und verwöhnt, er wird „geliebt", ohne selbst Liebesfähigkeit in sich entwickeln zu müssen. Er kann ein relativ unverbindliches und freies Abenteurerleben führen, unter der einzigen Bedingung, dass er immer wieder zur Mutter zurückkehrt. Sie versteht und toleriert seine Merkwürdigkeiten, und er muss sich nicht wie in der Beziehung zu einer gleichwertigen Partnerin damit kritisch auseinandersetzen. Schließlich muss er auch nicht die mit einer reifen Sexualität verbundenen Ängste und Konflikte auf sich nehmen und kann im Stadium der Selbstbefriedigung verbleiben. Kurz: Er darf ein kleiner, verwöhnter Junge sein.

Offensichtlich wehrt der Mann mit dem genannten Wunsch auch gegenteilige Fantasien ab. Es wäre ja sehr verständlich, wenn er gegen die Mutter und gegen seine starke Bindung an sie ausgeprägte Aggressionen entwickelt hätte, denn in ihrem verzuckerten Knusperhäuschen kann er nur schwer eine eigene männliche Identität entwickeln. Sein unbewusster Wunsch, aus dieser Gefangenschaft herauszukommen, könnte deshalb lauten: „Hoffentlich stirbt Mutter bald." Dies kann und darf aber nicht zugelassen werden, weil es unerträgliche Schuldgefühle hervorrufen, seine Existenz und seinen bisherigen unverbindlichen Lebensstil bedrohen würde. Deshalb muss er sich laut und selbstbeschwichtigend sagen, er habe ja keinen größeren Wunsch als diesen, dass seine Mutter noch lange lebe. Der beschriebene Vorgang, bei dem ein unerlaubter Wunsch durch einen ihm entgegengesetzten akzeptablen Wunsch ersetzt wird, wird in der Psychologie als „Verkehrung ins Gegenteil" bezeichnet.

In unseren geheimen Wünschen steckt eine von uns kaum erahnte Macht und Kraft. Sie bestimmen in hohem Maße unser Schicksal. Deshalb ist es für das schöpferische Leben so wichtig, sie zu kennen und den konstruktiven unter ihnen Raum zur Entfaltung zu geben. Aber so einfach und beliebig, wie es in manchen Erfolgsbüchern beschrieben wird, die die wunderwirkende Kraft des positiven Denkens, Wollens und Glaubens, der Imagination und der suggestiven Selbstbeeinflussung preisen, lässt sich nicht mit ihnen arbeiten. Man kann sich nicht einfach hinsetzen, intensiv an seine Wünsche denken, sie ständig wiederholen und dann auf ihre magische Erfüllung mit Unterstützung des Unbewussten, jenseitiger Mächte oder gar des Universums hoffen. Die Gesetzmäßigkeiten, die mit der Kraft des Wünschens zusammenhängen, sind subtiler und vielschichtiger, als es nach den illusionäre Hoffnungen weckenden Rezepten solcher Bücher erscheint.

1.1 Wunschverwirklichung ist kein Wunschdenken

In den besagten Publikationen zur Lebensmeisterung wird meist an Beispielen erfolgreicher und berühmter Persönlichkeiten dargestellt, welchen tief greifenden und entscheidenden Einfluss deren Wünsche, Fantasien und Imaginationen auf ihr Leben hatten. Aus diesen durchaus zutreffenden Beobachtungen wird dann irrtümlich abgeleitet, dass wir Normalmenschen genauso erfolgreich und berühmt sein könnten, wenn wir unsere Wunschkraft nur entsprechend entwickelten. Dabei aber werden viele andere Einflussgrößen, die zur Berühmtheit von beispielhaften Persönlichkeiten beitragen, nicht berücksichtigt, wie zum Beispiel die jeweilige sozial-gesellschaftliche Situation, der herrschende gesellschaftliche Zeitgeist, der empfänglich für bestimmte Ideen ist und für andere nicht, und verschiedene wichtige Persönlichkeitsfaktoren wie Begabung, Intelligenz, Ausdauer und Geduld. Dass man der richtige Mensch zur richtigen Zeit am richtigen Ort mit den richtigen Beziehungen sein muss, darf nicht unterschätzt werden.

Vor allem aber wird das Problem der Motivation nicht differenziert genug gesehen. Die Wünsche und Fantasien der berühmten Menschen sind aus keinen nur rational überlegten oder bewussten Vorsätzen, Selbstprogrammierungen oder Autosuggestionen entstanden. Sie sind nicht gewissermaßen von außen durch einen Willensakt eingeübt worden, sondern aus der Mitte ihrer Persönlichkeit erwachsen und haben von hier aus ihren meist unwiderstehlichen Einfluss geltend gemacht. Die großen Persönlichkeiten waren weitaus eher Opfer, manchmal sogar tragische Opfer ihrer Wünsche, Emotionen und Leidenschaften als deren Verursacher und Macher.

Wir stehen hier vor dem in psychischen Zusammenhängen immer wieder anzutreffenden, aber auch immer wieder übersehenen Phänomen, dass es weniger darauf ankommt, was und wie einer etwas macht, sondern wer es macht. Die Persönlichkeit und ihre Eigenart ist das Entscheidende und nicht die von ihr angewandte Methode. In einem alten chinesischen Meditationstext heißt es: „Wenn ein rechter Mann sich verkehrter Mittel bedient, so wirken die verkehrten Mittel recht; wenn ein verkehrter Mann die rechten Mittel gebraucht, so wirkt das rechte Mittel verkehrt.“ [39]

Bei den Persönlichkeiten, die wir uns zum Vorbild nehmen, stand am Anfang immer ein vielleicht durchaus vager Wunsch, eine noch undeutliche Fantasie, von der aber die ganze Persönlichkeit leidenschaftlich ergriffen oder beseelt war. Und dieser leidenschaftliche Wunsch oder gar die „Besessenheit“ waren es, der sich dann auch die geeignete Methode oder Technik suchte, mit der er sich verwirklichen konnte.

Natürlich haben die Vorbild-Persönlichkeiten auch von anderen Menschen und Vorbildern gelernt, aber dieses Lernen war immer ein vom Wunsch her geleitetes selektives Lernen. Es wurde das gelernt, was der Verwirklichung der Imagination diente. Eng damit verbunden ist auch das Problem der Disziplin.

Wir hören und lesen immer wieder, dass Vorbild-Persönlichkeiten ein hohes Maß an Ausdauer, Geduld, Arbeitseinsatz und Energie in der Verfolgung ihres Zieles aufbringen. Das könnte den Eindruck erwecken, diese Faktoren seien das eigentlich Entscheidende. Es ist aber die Persönlichkeit und deren starker Wunsch, die die Energieleistung ermöglicht, und nicht umgekehrt.

1.2 Den eigenen Wünschen folgen

Diese Verwechslung von Ursache und Wirkung ist schuld an so vielen Enttäuschungen und Misserfolgen bei unseren Versuchen, zu den Wassern des Lebens, das heißt zu einem schöpferischen, erfüllten Leben zu finden. Wie häufig haben wir versucht, ein Ideal, eine Methode oder einen Vorsatz, die wir in einem Buch gelesen oder von einer Vorbildpersönlichkeit gehört haben, für uns selbst zu realisieren, sind dann aber nach einigem Bemühen gescheitert.

Das wiederholte Scheitern dieser Vorsätze ließ uns resignieren, nahm uns die Kraft und den Mut, an uns selbst zu glauben. Wir glaubten, die bewunderte und erfolgreiche Vorbild-Persönlichkeit habe sich mit der von ihr empfohlenen Maßnahme genauso anstrengen müssen und habe nur deshalb nicht versagt, weil sie eben begabter, stärker und disziplinierter sein als wir. Wir nehmen leider nicht wahr, dass der entscheidende Unterschied zwischen der Vorbild-Persönlichkeit und uns nicht in einem stärkeren Willen oder einer größeren Disziplin liegt, sondern eher darin, dass sie einfach das tut und empfiehlt, was ihrem Wesen entspricht. Wir hingegen versuchen, etwas zu tun, was möglicherweise überhaupt nichts oder höchstens in abgewandelter Form wirklich etwas mit uns selbst zu tun hat. Ein Mensch, seine Verwirklichungsmethode und die notwendige Disziplin gehen also nicht der Persönlichkeit des Vorbild-Menschen voraus oder werden von außen an sie herangetragen, sondern sind Ausdruck seiner Persönlichkeit. Deshalb ist ihr Tun für sie auch nicht mit wirklicher Anstrengung oder Überwindung verbunden, sondern eher mit Lust und einer Art „höherem“ Zwang.

Das erste Lernziel ist deshalb, nicht dem Willen oder den Vorstellungen Anderer zu folgen, sondern unsere ureigensten Wünsche herauszufinden und uns auf die Verwirklichungskraft des wirklich ureigensten Wunsches zu verlassen. Wenn er wirklich im Einklang mit unserer momentanen Bedürfnislage ist, und wenn wir ihm nur ausreichend Raum geben, wird er seine eigenen Mittel und Wege finden, um sich zu realisieren. Die Leitfragen dabei sind: „Was will ich wirklich?“ oder „Was ist meine tiefste Sehnsucht?“

2. Die Phasen der Wunschverwirklichung

Welche natürlichen Wege sich anbieten, um unsere latenten Wünsche bewusst zu machen, wurde in den vorangegangenen Kapiteln besprochen. Jetzt soll es um die Frage der Verwirklichung des gefundenen Wunsches in unserem Leben gehen. Wieder folgen wir dabei den anfangs dargestellten Phasen des schöpferischen Prozesses, die von dem ersten Auftauchen eines Wunsches bis zu dessen Verwirklichung reichen. Die einzelnen Phasen des Prozesses sind allgemeingültig, und es besteht kein wesentlicher prinzipieller Unterschied darin, ob es sich dabei um ein mehr äußeres Wunschziel wie zum Beispiel den Erwerb eines neuen Autos oder das Finden eines Partners handelt, oder ob es um ein mehr inneres Wunschziel wie mehr Selbstsicherheit, tiefere Einsichten oder religiöse Erfahrungen geht.

Schöpferische Prozesse sind unpersönlicher Natur und jenseits moralischer Bewertung. Es hängt von uns ab, worauf wir unsere schöpferischen Energien richten. Die im folgenden beschriebenen Wunschverwirklichungsphasen können übrigens mehr oder weniger bewusst durchlaufen werden. Schöpferische Menschen vollziehen sie meist automatisch, ohne dass sie im Einzelnen jeweils wüssten, was sie da tun. Ihr häufig nur vage gespürter Wunsch treibt sie durch alle Verwirklichungsphasen hindurch, sodass sie vielleicht erst am Ende deutlich erkennen, was die eigentliche Natur ihres Wunsches war.

2.1 Wunschintensivierung: Die Vorbereitungsphase der Wunschverwirklichung

In dieser Phase geht es hauptsächlich darum, es dem Wunsch zu ermöglichen, einen immer größeren Raum in unserem Denken, Fühlen, Fantasieren und in unserer Seele einzunehmen, damit wir von ihm zunehmend ergriffen werden. Eine alte psychologische Erkenntnis besagt, dass die Wunschverwirklichungskraft mit der Stärke der an ihr beteiligten Emotion wächst. Was können wir also tun, damit der Wunsch immer mehr in den Mittelpunkt unseres Interesses rückt?

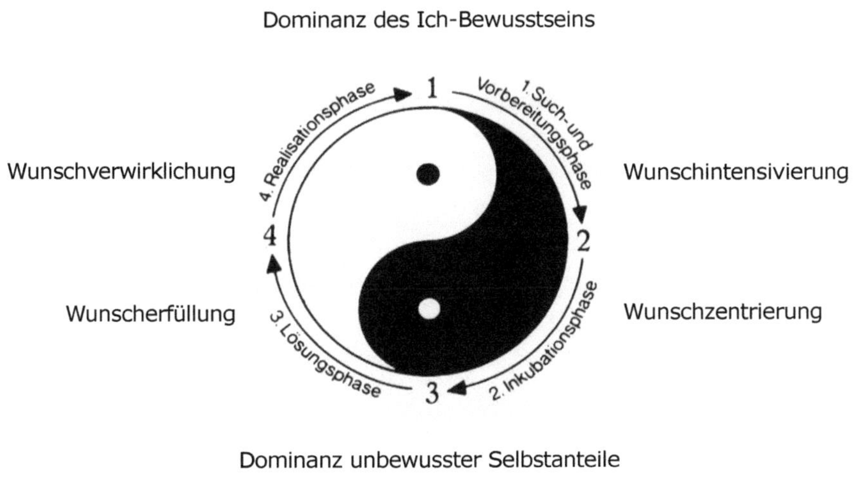

Abb. 4: Die Phasen der Wunschverwirklichung

2.1.1. Kreativen Freiraum schaffen

Ein wichtiger Schritt ist, die mit unserem Wunsch konkurrierenden Fakten und Verhaltensweisen so gut wie möglich zu reduzieren, um sich besser auf den Wunsch konzentrieren zu können. Wir müssen uns inneren Freiraum schaffen. Manche Menschen haben zu viele Wünsche und Projekte auf einmal, sodass sie sich verzetteln und ein Wunsch den anderen blockiert. Deshalb haben wir häufig das instinktive und durchaus sinnvolle Bedürfnis, vor der Inangriffnahme einer neuen Sache erst einmal die alten Sachen aufzuräumen und in Ordnung zu bringen.

2.1.2. Sich die Ängste und Widerstände bewusst machen

Hilfreich kann es sein, sich noch einmal die Widerstände und Abwehrmechanismen anzuschauen, die dem Wunsch entgegenstehen, indem wir uns überlegen, welche Schwierigkeiten sich einstellen könnten, wenn sich unser Wunsch tatsächlich realisieren würde.

Viele unserer Wünsche scheitern an den damit verbundenen Ängsten, Schuldgefühlen und Konflikten. In der Psychotherapie lässt sich gelegentlich beobachten, dass eigentlich recht begabte Klienten an ihrem Erfolg scheitern. Wenn sie kurz vor einem Erfolg stehen, wie zum Beispiel einem Ausbildungsabschluss, einer Beförderung, einer Gehaltserhöhung, oder wenn ihnen ein Mensch seine Zuneigung schenkt, dann schrecken sie zurück, versagen oder entwickeln Krankheitssymptome.

Erfolg bedeutet für sie dann nicht nur eine positive Aufwertung ihrer Persönlichkeit, sondern unbewusst auch eine unerlaubte Tabuüberschreitung (zum Beispiel: „Ich darf nicht erfolgreicher sein als mein Bruder), eine insgeheim befürchtete Zunahme von Neid, Rivalität und Aggressivität vonseiten der Mitmenschen oder Angst vor weiterer leistungsmäßiger Überförderung und Verantwortlichkeit.

2.1.3. Möglichst viele Informationen und Erfahrungsberichte zum Wunschthema sammeln

Bücher, Zeitschriften, Filme und Fernsehstücke können dazu dienen, Klarheit über die Angemessenheit und Problematik unseres Wunsches zu gewinnen. Je mehr Informationen wir über ihn sammeln, desto besser können wir einerseits unsere Abwehrmechanismen abbauen und andererseits unsere Motivation erhöhen.

2.1.4. Mit Gleichgesinnten zusammentun

Um entsprechende wunschhemmende Abwehrmechanismen zu erkennen und zu bearbeiten, ist es weiterhin sehr hilfreich, mit anderen Menschen, die Verständnis dafür haben, über die Wünsche und Schwierigkeiten der Verwirklichung zu sprechen. Überhaupt ist das regelmäßige Zusammentreffen mit Gleichgesinnten, der Aufbau einer kreativen Wunscherfüllungsgemeinschaft eine der wichtigsten Motivationshilfen. Hier kann man sich auch bestimmte Regeln geben, die dazu beitragen, sich gegenseitig zu ermutigen, anstatt sich zu entmutigen (vgl. z. B. die Regeln des Brainstorming).

2.1.5. Mentales Training

Wenn der Wunsch weitgehend erlaubt und auch ausreichend Raum für seine geplante Realisierung vorhanden ist, dann kann es hilfreich sein, ihn durch die folgenden Methoden des „mentalen Trainings" weiter emotional „aufzuladen". Allerdings gehen bezüglich der Bedeutung eines mentalen Trainings die Meinungen der Fachleute ein auseinander. Manche schwören darauf, manche glauben nicht daran, dass es besonders wirkungsvoll ist, insbesondere dann nicht, wenn es sich bei dem Wunschziel um nur etwas Oberflächliches handelt oder die entsprechenden Fähigkeiten, Begabungen oder realistischen Möglichkeiten zur Konkretisierung fehlen.

Im mentalen Training wird ein zu erreichendes Ziel in der Vorstellung erst intensiv geplant, ausgemalt und eingeübt, bevor es in der äußeren Realität verwirklicht wird. Das kann so aussehen, dass wir uns unseren Wunsch – am besten im entspannten Zustand, aber auch zu anderen geeigneten Gelegenheiten – vor Augen führen und uns dann ausfantasieren, wie es ist, wenn er realisiert sein wird. Je intensiver, positiver und lustvoller unsere Fantasie ist, desto besser. Wenn der Wunsch sehr umfassend ist, ist es meist sinnvoller, ihn in kleinere Teilschritte oder Teilwünsche zu zerlegen und erst dann zu dem nächsten Teilwunsch überzugehen, wenn der vorangegangene Wunsch realisiert ist. Die Verhaltenstherapie hat das systematische Einüben solcher abgestufter Lerneinheiten ausführlich beschrieben.

Neben dem wiederholten positiven Ausmalen des zu erreichenden Wunschzieles wird meist auch noch eine gleichzeitige formelhafte Bekräftigung (Affirmation) dieses Zieles empfohlen. Die Gestaltung der Formel folgt dabei am besten werbe- und suggestionspsychologischen Erkenntnissen. Hiernach sollte eine überzeugende, beeinflussende Formel weitgehend positiv (beim Autogenen Training heißt es beispielsweise „Ich bin ganz gelassen, ruhig und frei" und nicht: „Ich bin nicht mehr angespannt, nervös und ängstlich"), kurz, prägnant, rhythmisch, reimend, bestimmt, persönlichkeitsgemäß und mit einem Schuss Witz und Humor formuliert sein.

Das Wichtigste ist aber wohl, dass die Formel unserer eigenen Persönlichkeit entspricht und ein tatsächlich erreichbares Ziel ausdrückt. Globale Formulierungen wie „Mir geht es jeden Tag in jeder Hinsicht immer besser und besser“, wie sie noch Émile Coué, der Begründer der autosuggestiven Selbstbeeinflussung, vor über 100 Jahren empfahl, oder unbestimmte kosmische Größenfantasien wie „Ich werde eins mit den unendlichen Kräften des Universums, der Liebe und der Harmonie“ bleiben vermutlich unwirksam, weil sie einfach unrealistisch sind. Für kritische Menschen eignen sich gemäßigte, relative Formeln besser als absolute. Wenn wir nüchtern denken, dann können uns Autosuggestionen, in denen Begriffe wie „ganz“, „immer, „völlig“ oder „vollkommen“ vorkommen, nicht überzeugen. Auch unser Unbewusstes ist nicht naiv und leichtgläubig. „Ich bin vollkommen ruhig und entspannt“ oder „Ich stehe immer zu mir selbst“ sind für manche Menschen Formeln, an die sie nicht glauben können oder von denen sie sich überfordert fühlen, während ihnen Sätze wie „Ich bin angenehm ruhig und entspannt“ oder „Ich genieße es, zu mir selbst zu stehen“ annehmbarer erscheinen.

Wenn uns eine Formel durch vieles Wiederholen vertraut geworden ist, dann können wir sie auch auf ein oder zwei Begriffe reduzieren, zum Beispiel „Ruhe oder „Ich bin“.

Zusätzlich zu der plastischen, gefühlsgeladenen Zielvorstellung und der begleitenden formelhaften Bekräftigung, die bei passenden Gelegenheiten so häufig wie möglich in Gedanken wiederholt wird, kann man sich symbolische Objekte verfertigen und sie so ähnlich wie Talismane verwenden. Die symbolischen Objekte repräsentieren in konzentrierter, bildhafter Form unseren Wunsch und haben die Funktion, uns immer wieder an ihn zu erinnern. Es kann sich dabei um kleine Steine, Ringe, Kettchen, Bilder, Zeichen und Symbole handeln, die wir uns selbst hergestellt oder zumindest für den jeweiligen speziellen Wunsch erworben haben.

Ein Kursteilnehmer im Autogenen Training erzählte, er habe sich überall, wo er häufiger hinschaue – Badezimmerspiegel, Armaturenbrett im Auto, Telefonhörer im Büro – kleine bunte Papier-Schmetterlinge hingeklebt, die ihn daran erinnern sollten, dass er sich um einen heiteren, gelasseneren Gemütszustand bemühen wolle. Ein anderer trug einen kleinen Stein bei sich, den er häufig in die Hand nahm und der ihn ermutigen sollte, nicht immer so nachgiebig zu sein und bei eigenen berechtigten Ansprüchen auch einmal „hart" zu bleiben. Ein Knoten im Taschentuch gemahnte eine Teilnehmerin, in Gesprächen konzentrierter zu sein und schneller auf den Punkt zu kommen, anstatt ihre Gesprächspartner mit weitschweifigen Gedankengängen zu ermüden. Diesen Beispielen können wir auch entnehmen, dass es erfolgversprechender ist, sich kleine, in einer bestimmten überschaubaren Zeitspanne auch wirklich realisierbare Wünsche vorzunehmen, als sich um die Verwirklichung großartiger und ferner Wünsche zu bemühen. Diese sollten eher im Hintergrund wirken und die Richtung der kleineren Teilwunschschritte bestimmen.

2.1.6. Kreatives Gestalten und probehandeln

Schließlich lässt sich die Wunschvorstellung, besonders wenn es um seelische Veränderungen geht, nicht nur in der Fantasie ausmalen, sondern auch spielend und künstlerisch gestalten (Malen, Tonen, Schreiben), im Rollenspiel probehandelnd durchüben oder als Ritual zelebrieren. Je mehr der ganze Mensch in die Wunschfantasie einbezogen wird, desto wirksamer ist sie (vgl. dazu die zusammenfassende Darstellung im Anhang). ??

2.2 Die „magische" Zeit der Wunschintensivierung (Inkubationsphase der Wunschverwirklichung)

Die verstärkte Beschäftigung mit unserem Wunsch erreicht irgendwann einmal ein Stadium, in dem er uns so stark bewegt, dass wir nicht mehr aufhören können, an ihn zu denken. Immer wieder, bei allen möglichen und unmöglichen Gelegenheiten, taucht er in uns auf, ergreift uns, begeistert uns, aktiviert und beflügelt unsere Fantasie. Wir „gehen mit ihm um", oder besser: Er geht mit uns um. Er hat jetzt die nötige emotionale Intensität erreicht, um seine Verwirklichung bei entsprechender Geduld wahrscheinlich zu machen. Die alten Alchemisten meinten, die Wandlungssubstanz müsse in dieser Phase einer mäßigen, aber kontinuierlichen Hitze ausgesetzt werden, und verglichen sie mit der Bebrütung eines Eies oder mit dem Verlauf einer Schwangerschaft.

Psychologisch heißt das, dass in dieser Phase das Interesse an dem Wunsch und das Bemühen um seine Verwirklichung beständig aufrechterhalten wird, während gleichzeitig kein zu großer Erfolgsdruck herrschen darf, der eine gute Ausreifung des Wunsches verhindern würde. „Gut' Ding will Weile haben", sagt der Volksmund. Hierher gehört auch, dass man seinen Wunsch nicht an die große Glocke hängt und allen möglichen Leuten davon erzählt. Zweifel und Kritik von verständnislosen Mitmenschen könnten ihn lähmen, wohingegen die Besprechung mit einem wohlwollenden Partner oder Freund, der womöglich gleiche Interessen hat, ihn zu fördern vermag.

Indem man mit seinem Wunsch weiterhin „schwanger geht" und ihn „in seinem Herzen bewegt", steigert sich die Sensibilität für die Möglichkeiten seiner Realisierung. Es kann einen dann fast magisch anmuten, dass man immer öfter auf Dinge, Artikel, Bücher und Menschen stößt, die irgendwie mit dem eigenen Wunsch zu tun haben. Manche Menschen glauben deshalb, dass dem ausdauernd gewünschten Wunsch so etwas wie eine magnetische Kraft innewohne, sodass von ihm alles angezogen werde, was ihm entspreche.

Bei dieser Vorstellung handelt es sich vermutlich um eine Fehldeutung. Der Wunsch zieht nicht die ihm entsprechenden Dinge herbei, sondern unsere gesteigerte Aufmerksamkeit und Wahrnehmung für Belange, die mit unserem Wunsch zusammenhängen, lässt uns – durchaus auch unbewusst – uns von solchen Dingen und Situationen angezogen fühlen, die mit ihm irgendetwas zu tun haben. Wie auch immer, es ist eine Zeit, in der sich viel Merkwürdiges an überraschenden „Zufällen" ereignen kann.

Deshalb heißt es jetzt, wachsam zu sein für plötzlich sich ergebende Gelegenheiten, auch wenn sie unscheinbar sind. Lieber einer Spur zu viel nachgegangen, als an der entscheidenden Spur vorbeigelaufen.

Dennoch sollten die sich bietenden Verwirklichungschancen sorgsam und besonnen geprüft werden. Vieles erscheint aufgrund des starken inneren Erwartungsdruckes positiver, als es wirklich ist. Aber eigentlich sind wir damit schon in der nächsten Phase.

2.3 Wunscherfüllung (Lösungsphase der Wunschverwirklichung)

Irgendwann, meist eher „zufällig" und überraschend, taucht die Möglichkeit der Erfüllung des Wunsches auf. Manchmal gerade zu Zeiten und an Orten, an denen man am wenigsten damit gerechnet hätte.

Geistige Problemlösungen kommen z. B. häufig morgens nach dem Aufwachen, dem Aufstehen, auf der Toilette, unter der Dusche oder bei anderen alltäglichen Verrichtungen, die nicht so viel Konzentration erfordern. Diese Einfälle und Gedanken sollten so schnell wie möglich zu Papier gebracht werden, weil gerade in den noch etwas benommenen Nachschlafzuständen am Morgen die Gedanken – ähnlich wie Träume – noch sehr flüchtig sind und schnell vergessen werden können. Von Künstlern und Wissenschaftlern ist bekannt, dass sie Lösungen ihrer Probleme auch im Traumzustand oder in anderen entspannten Zuständen erhielten. In Bezug auf mehr äußere Wunscherfüllungen gilt ähnliches. Häufig treten sie unerwartet auf Sie müssen deshalb gleich festgehalten und auf ihre Verwertbarkeit hin untersucht werden.

Manche Menschen glauben allerdings, dass ihnen gerade äußere, materielle Wunscherfüllungen in den Schoß fallen und sie nichts mehr weiter zu tun hätten. Das ist natürlich naiver Kinderglaube. Wenn sich jemand beispielsweise ein neues Auto gewünscht hat, dann wird er nicht plötzlich eines geschenkt bekommen. Die Wunscharbeit wird ihn höchstens dahin führen, jenes Auto zu finden, das unter den gegebenen finanziellen und sonstigen Umständen die beste Möglichkeit für ihn darstellt. Geld bezahlen oder sonstige Arbeitsaufwendungen leisten wird er dennoch müssen, auch wenn die magische Wunscherfüllungsliteratur gerne von überraschenden Geschenken, Erbschaften, Lotteriegewinnen und sonstigen plötzlich zufallenden Reichtümern berichtet.

2.4 *Wunschgestaltung (Realisierungsphase der Wunschverwirklichung)*

Nachdem sich eine geeignete Möglichkeit der Wunscherfüllung ergeben hat, muss jetzt alles getan werden, diese vollständig in die Realität umzusetzen. Beim Wissenschaftler mag dies heißen, dass er seine neue Hypothese oder Theorie der Überprüfung im Experiment und in der Praxis unterzieht, bei demjenigen, der sich ein Auto wünschte, mag dies heißen, dass er sich das Auto nun kauft, und bei demjenigen, der sich um eine Persönlichkeitserweiterung bemühte, dass er die neue Verhaltensweise im Alltag immer wieder zeigt, bis sie ihm in Fleisch und Blut übergegangen ist. Die Gefahr für flüchtige Menschen besteht in dieser Phase darin, dass die gefundene Möglichkeit zwar wahrgenommen und ansatzweise auch realisiert, aber nicht konsequent und ausdauernd genug durchgehalten wird, was dann nur zu geringen Erfolgen oder gar Rückschlägen führt.

In Bezug auf Persönlichkeitsveränderungen beginnen sich jetzt die erwünschten und vorher in der Fantasie, im Rollenspiel oder Ritual durchgeübten Einstellungen und Verhaltensweisen auch im Alltag zu zeigen. Hier ist es allerdings häufig so, dass der Übergang von der Inkubations- zur Erfüllungsphase fließend ist und wir selbst von der Veränderung weniger merken als unsere Umwelt. Manchen geschieht es zu ihrer eigenen Verwunderung, dass ihnen von Mitmenschen das Kompliment gemacht wird, sie hätten sich irgendwie verändert, sie wirkten z. B. ausgeglichener und entspannter, zufriedener, sähen besser aus. In anderen Fällen aber muss man sich auch direkt darum bemühen, das gewünschte Verhalten jetzt endlich in die Tat umzusetzen. Das gilt besonders für solche neuen Verhaltensweisen, die mit größere Angst oder stärkeren Widerständen verbunden sind.

3. Die Wunschverwirklichung bei Bastian

In der *Unendlichen Geschichte* stellen sich die vier beschriebenen Wunschverwirklichungsphasen etwa folgendermaßen dar (wobei wir uns allerdings vor Augen halten sollten, dass sich *Bastian* seines wahren Wunsches gar nicht bewusst ist; deshalb überschneiden sich hier die früher dargestellten Phasen der Wunsch-Findung mit denen der eben dargestellten Phasen der Wunschverwirklichung):

In der Vorbereitungsphase wird *Bastian* aus Angst und Leid in das Antiquariat des Buchhändlers *Koreander* getrieben. Er sucht unbewusst nach einer Lösung aus seiner schwierigen Situation. Er möchte der inneren Auflösung und Selbstentfremdung entgehen, er möchte eine stärkere Identität erwerben, mit der er den Anfeindungen seiner Klassenkameraden gewachsen ist, und er möchte einen Zugang zu seinem Vater finden, der sich ihm in seiner Trauer verschlossen hat.

Bei seiner Suche stößt er auf das Buch mit der „Unendlichen Geschichte, das ihn sogleich magisch fasziniert. Das Buch repräsentiert seine unbewussten Ängste, Sehnsüchte und Wünsche. Er spürt, dass es *sein* Buch ist. Die unbewusste Hoffnung und der Wunsch, das Buch könne ihm helfen, lässt ihn das Buch stehlen und sich auf den Speicher seines Schulhauses zurückziehen. Er stellt alle seine moralischen Bedenken (Diebstahl des Buches, Schwänzen des Unterrichts, Sorge des Vaters) zurück und schafft sich ausreichend Raum für die Auseinandersetzung mit seinen Wünschen (Wunschintensivierung).

In der Inkubations- oder Latenzphase lässt sich *Bastian* erst widerstrebend, dann allzu nachgiebig in die *Unendliche Geschichte* hineinziehen und in das fantastische Geschehen verwickeln. Schließlich gibt es für ihn nur noch die *Unendliche Geschichte*, er ist ganz mit ihr identifiziert. In seiner Fantasie probiert er neue Verhaltensweisen aus, geht heimlichen Wünschen nach, erleidet Angst, Größenwahn und Depression und kommt nach vielen Gefahren und Irrwegen allmählich seinem wirklichen Bedürfnis immer näher. Er macht einen Prozess durch, den man als eine Mischung aus Traumarbeit, Imagination, Mentalem Training, künstlerischem Gestalten und Psychodrama bezeichnen könnte.

Er geht dabei aber vor allem seinen individuellen Weg: den Weg seiner Wünsche und spontanen Eingebungen. Erst gegen Ende der *Unendlichen Geschichte* beginnt er, deutlicher sein wahres Bedürfnis zu spüren: Er möchte Geborgenheit und Liebe erfahren, und schließlich möchte er selbst lieben lernen.

In der Lösungsphase erfüllt sich dann sein Wunsch, obwohl seine Lage aussichtslos erschien: Er taucht in die Wasser des Lebens ein und erfährt die tiefe Freude, die aus der Fähigkeit erwächst, sich selbst und die Mitmenschen zu lieben. Er hat seine Identität gefunden und möchte kein anderer mehr sein als der, der er ist.

In der Realisierungsphase kehrt er dann aus *Phantásien* zurück. Es gelingt ihm, einige seiner neu erworbenen Eigenschaften auf das Alltagsleben zu übertragen (Mut, Schmerztoleranz, Eigenverantwortung) und seinen Vater aus dessen emotionaler Erstarrung zu erlösen. Eines Tages wird er sich wieder auf den Weg nach *Phantásien* machen, und damit wird sich der Kreislauf der Wunschverwirklichung erneut vollziehen.

Und die Welt hebt an zu singen …

Bisher haben wir es hauptsächlich mit zwei Aspekten zu tun gehabt, die das Ziel der Suche nach dem Wasser des Lebens bildeten: die Selbstfindung bzw. Selbst-Verwirklichung und das schöpferische Leben. Beide Aspekte, so hatten wir gesehen, sind eng miteinander verbunden. Das Finden unserer „wahren" Identität im Selbst führt zum sinnerfüllten, schöpferischen Leben, und das schöpferische Leben vermittelt uns Identität, ja die „wahre" Identität ist eine schöpferische, sich mit dem Lebensprozess ständig wandelnde Identität. Es gibt aber noch einen dritten Aspekt, der ebenfalls in einem innigen Zusammenhang mit den beiden vorgenannten Aspekten steht, aber dennoch gesondert berücksichtigt werden soll, weil er den Akzent auf eine Lebenseinstellung setzt, die bisher wenig beschrieben wurde. Er soll hier das „symbolische Leben" genannt werden. Um ihn besser zu verstehen, seien die bisherigen Gedankengänge zur Selbstfindung und zum schöpferischen Leben noch einmal zusammengefasst.

Der Ausgangspunkt war die Problematik der Selbstentfremdung und der Sinnlosigkeit, von der der moderne Mensch trotz Wohlstand und relativ großer Freiheit befallen ist. Als symbolische Antwort darauf hatte ich gesagt, dass wir einen Zugang zum Wasser des Lebens finden müssen. Darunter verstanden wir die Fähigkeit zum schöpferischen Leben, in der unsere individuellen Bedürfnisse mit denen unserer Mitmenschen und der Umwelt in ein ausgewogenes Verhältnis gebracht werden.

Der erste Schritt dorthin ist die Selbsterkenntnis, die Einsicht in unsere Bedürfnisse, Sehnsüchte und Wünsche, in unsere Eigenart, unsere Vorzüge und Mängel und in jene Programmierungen, Einflüsse und Kräfte, die uns davon abhalten, ein authentisches Leben zu leben.

Der zweite Schritt ist die grundsätzliche Bejahung unserer Eigenart und unseres So-Seins, und der dritte Schritt besteht in der mutigen Verwirklichung dieser Eigenart im alltäglichen Leben. Wir hatte dabei gesehen, dass die Verwirklichung des individuellen Menschen, das, was C. G. Jung den Individuationsprozess genannt hat, niemals unabhängig vom Austausch mit anderen Menschen und der Umwelt ablaufen kann, sondern im Gegenteil darauf angewiesen ist. Auch verdanken wir das, was wir als Identität bezeichnen, in hohem Maße unserem kulturell-gesellschaftlichen Erbe. Dementsprechend führt die Selbstfindung nicht nur zu einer erhöhten Eigenverantwortlichkeit und Autonomie, sondern auch zu einer besseren Beziehungsfähigkeit, zu einer toleranten, liebevollen Mitmenschlichkeit und einem ausgeprägten sozialen Verantwortungsbewusstsein.

Als praktischer Zugang zu unserem kreativen Potenzial bieten sich dem natürlichen Funktionieren unserer Seele entnommene Methoden der Assoziation, des Focusing, der Traumarbeit, der Imagination, des Spielens und die kreativen Gestaltungsmethoden (Malen, Tanz, Musik ect.) an. Durch unmittelbares In-uns-Hineinhorchen und -Hineinfühlen, mithilfe intuitiver Einfälle und spontaner Symbolbilder ist es möglich, unbewusste Bedürfnisse, Eigenschaften und Möglichkeiten wahrzunehmen, gegebenenfalls einzuüben und auf das alltägliche Leben zu übertragen. Indem auf diese Weise unser äußeres Verhalten und unsere Umweltgestaltung mit den Bedürfnissen unseres Wesens in Einklang gebracht werden, hebt sich die Selbst- und Weltentfremdung auf. Die Welt wird wieder unsere Welt, ebenso wie unser Körper und unser Seelenraum wieder zu Bereichen werden, in denen wir uns heimisch fühlen.

Auch wenn wir nicht in der Lage sind, den letzten Sinn des Universums und unserer Existenz herauszufinden, und damit leben müssen, dass es diesen letzten Sinn möglicherweise gar nicht gibt, sondern dass alles nur schöpferisches, pures Sein ohne letztes Ziel ist, können wir doch unseren individuellen Sinn gestalten. Der Sinn kann nicht gefunden werden wie etwas, das irgendwo schon vorhanden ist, sodass man nur an den entsprechenden Ort zu gehen hätte, um ihn zu entdecken. Der Sinn muss schöpferisch gestaltet werden, er entsteht erst in der Auseinandersetzung mit unseren inneren Möglichkeiten und den äußeren Gegebenheiten.

Die Heilung der Entfremdung und die persönliche Sinnfindung ist mit vielen Ängsten, Konflikten und Schwierigkeiten verbunden. Da sich unser ungelebtes Leben in einem noch undifferenzierten, ungeübten Zustand befindet, ist seine Realisierung anfangs noch unbeholfen, grob und häufig auch übertrieben, sodass wir oft das Risiko der Ablehnung durch unsere Umwelt eingehen müssen. Auch besteht die Gefahr, von einem Extrem ins andere zu fallen, wodurch sich eine neue Spaltung bildet. Schließlich können uns neue Einsichten zu einem Größenwahn verleiten, in dem wir uns reifer, erhabener und wertvoller als unsere Mitmenschen vorkommen, was uns wiederum von ihnen entfremdet.

Der entscheidende Schlüssel zur Überwindung all dieser Ängste und Gefahren liegt in der Relativierung unserer Vorstellung von unserem „Ich". Diese Relativierung stellt nur vordergründig ein Opfer und eine Einschränkung dar, im tieferen Sinne ist sie eine Entlastung und Befreiung von Inhalten und Aufgaben, die uns aufgebürdet werden und die uns krank machen. Wie ein Adler, der von seinen Fesseln, oder ein Mensch, der von der ihn niederdrückenden Last eines Riesenkreuzes befreit wird, können wir uns erst dann zu unserer wahren „Größe" und „Stärke" entfalten, wenn der Druck des Größenwahns und der Allmacht von uns genommen wird. Was zuvor vielleicht als Stärke imponierte, entpuppt sich im Nachhinein als Verhärtung und Verkrampfung. Wenn wir von uns nicht mehr verlangen, übermenschliche Ideale zu erfüllen, wenn wir nicht mehr die Größten und Besten sein wollen und wenn wir nicht mehr meinen, alle Schöpfungsrätsel lösen und die Welt von allem Übel befreien zu *müssen*, sondern wenn wir uns wirklich zutiefst als der annehmen, ertragen und lieben können, der wir sind, dann können die Wasser des Lebens in uns beginnen, ihr jubelndes Lied der Freude zu singen.

Durch die Relativierung des Ich kommt alles an den rechten Ort und erhält alles seinen richtigen Stellenwert. Die Außenwelt wird nicht mehr missbraucht, um Defizite des Selbstwertgefühls zu kompensieren; Körper, Triebe und Eigenschaften der menschlichen Seele müssen weniger bekämpft und verdrängt werden, und das Ich-Bewusstsein kann seine vermittelnde, ausgleichende und integrierende Funktion voll entfalten. So befindet sich der Mensch im Gleichgewicht mit seiner inneren und der äußeren Natur. Aus dieser Versöhnung von Innen und Außen erwächst ihm dann ein Gefühl von gelassener Heiterkeit, Güte und Frieden.

Aber damit sind die Grenzen des schöpferischen Lebens noch nicht erreicht. Im Prozess der Selbstfindung und der Individuation kommt es durch die erhöhte Selbsterkenntnis und die Rücknahme verschiedener Projektionen, mit denen Inhalte der Innenwelt die Außenwelt täuschend überlagert haben, zu einem höheren Realitätsbewusstsein. Durch diese Ent-Täuschung, so hilfreich und notwendig sie für ein angstfreies, schöpferisches Leben auch ist, verliert das Leben oft auch etwas von seinem Zauber, seiner Faszination und dem Wunderbaren. Es stellt sich deshalb die Frage, ob es möglich ist, die Welt wieder zurückzuverzaubern, sie nicht nur mit einem nüchternen, wissenschaftlichen, sondern auch mit einem „magischen" Blick betrachten zu lernen.

Joseph von Eichendorff dichtet:

Schläft ein Lied in allen Dingen,
die da träumen fort und fort,
und die Weit hebt an zu singen,
triffst du nur das Zauberwort.

Was ist das für ein Zauberwort, das die Romantiker suchten und mit dem sie die Welt zum Singen bringen wollten? Worin liegt der Schlüssel, der uns das Wunder unseres Lebens erschließt? Dieses „Zauberwort" lässt sich unterschiedlich deuten und sollte auch nicht eindeutig festgelegt werden. Es kann für jeden Menschen zu verschiedenen Zeiten etwas anderes bedeuten, z. B. Achtsamkeit, Staunen, Kindlichkeit, Offenheit für die Tiefenschichten der Seele usw.

Von Michael Ende wird uns mit der *Unendlichen Geschichte* nahegelegt, dass Aspekte dieses „Zauberwortes" Fantasie, Imagination, poetisches, bildhaftes, symbolisches Denken und Liebe heißen. Und diese Fähigkeit der Fantasie findet sich besonders reich noch, wie wir wiederholt gesehen haben, in der Kindheit. Michael Ende verbindet mit dem „Kindlichen in uns“ den Teil des Menschen, der ihn schöpferisch macht, der die Fähigkeit hat, zu staunen, zu fragen, sich zu begeistern und betont:

> *Ich schreibe überhaupt nicht für Kinder. So wenig, wie Marc Chagall für Kinder malt, obwohl seine Malerei oft „kindlich“ aussieht. Ich schreibe für „das Kind in uns allen“, das schöpferisch ist und fähig, Schicksal zu erleben – wofür sonst lohnte es sich, zu schreiben? Und worüber sonst?* [32]

Das ursprüngliche Welterleben des Kindes ist magisch geprägt und es muss diese magische Wirklichkeit sinnvoller und notwendigerweise zugunsten einer rationalen Weltauffassung verlassen. Dies ermöglicht ihm ein besseres, freieres und realitätsangepassteres Leben in unserer Gesellschaft. Allerdings hat die rationale Vernunft, mit der diese größere Freiheit und Selbstständigkeit gewonnen wird, den Nachteil, dass sie aufgrund ihrer analytischen Vorgehensweise die Welt in Einzelteile zerlegen muss und übergeordnete Zusammenhänge leicht aus dem Auge verloren werden. Es besteht die Gefahr, dass Welt und Mensch, wenn sie nur rational und analytisch betrachtet werden, in unzusammenhängende und dadurch sinnlos erscheinende Bruchstücke zerfallen und deshalb so enttäuschend sind wie ein Spielzeug, das man als Kind neugierig auseinandergenommen hat und nicht mehr richtig zusammensetzen konnte, wodurch es seinen Reiz und Sinn verlor.

Das poetische, bildhafte, symbolische Denken hingegen arbeitet nicht nach den Prinzipien der Analyse und der Unterscheidung, sondern mit denen der Ähnlichkeit, Beziehung und Synthese. Es stiftet Zusammenhänge, es weist auf Gemeinsames hin, es verbindet Gegensätzliches, es weist auf die umfassende Einheit und Ganzheit der Existenz hin. Indem wir also mithilfe der beschriebenen Methoden des nach-Innen-Fragens, der Assoziation, der Traumarbeit und der Imagination unser symbolisches Denken üben, erlauben wir es den Ganzheitstendenzen unserer Seele, sich in bildhafter Form darzustellen und sich wieder neu zu projizieren. Dadurch ließe sich immer mehr verbindender Sinn in unserem Leben wahrnehmen.

Um Missverständnissen vorzubeugen: Es handelt sich bei dieser Art von „Wiederverzauberung" der Welt nicht um ein blindes Zurückfallen in abergläubische Verhaltens- und Denkweisen, bei denen wir wieder beginnen, an Gespenster zu glauben und Hexenjagden zu veranstalten. Es handelt sich vielmehr darum, unseren rationalen Blick zu ergänzen durch die Möglichkeit des „symbolisch-magischen Blickes", der die Welt in einer mehr poetisch-dichterischen Weise wahrnimmt. Ein solcher Wechsel der Betrachtungsweise hätte einen spielerischen, kreativen, ja auch humorvollen Charakter. Es wäre ein „Tun-Als-ob". Das könnte so aussehen, dass wir uns in bestimmten Situationen dazu entscheiden würden, die Welt magisch zu betrachten. Dabei würden wir mithilfe unserer Fantasie einfach so tun, als lebten wir in einer magischen Welt, als hätten die Menschen, die Begegnungen und Ereignisse einen symbolischen Gehalt wie die Vorgänge im Traum, die auf einen tieferen, verborgenen Sinn hinweisen. Wir würden das Leben wie ein Dichter als ein großes Gleichnis auffassen, in dem alles auf geheimnisvolle Weise miteinander verwoben ist.

Was wir bei rationalem Blick als Zufall erklären würden, erschiene unter „magischem Blick" als sinnvoll, als Fügung, Lenkung, als geheimnisvolles Omen. Die uns umgebenden Gebrauchsgegenstände wären wie beseelt, es schiene, als hätten sie einen eigenen Willen, als könnte man mit ihnen sprechen und auf ihre Antwort warten. Alltägliche Routinehandlungen würden zu Ritualen und Zeremonien, die uns das Gefühl gäben, in einem höheren Ganzen eingebettet zu sein. Wir wüssten von Orten der Macht, von Pflanzen der Kraft und von Tieren, die mit unserer Seele in Verwandtschaft stehen. Im Rauschen des Windes glaubten wir die Stimmen der Windgeister zu hören, im Donnern und Blitzen das Walten mächtiger Dämonen zu sehen und im Murmeln des Baches die Weisheit der Natur zu vernehmen.

Es ist mir sehr wichtig, nochmals zu betonen, dass diese magische Sichtweise ein „Tun-Als-ob" wäre, eine Art magische Poesie, die nur hier und da ergänzend zur rational-wissenschaftlichen Sichtweise eingesetzt würde. Wie wir ja wissen, ist auch unsere moderne Welt noch voller wirklichem Aberglauben, oft grausamer magischer Sitten und Gebräuche, und es wäre für uns durch das Üben des „magischen Blickes“ ganz schnell möglich, wieder in ein naives abergläubisches Denken mit all den finsteren Folgen der Intoleranz, der Angst und der Dummheit zu verfallen. Ganz dicht unter unserer rationalen Bewusstseinsebene liegt die allzu leicht zu aktivierende Schicht des magischen Bewusstseins, und es wäre ein gewaltiger Rückschritt, wenn wir uns wieder ganz mit ihr identifizieren würden. Auch hier kann uns *„Die unendliche Geschichte* eine Mahnung und Orientierung sein. Die magisch-symbolische Wirklichkeit kann nur dann unsere alltägliche Weltsicht beleben, erweitern, vertiefen und mit Zauber und Faszination erfüllen, wenn sie nicht mit der äußeren Realität verwechselt wird. Bevor *Bastian* in seine Menschenwelt zurückkehrt, muss er alle phantásischen Eigenschaften ablegen und in *Phantásien* zurücklassen.

Beide Welten müssen zwar gut voneinander unterschieden werden, aber man muss auch in beiden abwechselnd leben können, damit die Wasser des schöpferischen Lebens ihre ganze Wirkung entfalten können.

Lassen wir nun zum Abschluss noch einmal Michael Ende zu Worte kommen:

> *Die schöpferische Kraft im Menschen vermehrt, stärkt, steigert das Sein, mit dem sie in Berührung kommt, ganz gleich in welchem Beruf. Sie ist die Fähigkeit des Menschen, die Wirklichkeit des Seienden vollkommen zu machen. Deshalb ist die schöpferische Kraft die höchste aller menschlichen Kräfte. Sie lässt sich allerdings weder begründen, noch erlernen, aber ich bin davon überzeugt, dass sie in jedem Menschen angelegt ist, dass darin seine wahre Gottähnlichkeit liegt – oder auch seine Identität mit Gott. Die höchste Form dieser schöpferischen Kraft ist die Liebe.*[35]

Anmerkungen und Literatur

1. Aristoteles: Nikomachische Ethik, Tugend, 8., Jena, 1909, S. 38 .
2. Buddha: Anguttara Nikaya III, 66 Lehrreden des Buddha aus der angereihten Sammlung. Der Ursprung der angegebenen Übersetzung konnte nicht gefunden werden. Gefunden wurde eine etwas andere Übersetzung, die sich mit folgendem Wortlaut findet in: Govinda, Anagarika: Einsichten eines Pilgers im Himalaya, S. 86: „Geht, Kalamer, nicht nach Hörensagen, nicht nach Überlieferungen, nicht nach Tagesmeinungen, nicht nach der Autorität heiliger Schriften, nicht nach bloßen Vernunftgründen und logischen Schlüssen, nicht nach erdachten Theorien und bevorzugten Meinungen, nicht nach dem Eindruck persönlicher Vorzüge, nicht nach der Autorität eines Meisters! Wenn ihr aber, Kalamer, selber erkennt: Diese Dinge sind heilsam, sind untadelig, werden von Verständigen gepriesen und unternommen, führen sie zu Segen und Wohl, dann, o Kalamer, mögt ihr sie euch zu eigen machen."
3. Ende, M.: Die unendliche Geschichte, Stuttgart: Thienemann 1979.
4. a. a. O., S. 53 f.
5. a. a. O., S. 416.
6. a. a. O. S. 413.
7. a. a. O., S. 392.
8. a. a. O., S. 426.
9. a. a. O., S. 143 f.
10. a. a. O., S. 227.
11. a. a. O., S. 227 f.
12. a. a. O., S. 43.
13. a. a. O., S. 199.
14. a. a. O., S. 392.
15. a. a. O., S. 170 f.
16. a. a. O., S. 189.
17. a. a. O., S. 190.
18. a. a. O., S. 182.
19. a. a. O., S. 59 f.
20. a. a. O., S. 95.
21. a. a. O., S. 195.
22. a. a. O., S. 227.
23. a. a. O., S. 234.
24. a. a. O., S. 405.
25. a. a. O., S. 35.
26. a. a. O., S. 405.

27. a. a. O., S. 198.
28. a. a. O., S. 247.
29. a. a. O., S. 237.
30. a. a. O., S. 328.
31. a. a. O., S. 347.
32. Ende, M.: Brief an E. C. vom 20.02.1987. Zit. n. wikipedia.org „Inhalt und Interpretation der unendlichen Geschichte."
33. Ende, M.: Michael Ende, Brief an eine Leserin vom 25. Oktober 1981. Zit. n. wikipedia.org „Inhalt und Interpretation der unendlichen Geschichte."
34. Ende, M.: Aus dem Nachlass. Zit. n. wikipedia.org „Inhalt und Interpretation der unendlichen Geschichte."
35. a. a. O.
36. a. a. O.
37. Hesse, H.: Mit Hermann Hesse durch das Jahr, Frankfurt; Suhrkamp 1976.
38. Gendlin, E.: Focusing, Salzburg 1981; weitere Literatur siehe: wikipedia.org.
39. Jung C. G. und Richard Wilhelm: Das Geheimnis der goldenen Blüte: Ein chinesisches Lebensbuch. Mit einem europäischen Kommentar von Carl Gustav Jung, aus d. Chines. übers. u. Erläuterungen von Richard Wilhelm, Zürich: Rascher, (1965), S. 114.
40. Jung, C. G.: Aion. Ges. Werke 9/2, Walter: Freiburg 1973.
41. Jung, C. G.: Zur Psychologie des Kind-Archetypus. In: Die Archetypen und das kollektive Unbewusste. Ges. Werke 9/1, Walter, Freiburg 1976.
42. Jung, C. G.: Zum psychologischen Aspekt der Korefigur. In: Die Archetypen und das kollektive Unbewusste. Ges. Werke 9/1, Walter: Freiburg 1976. S. 356.
43. Jung, C. G.: Zum psychologischen Aspekt der Korefigur. In: Die Archetypen und das kollektive Unbewusste. Ges. Werke 9/1, Walter: Freiburg 1976. (13, S . 352).
44. Jung, C. G: Psychologie und Alchemie. Ges. Werke 12, Walter: Freiburg 1972, S. 83.
45. Jung, C. G.: Vom Werden der Persönlichkeit. In: Über die Entwicklung der Persönlichkeit. Ges. Werke 17, Walter: Freiburg 1972, S. 134 f.
46. Jung, C. G.: Vom Werden der Persönlichkeit. In: Über die Entwicklung der Persönlichkeit. Ges. Werke 17, Walter: Freiburg 1972, S. 197.
47. Jung Psychologie und Alchemie. Ges. Werke 12, Walter: Freiburg 1972, S. 80 f.
48. Jung, C. G.: Erinnerungen, Träume, Gedanken von C. G. Jung. Aufgezeichnet und herausgegeben von Aniele Jaffé, Zürich 1962, S. 177.
49. a. a. O.: S. 188 ff.
50. Lao Tse: Tao Te King. Übersetzung: Richard Wilhelm. Diederichs, Spruch 2.

51. Leuner, H.: Lehrbuch des Katathymen Bilderlebens. Bern 1985. Weitere Literatur zum Thema: Kast, Verena: Imagination - Zugänge zu inneren Ressourcen finden. Stuttgart: Patmos 2012; Ullmann, Harald [Hrsg.] ; Wilke, Eberhard [Hrsg.]: Handbuch Katathym Imaginative Psychotherapie (KIP). Bern: Huber 2012; Reddemann, Luise: Imagination als heilsame Kraft. Stuttgart: Klett-Cotta 2008; Seifert, Ang Lee; Seifert, Theodor, Schmidt, Paul: Der Energie der Seele folgen : gelassen und frei durch aktive Imagination. Stuttgart: opus magnum 2012
52. Montagu, A.: Zum Kind reifen, Stuttgart 1984. Weitere Bücher zum Thema: Abrams, Jeremiah (Hrsg.): Das innere Kind befreien: die Wiederentdeckung unserer ursprünglichen kreativen Persönlichkeit und ihre zentrale Bedeutung für unser Erwachsenenleben. München, Scherz 1993; Bradshaw, John: Das Kind in uns. München: Droemer Knaur 1992; Herbold, Willy ; Sachsse, Ulrich; Bolle, Ralf ; Reichel, Anja-Maria: Das so genannte Innere Kind : vom Inneren Kind zum Selbst. Stuttgart; Schattauer 2012.
53. Müller, L.: Das tapfere Schneiderlein. Stuttgart: opus magnum 2011
54. Müller, L.: Der Held. Jeder ist dazu geboren. Stuttgart: opus magnum 2013
55. Müller, L., Knoll, Dieter: Ins Innere der Dinge schauen. Selbst-Erfahrung und schöpferisches Leben mit Symbolen. Stuttgart: opus magnum 2012; weitere Werke: Adam, Uwe: Therapeutisches Arbeiten mit Träumen: Theorie und Praxis der Traumarbeit. Berlin: Springer 2012; Dieckmann, Hans: Umgang mit Träumen. Stuttgart: opus magnum 2003; Schnocks, Dieter: Was unsere Träume sagen wollen. Freiburg: Herder 2007.
56. Neumann, E.: Ursprungsgeschichte des Bewusstseins, Zürich: Rascher 1949 .
57. Werle, F: Kosmos und Psyche, Weilheim: 1962.

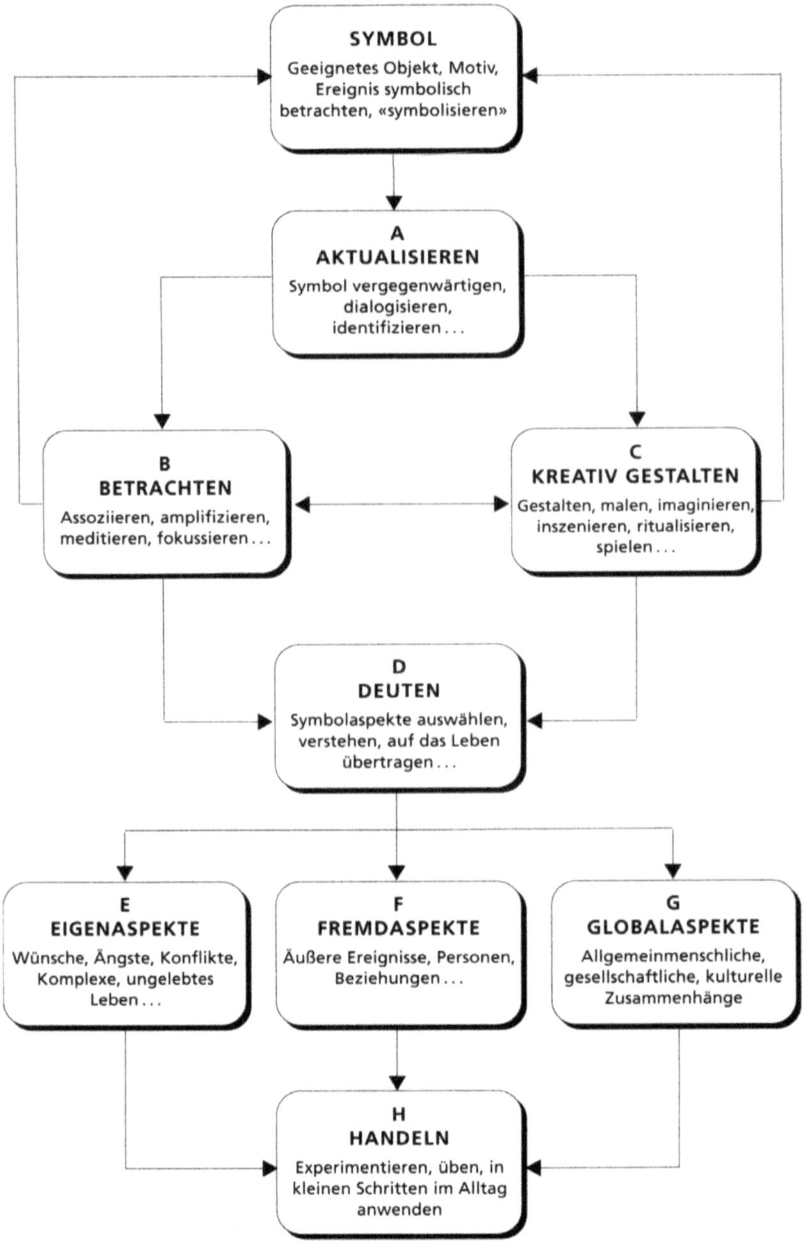
SYMBOL
Geeignetes Objekt, Motiv, Ereignis symbolisch betrachten, «symbolisieren»
A
AKTUALISIEREN
Symbol vergegenwärtigen, dialogisieren, identifizieren ...
B
BETRACHTEN
Assoziieren, amplifizieren, meditieren, fokussieren ...
C
KREATIV GESTALTEN
Gestalten, malen, imaginieren, inszenieren, ritualisieren, spielen ...
D
DEUTEN
Symbolaspekte auswählen, verstehen, auf das Leben übertragen ...
E
EIGENASPEKTE
Wünsche, Ängste, Konflikte, Komplexe, ungelebtes Leben ...
F
FREMDASPEKTE
Äußere Ereignisse, Personen, Beziehungen ...
G
GLOBALASPEKTE
Allgemeinmenschliche, gesellschaftliche, kulturelle Zusammenhänge
H
HANDELN
Experimentieren, üben, in kleinen Schritten im Alltag anwenden

Die Praxis der Fantasie- und Symbolarbeit im Überblick

Das A-H-System [1]

Symbole finden

1 Die Kunst der Symbolisierung und der »symbolische Blick«. Einstimmende Grundfragen: Wie ließe sich diese Sache symbolisch innen und außen sehen? Was könnte das symbolisch heißen?

2 Der Weg zum eigenen Symbol
- Von äußeren Symbolen ausgehen
- Von inneren Symbole ausgehen
- Symbolaspekte auswählen. Was ist das zentrale Element, Motiv, der zentrale Konflikt, das zentrale Thema?

A Aktualisieren

1 Geistigen Frei- und Spielraum für den Umgang mit dem Symbol schaffen

2 Symbol in den Brennpunkt des Interesses und in die Gegenwart bringen, z. B. in Gegenwartsform erzählen. Alle Orientierungs-Funktionen (Wahrnehmung, Fühlen, Denken, Phantasieren) abfragen

3 Den Gefühlswert des Symbols erfassen

4 In das Symbol einfühlend hineingehen (Identifizieren)

5 Mit dem Symbol in Dialog treten (z. B. mit Hilfe zweier Stühle)

---

1 Entnommen aus: Müller, L. /Knoll, D.: Ins Innere der Dinge schauen. Selbst-Erfahrung und schöpferisches Leben mit Symbolen. Stuttgart: opus magnum 2012

B Betrachten

1 Frei assoziieren
2 Zentriert assoziieren: das Symbol assoziativ umkreisen
3 Amplifizieren: das Symbol in einen allgemein-menschlichen Zusammenhang stellen
4 Mindmapping: grafische Gestaltung des Assoziationsflusses
5 Meditieren
6 Focusing

C Creieren: Das Symbol kreativ gestalten und inszenieren

1 Malen
2 Tonen
3 Schreiben
4 Körperbewegung
5 Tanzen
6 Musizieren
7 Fantasie, Imagination und Visualisation
   - Imagination, freie und geführte
   - Standardbilder der Imagination (z. B. sicherer Ort, Blume, Weg, Wiese, Baum, Haus, begleitende, schützende Gestalten)
   - Symbolische Hilfsmittel im Umgang mit Imaginationen (z. B. magischer Schutzkreis, sicherer Ort, Zauberstab und Zauberhut)
   - Strategien im Umgang mit symbolischen Gestalten (z.B. versöhnen, nähren, anreichern)
   - Umgang mit bedrohlichen Fantasiegestalten (z.B. bannen, erschöpfen, hingeben, List und Humor einsetzen)
8 Psychodrama
9 Puppenspiel
10 Sandspiel
14 Ritual und Ritualisieren

D Deuten: Das Symbol verstehen

1 Allgemeine Grundlagen zum Verständnis der Symbols: Komplexität, Polarität, Paradoxität, Multidimensionalität, Ganzheit, Konstruktivismus

2 Berücksichtigung des individuellen Kontextes

2.1 Die aktuellen Auslöser und der aktuelle Lebensbezug

- Was fällt mir spontan dazu ein?
- Habe ich mich gestern / in den letzten Tagen so ähnlich wie im Traum gefühlt?
- Was war gestern/vorgestern so ähnlich wie das Traumsymbol?
- Was habe ich während des vergangenen Tages erlebt
- Was hat mich besonders beschäftigt?
- Wie war meine körperliche Befindlichkeit?
- Habe ich eine Versuchungs- oder Versagungssituation erlebt, beispielsweise unerfüllte Wünsche und Bedürfnisse, Enttäuschungen, Kränkungen?
- Welche Fragen, Probleme, Konflikte sind offen geblieben?
- Habe ich aus der Zeitung oder dem Fernsehen etwas aufgenommen, was mich besonders beschäftigt hat? Könnten aktuelle gesellschaftliche oder umweltmäßige Faktoren einen Einfluss gehabt haben?

2.2 Lebensgeschichtlicher Zusammenhang

- Was fällt mir spontan dazu ein?
- Woher kenne ich dieses Gefühl, dieses Ereignis, diesen Konflikt, der sich im Symbol darstellt?
- Welche Erfahrungen habe ich mit dieser Symbolgestalt in meinem Leben gemacht?
- Was in meinem Leben ist oder war so ähnlich?
- Welche mir bekannte Stimmung aus einer früheren Phase meines Lebens entspricht dieser Szene?
- Welche Rolle spielt dieses Symbol in meiner Familie, in der Gesellschaft, in der ich lebe?

3 Die Grundfrage der Deutung: »Was ist in meinem gegenwärtigen Leben innen oder außen so ähnlich wie in diesem Symbol?«

4 Kompensatorische Funktion

- Welche (einseitigen) Einstellungen, Haltungen, Werte, Verhaltensweisen könnten durch das Symbol kompensiert, ausgeglichen, reguliert werden?
- Welche bestätigenden, ergänzenden, ausgleichenden oder warnenden Impulse vermittelt das Symbol?
- Auf welche Weise könnte das Symbol mein Bewusstsein erweitern?
- Inwieweit zeigen sich im Symbol schöpferische, finale, das heißt auf ein Ziel hin orientierte Tendenzen?
- Welche Hinweise zu meiner weiteren Entwicklung ergeben sich?

E Eigenanteile (Subjektperspektive)

1 Eigene Persönlichkeitsanteile

- Was fällt mir spontan dazu ein?
- Auf welche Seiten und Aspekte der eigenen Persönlichkeit weist das Symbol hin?
- Welche Wünsche, Sehnsüchte, Ängste stellen sich auf welche Weise dar?
- Welcher Wesenszug von mir könnte das sein (z. B. das innere Tier, das innere Kind, Über-Ich-, Persona-, Schatten-, Anima/ Animus- und Selbstanteile)?
- Gibt es einen Bezug zu meinem Körpererleben, zu körperlichen Vorgängen, zum Vital-, Instinkt- und Triebbereich?
- Wie spiegelt sich meine allgemeine Lebensenergie (Libido)?
- Welcher mir fremde Anteil will sich mir annähern?
- Was zeigt sich von meiner Aggressivität?
- Was zeigt sich von meiner Sexualität?
- Was zeigt sich von meinen Selbstbehauptungs- und Machttendenzen?
- Wie spiegelt sich mein Beziehungserleben und -verhalten?
- Was zeigt sich von meiner Spiritualität?

2 Innere Konflikte

- Wie werden diese symbolischen Aspekte gelebt und wie gehe ich bzw. die Symbolgestalten damit um?
- Welche Konflikte zeigen sich?
- Haben die Symbolbilder eine Ähnlichkeit mit Problemen und Situationen, mit denen ich mich zur Zeit besonders konfrontiert fühle?
- Sind es typische Konfliktsituationen, in die ich immer wieder hineingerate?
- Wie werden diese symbolischen Aspekte gelebt, und wie gehe ich beziehungsweise die Symbolgestalten damit um?
- Deutet sich im Symbolgeschehen eine Lösung an?

3 Zustand der Persönlichkeit

- Was zeigt sich in den Symbolen selbst über meine Persönlichkeit, meinen Charakter, über meinen Hemmungen und mein Entwicklungspotenzial?
- Wie bewusst, wie vertraut und bezogen oder wie fremdartig beziehungsweise unbezogen und bedrohlich sind für mich die Symbolgestalten?
- Wie verhält sich meine Traum-Persönlichkeit in der Auseinandersetzung mit dem symbolischen Ereignis?

4 Kreatives Potenzial und finale Tendenz

- Was könnte das kreative Ziel des Symbols sein?
- Wie zeigen sich schöpferische Möglichkeiten?
- Worin spiegelt sich mein ungelebtes Potenzial?
- Welche Lösungen bietet das Symbol zu meinem aktuellen Problem an?
- Enthält das Symbol Hinweise, wie es konkrete und lebendige Gestalt annehmen könnte?
- Wie und wo zeigen sich Lebendigkeit, Natur und Natürlichkeit, Gesundheit, Sinnlichkeit, Wachstum? (vgl. Bios-Prinzip)

- Wie und wo zeigen sich Schönheit, Liebe, Freundschaft, Harmonie, Glück, Humor, Freude, Ekstase? (vgl. Eros-Prinzip)
- Wie und wo zeigen sich Selbstvertrauen, Energie, Mut, Entschlossenheit, Tatkraft, Verantwortung, Erfolg? (vgl. Heros-Prinzip)
- Wie und wo zeigen sich Weisheit, Wissen, Einsicht, Erkenntnis, Klarheit, Freiheit, Toleranz, Gerechtigkeit? (vgl. Logos-Prinzip)
- Wie und wo zeigen sich Ganzheitliches, Transpersonales, Schöpferisches, Grenzenüberschreitendes, Überraschendes, Sich-Wandelndes, Humorvolles, Spielerisches, Verrücktes, Befreiendes? (vgl. Mystos-Selbst-Prinzip)

F Fremdanteile (Objekt- und Beziehungsperspektive)

- Was hat das Symbol mit meinem aktuellen äußeren Leben zu tun?
- Erfahre ich etwas über meine Mitmenschen oder meine Umwelt, was ich vielleicht nicht richtig wahrgenommen habe?
- Was zeigt mir das Symbol über meine Beziehungen, über meine Liebes- und Beziehungsfähigkeit, meinen Umgang mit anderen Menschen?
- Wie erlebe ich andere Menschen?
- Gibt es typische Beziehungskonflikte, die sich im Symbol spiegeln?
- Zeigen sich Beziehungsängste?

G Globalanteile

- Welche globalen, allgemeinmenschlichen, archetypischen Aspekte hat das Symbol?
- Stellen sich im Symbol Fragen der Individuation und existenzielle Themen, wie z. B. der Selbst-Verwirklichung und Sinnfindung, der Selbst-Verantwortung und Freiheit, das Problem des Todes, Beziehung, Einsamkeit und Isolierung?
- Zeigen sich religiöse, spirituelle, transpersonale Bezüge?

- Finden sich Hinweise zu einer spirituellen Lebensorientierung?
- Zeigen sich im Symbol Aspekte, die mit der aktuellen gesellschaftlichen, kulturellen, religiösen, wirtschaftlichen, politischen, ökologischen, globalen Situation zu tun haben?

H Handeln

- Auf welcher Ebene lässt sich das Symbol leben und verwirklichen?
- Wie lassen sich die gewonnenen Erfahrungen, Einsichten, Impulse im alltäglichen Leben umsetzen?
- Wie sehen die kleinsten möglichen Schritte aus?
- Gibt es Übungsfelder, auf denen ich mit den neuen Verhaltensweisen experimentieren, spielen, sie trainieren kann?

Bücher, die Sie sicher interessieren:

Hertweck, Sabine: ***Das Momo-Prinzip. „Geh doch zu Momo!" oder: Aufbruch in eine bessere Welt.*** Stuttgart: opus magnum

Müller, Lutz: ***Trotzdem ist die Welt ein Rosengarten. Zum Glück des Seins erwachen und das Wunder des Lebens feiern.*** Stuttgart: opus-magnum

Müller, Lutz: ***Lebe Dein Bestes. Die Quintessenz der Lebenskunst und Selbst-Verwirklichung.*** Stuttgart: opus-magnum

Müller, Lutz: ***Magie - Symbolik der Hermetik und der Geheimwissenschaften.*** Stuttgart: opus-magnum

Müller, Lutz: ***Der Held - Jeder ist dazu geboren.*** Stuttgart: opus-magnum

Müller, Lutz: ***Des Kaisers neue Kleider - Durchbruch zum wahren Selbst.*** Stuttgart: opus-magnum

Müller, Lutz: ***Das tapfere Schneiderlein - Lebenskunst mit Geist und Witz.*** Stuttgart: opus-magnum

Müller, Lutz: Müller, Anette (Hrsg.): ***Ein Stern kommt auf die Erde – Die spirituelle Symbolik von Weihnachten.*** Stuttgart: opus-magnum

Müller, Lutz; Müller, Anette (Hrsg.): ***Wörterbuch der Analytischen Psychologie.*** Düsseldorf: Walter 2003, 2007. Unter Mitarbeit von 60 renommierten Autoren der Analytischen Psychologie.
Neuherausgabe und Online-Fassung in Vorbereitung.

Müller, Lutz; Müller Anette (Hrsg.): ***Wörterbuch der tiefenpsychologischen Symbolik.*** Existiert bisher nur in einer Online-Fassung:
www.symbolonline.de

Alle Bücher können nach Erscheinen über www.opus-magnum.de oder www.amazon.de eingesehen werden. Bestellbar über alle Buchhandlungen.